# HACKING GROWTH

Sean Ellis
Morgan Brown

Tradução: Ada Felix

ALTA BOOKS
EDITORA
Rio de Janeiro, 2018.

*Hacking growth – A estratégia de marketing inovadora das empresas de crescimento mais rápido*

Copyright © 2018. Starlin Alta Editora e Consultoria Eireli

Copyright © by Sean Ellis and Philip Morgan Brown. All rights reserved. Published in the United States by Crown Business, an imprint of the Crown Publishing Group, a division of Penguin Random House LLC, New York.

Publisher: Lindsay Gois
Tradução: Ada Félix
Preparação de texto e revisão técnica: Marcelo Amaral de Moraes
Revisão: Marcia Menin
Diagramação: Carlos Borges Jr
Capa: Debs Bianchi | Biancheria

Todos os direitos estão reservados e protegidos por Lei. Nenhuma parte deste livro, sem autorização prévia por escrito da editora, poderá ser reproduzida ou transmitida. A violação dos Direitos Autorais é crime estabelecido na Lei nº 9.610/98 e com punição de acordo com o artigo 184 do Código Penal.

1ª edição

ISBN: 978-85-508-0445-3

---

Dados Internacionais de Catalogação na Publicação (CIP)
Andreia de Almeida CRB-8/7889

---

Ellis, Sean
    Hacking growth : a estratégia de marketing inovadora das empresas de crescimento mais rápido / Sean Ellis, Morgan Brown ; tradução de Ada Felix. — Rio de Janeiro : Alta Books, 2018.
        328 p.

    Bibliografia
    ISBN: 978-85-508-0445-3
    Título original: Hacking growth: how Today's Fastest-Growing Companies Drive Breakout Success

    1. Sucesso nos negócios 2. Marketing 3. Comportamento do consumidor I. Título II. Felix, Ada

17-1454                                                         CDD 650.1

Índices para catálogo sistemático:

1. Sucesso nos negócios

Rua Viúva Cláudio, 291 — Bairro Industrial do Jacaré
CEP: 20970-031 — Rio de Janeiro - RJ
Tels.: (21) 3278-8069 / 3278-8419
www.altabooks.com.br — altabooks@altabooks.com.br
www.facebook.com/altabooks

*SE: Dedicado com amor à minha maravilhosa esposa Svetlana e nossas talentosas filhas Natasha e Anna.*

*MB: Para Erika, Banks e Audrey Grace.*

## Prefácio especial para a edição brasileira

Seja bem-vindo ao Hacking Growth! Você está prestes a descobrir os segredos das maiores histórias de sucesso do Vale do Silício de uma maneira prática e direta, para assim conseguir fazer sua startup crescer em alta velocidade.

Tive meu primeiro contato com o trabalho de Sean Ellis em seu blog "Startup Marketing", quando fundei uma startup chamada Rock Content em 2014. Atuando como CMO e cofundador, me deparei com um desafio comum dos empreendedores de primeira viagem: crescer ou morrer! Desde então o mercado brasileiro cresceu muito e os ensinamentos de Sean Ellis vem sendo amplamente adotados. Por aqui, startups de tecnologia como a Rock, Resultados Digitais, Conta Azul, Guia Bolso, Nectar CRM, Meetime, Kenoby e muitas outras seguem crescendo em alta velocidade, adotando o jeito hacker de pensar sobre marketing. Os resultados é claro, são impressionantes. Juntas essas empresas saíram do zero na última década e passaram a atingir milhares (ou milhões!) de pessoas, captaram milhões de dólares em investimentos e empregam equipes de centenas de profissionais.

Quando se começa um novo negócio, essa difícil escolha requer que você, um empreendedor e *marketer* com poucos recursos, tenha que se virar para encontrar estratégias pouco convencionais de crescimento. Velocidade é essencial, pois, no mundo moderno, se você não cresce rápido, dificilmente vai conseguir se tornar uma empresa madura. Usando as técnicas de Sean Ellis na Rock

Content, conseguimos aprender muito sobre o que nossos usuários queriam e assim atingir resultados que nos impressionaram, dos quais nos orgulhamos muito.

Criamos, por exemplo, ferramentas que ajudam nossos clientes e potenciais clientes a gerar ideias de *blog posts*, como a Máquina de Títulos (maquinadetitulos.com.br), e a descobrirem quem seriam seus clientes em potencial com o Gerador de Personas (geradordepersonas.com.br). Entender a necessidade dessas pessoas e assim dar a elas o que queriam nos permitiu criar um produto que hoje é adotado por quase 2 mil empresas: um blog que atinge mais de milhões de pessoas todos os meses com conteúdo de qualidade. E é por isso que eu adoro este cara!

Ao abrir o Hacking Growth, você está prestes a entender como empresas como o Linkedin, o Pinterest e a Uber conseguiram entrar para o hall da fama das empresas de tecnologia que atingiram um hipercrescimento e entender como as lições deles podem ser aplicadas em sua empresa.

Enquanto muitos pensam que essas empresas tiveram sorte e cresceram rápido apenas por possuírem bons produtos, a verdade é que todas elas adotaram uma abordagem científica e metódica em relação ao seu próprio crescimento. Sean deu a esse método o nome de *"Growth Hacking"*, e rapidamente ele se tornou uma disciplina obrigatória no currículo de empreendedores e profissionais de marketing.

*Growth Hacking* é o processo sistemático usado por empresas para aumentar sua base de clientes e suas receitas, baseando-se em aprendizado e experimentação constantes.

É importante que você saiba que sair do zero para atrair pessoas para conhecerem e usarem seu produto não é algo fácil – e não existem métodos que trarão resultados imediatos. Não existe fórmula mágica aqui. Em cada um dos exemplos encontrados neste livro você perceberá que levou tempo e demandou muito esforço e disciplina para que essas empresas chegassem lá. Conhecer seu público, seus clientes e seu mercado é algo desafiador, mas se você atingir o foco necessário para tal, também será possível levar seu negócio ao crescimento exponencial.

Outra grande lição do livro é que muito se fala sobre *Growth Hacking* hoje, mas o que a maioria das empresas esquece é que *Growth Hacking* não é apenas a respeito de trazer mais tráfego ou pessoas para seu site. É importante não se iludir com métricas de vaidade, que podem te distrair na jornada rumo ao sucesso. Tráfego não é a única resposta. Leads não são a única resposta. Muitas vezes ficamos obcecados com números ilusórios que apenas alimentam nosso ego e acabamos esquecendo do objetivo final, que é criar novos clientes felizes e retê-los.

Para alcançar o sucesso é necessário encontrar suas métricas certas de aquisição, ativação e retenção de usuários, aprender e iterar constantemente e entregar um produto cada vez melhor.

Este livro é uma base sólida para fazer sua empresa crescer, com uma visão ampla, direto dos ombros dos gigantes de tecnologia. Não importa se você está focado em marketing de conteúdo, mídias pagas, e-mail marketing ou qualquer outro canal que você escolha. O que importa é que você tenha uma abordagem disciplinada de aprendizados para adaptar seu negócio cada vez mais às necessidades dos clientes. Sua empresa não pode se tornar um robô que só pensa em números e a abordagem de Sean tornará sua empresa mais humana.

Uma startup não é apenas sobre números, e sim sobre construir uma máquina poderosa de crescimento em alta velocidade. As melhores startups combinam dados com suas experiências e aprendizados para seguir crescendo de maneira sustentável. É preciso esquecer as fórmulas mágicas e criar uma marca que evolua com os seus clientes.

Ao virar a última página deste livro, você também vai querer se aprofundar, e por isso deixo aqui uma dica: Sean Ellis criou uma comunidade poderosa de profissionais como você, da qual você pode fazer parte gratuitamente. Se quer dominar o crescimento da sua empresa, o GrowthHackers (growthackers.com) é o lugar onde você vai querer estar para trocar figurinhas com outros profissionais e se atualizar com as melhores práticas do mercado.

Foque no longo prazo, dedique-se para transformar sua empresa em uma máquina de aprender. Não é porque algo funcionou para outra empresa e outro perfil de cliente que vai funcionar para você! Crie um sistema e assim você conseguirá ter uma chance de se juntar aos gigantes de tecnologia globais. Resolver um problema real é o melhor jeito de garantir o seu sucesso e chegar lá.

Boa sorte na jornada e *happy hacking*!

*__Diego Gomes | @dttg Fundador e CMO da Rock Content e do 12minutos.__*

# Sumário

| | |
|---|---|
| Introdução | 03 |
| | |
| **Parte 1: O método** | **31** |
| 1. Como montar uma equipe de crescimento | 33 |
| 2. Como saber se seu produto é "must-have" | 63 |
| 3. Como identificar suas alavancas de crescimento | 93 |
| 4. Testando em ritmo acelerado | 117 |
| | |
| **Parte 2: O guia do growth hacking** | **145** |
| 5. Hacking para a aquisição | 147 |
| 6. Hacking para a ativação | 179 |
| 7. Hacking para a retenção | 209 |
| 8. Hacking para a monetização | 241 |
| 9. Um ciclo virtuoso de crescimento | 273 |
| | |
| Agradecimentos | 287 |
| Notas | 291 |
| Índice remissivo | 309 |

# Introdução

Quando eu, Sean, recebi uma ligação do criador do Dropbox em 2008, a situação complicada que a startup vivia imediatamente despertou meu interesse. O serviço de armazenamento e compartilhamento de arquivos na nuvem que Drew Houston lançara um ano antes tinha conquistado uma boa base inicial de fãs, sobretudo na comunidade tecnológica do Vale do Silício. Antes mesmo de finalizar o produto, Houston havia subido na internet um vídeo explicando passo a passo como o Dropbox funcionaria. Com essa tacada, conquistara o apoio da poderosa incubadora Y Combinator e uma enxurrada de early adopters.

Então, um segundo vídeo postado no site agregador de notícias Digg viralizou, levando a lista de espera da versão beta a subir instantaneamente de 5 mil para 75 mil interessados, e ficou patente para Houston que ele tinha algo bom nas mãos.[1] Só que, embora a nova safra de usuários conquistados na estreia oficial estivesse satisfeita com o serviço, Houston vinha tendo dificuldade para emplacar a ideia fora dos círculos tecnológicos e não havia tempo a perder, pois a concorrência era feroz: uma startup, a Mozy, tinha três anos de vantagem no mercado; outra, a Carbonite, levantara um total de US$ 48 milhões, ao passo que Houston conseguira apenas US$ 1,2 milhão em capital-semente. Enquanto isso, as gigantes Microsoft e Google se preparavam para entrar no mercado de armazenamento na nuvem. Como aumentar a base de clientes do Dropbox com uma concorrência desse calibre?

Houston queria saber se eu tinha alguma ideia para ajudar o Dropbox a conquistar mais usuários, pois a safra inicial, embora bastante sólida, não era suficientemente grande. Eu estava encerrando uma temporada como VP interino de marketing na Xobni, startup tocada por um amigo de Houston, Adam Smith, que foi quem sugeriu que nos encontrássemos para falar sobre os desafios do Dropbox. No Vale do Silício, minha reputação àquela altura era a de alguém capaz de ajudar empresas a deslanchar, sobretudo aquelas com pouco dinheiro e às voltas com uma concorrência feroz, como o Dropbox. Minha primeira experiência de sucesso nessa área foi com a Uproar, pioneira de jogos online que virou um dos dez maiores sites de games, com mais de 5,2 milhões de jogadores à época do IPO, em dezembro de 1999 – e isso diante de uma agressiva investida no setor por Sony, Microsoft e Yahoo!.[2] Também me dediquei a iniciativas de crescimento no LogMeIn, serviço inovador criado pelo fundador da Uproar, ajudando a empresa a se transformar na líder do mercado – apesar de uma pesada campanha de marketing feita pelo principal concorrente, o GoToMyPC. O segredo? Trabalhei com os engenheiros para usar a tecnologia para um fim que, segundo eles, era bem incomum: desenvolver novos meios de encontrar clientes, interagir com esse público e descobrir, dessa interação, como ajustar a mira, aumentar a base de usuários e fazer o investimento no marketing dar mais retorno.

Comecei minha carreira em 1994, como vendedor de mídia impressa para uma publicação de negócios – bem quando o mercado começava a migrar para o digital. Não entendia nada de engenharia de software, mas sabia que o futuro estava na internet. Então, quando conheci o fundador do portal de games Uproar, decidi investir parte de minhas economias e ir trabalhar com eles – de novo, vendendo publicidade. Não demorei a perceber o perigo de apostar só no marketing tradicional – incluindo a versão digital de esquemas antigos, como banners em sites – para fazer um negócio crescer. No entanto, a ficha só caiu mesmo quando comecei a ouvir "não" de grandes agências de publicidade, como a Saatchi e a Ogilvy, que se recusavam a recomendar banners na Uproar a seus clientes porque o site não tinha uma base de usuários grande o suficiente. Fui encarregado pelo criador da Uproar de descobrir como atrair mais usuários – e depressa (até porque minha comissão de vendas dependia disso). Minha primeira estratégia foi publicidade paga em portais como o Yahoo! Isso puxou bastante o crescimento, mas saía caro, e, como Drew Houston descobriria depois com o Dropbox, o retorno não era lá essas coisas. Na mesma época, Sony, Yahoo! e Microsoft começaram a entrar com tudo no mercado, inundando a internet com anúncios de games. A Uproar, que ainda engatinhava, não tinha nem de longe o cacife necessário para enfrentar as três. Eu precisava achar outra saída.

Foi então que tive a ideia de criar uma modalidade de publicidade inédita: permitir que sites de terceiros colocassem games da Uproar de graça em suas páginas. Com isso, esses sites dariam algo interessante a seus visitantes e a Uproar ganharia exposição àquele público. O fundador aprovou a ideia. Em poucas semanas, o pessoal da engenharia e eu criamos um novo game, para um só jogador, que podia ser inserido em qualquer site com apenas um trecho de código – um dos primeiros widgets integráveis a sites de terceiros. Os donos dos sites seriam afiliados da Uproar e receberiam a bagatela de US$ 0,50 a cada novo jogador que a Uproar adquirisse por meio do site. O custo era baixo para nós e, como o jogo era bacana, os afiliados gostavam de tê-lo.

Aproveitando a deixa, testamos outra ideia: incluir um link ("Adicione esse game a seu site") para que donos de outros sites também pudessem disponibilizar o jogo nas respectivas páginas. Quando vimos o número deles decolar, realizamos testes com versões distintas do texto de apresentação, de calls to action e do game grátis – tudo para encontrar a combinação mais eficaz. Para a Uproar, o resultado foi um crescimento explosivo: em pouco tempo, os games grátis estavam em 40 mil sites e a empresa chegava ao topo do mercado de jogos online, batendo as gigantes e suas bombásticas campanhas de marketing. De lá para cá, muitas organizações usaram essa estratégia. O exemplo mais famoso é o do YouTube, que cresceu como louco ao permitir que sites de terceiros incorporassem seu player, o que espalhou vídeos do YouTube por toda a internet e transformou o vídeo online em verdadeiro fenômeno.

Esse resultado levou o fundador da Uproar a me chamar para fazer deslanchar seu novo projeto, o LogMeIn, que permitia o acesso a arquivos, e-mails e programas armazenados no computador de casa ou do trabalho de qualquer aparelho conectado à internet. Embora uma campanha agressiva de marketing em buscadores tivesse produzido uma explosão inicial de sign-ups, o interesse logo arrefeceu. De novo, constatei que o retorno da publicidade não compensava o custo – sobretudo porque, para se diferenciar de seu feroz concorrente, o GoToMyPC, o LogMeIn tinha pivotado (por sugestão minha) do modelo pago para o freemium. O investimento na aquisição de clientes, incluindo uma conta mensal de mais de US$ 10 mil em publicidade, não dava retorno. Apesar de testar muitas versões de anúncios e uma série de keywords e plataformas de publicidade, a taxa de conversão era baixíssima. E estamos falando de um serviço claramente útil e, de quebra, grátis. Fui, mais uma vez, buscar na tecnologia uma solução nova para o problema.

Decidi que devíamos ouvir pessoas que haviam baixado o programa, mas deixado de usá-lo depois de certo tempo. Como tínhamos pedido o e-mail no momento da instalação, enviamos a elas uma mensagem perguntando por que não estavam usando o LogMeIn. Hoje, soa óbvio, porém na época era uma ideia radical. Em alguns dias, as respostas recebidas davam uma explicação inequívoca: ninguém acreditava que o serviço fosse realmente grátis. Naquele tempo, o modelo freemium era novidade e, para muitos, bom demais para ser verdade. Constatado esse fato, juntei as equipes de marketing e de engenharia para discutir maneiras de modificar a landing page para deixar claro que havia, sim, uma versão grátis do LogMeIn, que não era enganação. Provamos várias iterações do texto e do layout da página, mas sem muito resultado. Então, um dia, colocamos na página um link para quem quisesse comprar a versão paga. Assim, a combinação de layout, mensagem e produto fez a taxa de conversão triplicar. E esse foi só o começo. Esmiuçando os dados, descobrimos uma debandada ainda maior entre pessoas que baixavam o programa, mas nem chegavam a usá-lo. Fizemos outros testes, mudando o processo de instalação, as etapas do cadastro e muito mais coisas. No final, a taxa de conversão subiu tanto que anúncios em buscadores voltaram não só a compensar, como podiam ser escalados mais de 700% com retorno positivo. Depois disso, o crescimento disparou.

Em questão de semanas, tínhamos achado novamente uma solução com uma fórmula que incluía doses saudáveis de pensamento "fora da caixa", a colaboração de profissionais de vários departamentos, testes de mercado em tempo real (a custo baixo ou zero) e o compromisso de agir depressa com base nos resultados. São os mesmíssimos ingredientes que, mais tarde, transpus para o modelo de growth hacking abordado neste livro.

A Uproar e o LogMeIn não foram, obviamente, as únicas startups que combinaram know-how em programação e marketing para crescer no novo contexto digital. O Hotmail foi um dos primeiros a explorar o potencial viral de produtos digitais – o poder de "se venderem sozinhos" – ao adicionar a chamada "P.S.: get your free email at hotmail" no pé de toda mensagem enviada pelo serviço, com o link de uma página na qual o destinatário podia abrir sua conta.[3] Na mesma época, o PayPal mostrou como era possível crescer de maneira extraordinária criando sinergias entre um produto e uma plataforma digital popular, o eBay. Ao ver que no eBay havia vendedores anunciando o PayPal como um jeito simples de pagar, o time da empresa criou o AutoLink, mecanismo que automaticamente inseria o logo do PayPal e um link para o vendedor se cadastrar e usar o serviço em tudo o que estivesse vendendo. O AutoLink triplicou o número de leilões que usavam o PayPal no eBay e deflagrou o crescimento viral do serviço na plataforma.[4] Já o LinkedIn, que penou para ganhar tração no primeiro ano, viu o crescimento disparar no final de 2003, quando o time de engenharia criou uma solução engenhosa para que o usuário puxasse seus contatos no Outlook para adicioná-los a sua rede profissional. O resultado foi um aumento explosivo dos efeitos de rede.[5] Em cada caso desses, o crescimento não exigiu nem publicidade tradicional nem grandes verbas, e sim uma boa dose de astúcia tecnológica.

Esse novo jeito de conquistar, ampliar e reter uma base de clientes veio substituir planos de marketing tradicionais, campanhas de lançamento caras e grandes verbas publicitárias por um marketing incorporado ao próprio produto, por meio de software. Seu impacto e o custo-benefício eram espetaculares. E mais: a crescente capacidade de empresas de coletar, armazenar e analisar vastos volumes de dados de usuários e de monitorá-los em tempo real permitia que até startups testassem novos recursos, mensagens, branding e outras iniciativas de marketing a custo cada vez menor, a uma velocidade muito maior e com uma taxa de sucesso superior. O resultado foi o surgimento de um método rigoroso para utilizar experimentos multifuncionais e de alta velocidade para acelerar o crescimento no mercado, o qual logo batizei de growth hacking.

Depois do sucesso de minha estratégia de crescimento no LogMeIn, tinha decidido me dedicar a auxiliar startups em estágio inicial a acelerar o crescimento com o uso de testes. Então, quando Drew Houston me ligou para saber se eu podia ajudar o Dropbox, mal podia esperar para implementar o método que havia criado. A primeira providência que tomei foi convencer Houston a fazer uma sondagem simples de usuários e, com isso, calcular o grau de necessidade do produto, o que chamei de índice "must-have". A pesquisa fazia uma pergunta simples: "Como você se sentiria se não pudesse mais usar o Dropbox?". As alternativas eram "Muito frustrado(a)", "Um pouco frustrado(a)", "Nada frustrado(a)" e "N/A (não se aplica) – parei de usar o produto" (não pergunto se a pessoa está satisfeita com um produto, pois acho que isso não gera respostas muito relevantes; frustração é um indicador da fidelidade muito melhor do que satisfação). Como já havia feito a mesma pesquisa em várias startups, sabia que, se mais de 40% dos entrevistados respondessem "Muito frustrado(a)", o potencial de crescimento da empresa era alto; caso não atingisse esse limiar, a dificuldade para crescer seria grande (por causa da apatia dos usuários). Então, quando os resultados da pesquisa do Dropbox chegaram, até eu me espantei: seu índice era espetacular, sobretudo entre usuários que tinham explorado grande parte dos recursos do produto. Portanto, o potencial de crescimento era enorme.

Propus a Houston que, em vez de gastar mais com publicidade, fossem realizados testes para achar outras maneiras de explorar todo esse potencial. Houston concordou e me contratou como diretor interino de marketing por um período de seis meses. Formado em engenharia pelo Massachusetts Institute of Technology (MIT), ele já fizera um bom uso do que sabia ao criar o Dropbox; agora, aplicaríamos aquele conhecimento para levar o produto a um número muito maior de usuários e garantir que ficassem encantados com ele.

O segundo passo foi mergulhar nos dados dos usuários. Vimos, por exemplo, que um terço deles tinha chegado por indicação de alguém que já usava o serviço. No entanto, embora o boca a boca fosse alto, não era o suficiente para que a empresa crescesse à velocidade necessária. Houston criara algo que as pessoas adoravam – a ponto de indicarem aos amigos –, mas que ainda não tinha alcançado todo o seu potencial de conquistar clientes novos. Era um perfeito exemplo de uma falácia muito comum no mundo das startups: achar que basta criar algo espetacular para que os clientes se materializem.

Fiquei pensando em como tornar mais fácil e interessante para os fãs iniciais converterem mais pessoas – em como não só aproveitar aquele forte boca a boca, como ampliá-lo. Fizemos um brainstorming – eu, Houston e Albert Ni, estagiário que ele tinha contratado para o projeto – e decidimos desenvolver um programa de indicação como o do PayPal. O único porém era que o PayPal tinha dado um crédito de US$ 10 ao usuário em troca de indicações (Elon Musk, um dos fundadores da empresa, acabou revelando extraoficialmente que isso custara entre US$ 60 milhões e US$ 70 milhões) e o Dropbox não tinha cacife para "comprar" usuários.[6] Foi então que tivemos uma luz: e se oferecêssemos algo de claro valor para as pessoas – mais espaço de armazenamento – em troca de indicações? Na época, o Dropbox usava servidores de baixo custo da Amazon (os S3), o que significava que seria simples e barato aumentar a capacidade da infraestrutura. Usando o programa do PayPal como modelo, nossa pequena equipe criou um programa de indicação que dava 250 megabytes de espaço extra para o usuário que indicasse o serviço a alguém, que também receberia 250 megabytes a mais. Na época, isso equivalia a um disco rígido inteiro – de graça. Era um incentivo fortíssimo.

Quando o programa foi lançado, o número de convites enviados por e-mail e redes sociais imediatamente disparou, levando a um aumento de 60% na adesão por indicação. O plano estava funcionando, não havia dúvida. Contudo, não paramos aí. Decidida a tirar o máximo da oportunidade, nossa equipe trabalhou sem cessar durante semanas para otimizar o programa: mensagens, detalhes da oferta, convites por e-mail, experiência do usuário, elementos de interface. Com a adoção do que chamo de processo de testes em ritmo acelerado, começamos a avaliar a eficácia dos testes que fazíamos quase que tempo real. Duas vezes por semana, analisávamos os resultados de cada novo experimento, víamos o que estava funcionando ou não e usávamos esses dados para decidir que mudanças testar em seguida. Depois de muitas tentativas, os resultados foram melhorando: no início de 2010, os usuários do Dropbox estavam mandando mais de 2,8 milhões de convites por mês para os amigos, e a empresa passara de apenas 100 mil usuários à época do lançamento para mais de 4 milhões. Tudo isso em apenas 14 meses e sem gastar nada com marketing tradicional, sem banners, sem promoções pagas, sem comprar listas de e-mails. Aliás, quando encerrei minha temporada na empresa, em março de 2009, o Dropbox passou nove meses sem um profissional em tempo integral responsável pelo marketing.[7]

Enquanto isso tudo acontecia, esse novo método para conquistar mercado e adquirir clientes – o qual trocava o velho modelo de grandes verbas de marketing e estratégias não científicas e não mensuráveis por iniciativas mais econômicas e eficazes, uniformes e movidas a dados – se alastrava pelo Vale do Silício. Inovadores em outras empresas começaram a criar esquemas similares de geração e teste em ritmo acelerado de ideias para crescer. No final de 2007, o Facebook montou um time oficial de crescimento, batizado de The Growth Circle, com especialistas em gestão de produtos (incluindo Naomi Gleit, a gerente da área mais antiga da casa), marketing digital, análise de dados e engenharia. A equipe era liderada por Chamath Palihapitiya, executivo experiente que fora diretor de marketing de produtos do Facebook. Palihapitiya achava que o foco de Mark Zuckerberg deveria ser aumentar o número de usuários da rede. O

Facebook tinha, então, cerca de 70 milhões de usuários. Apesar do crescimento espetacular, a empresa parecia estar estagnando. Zuckerberg pediu à equipe que se dedicasse exclusivamente a testar maneiras de romper essa barreira. Ao constatar o acúmulo de vitórias, viu que o investimento dava retorno e continuou reforçando o time, permitindo que fizesse mais e mais testes e acelerasse ainda mais o crescimento.[8]

Uma das maiores proezas dessa equipe, a criação de uma ferramenta de tradução para facilitar a expansão internacional, mostra bem a diferença entre o growth hacking e o modelo de marketing tradicional. Como na época a maioria dos 70 milhões de usuários do Facebook vivia na América do Norte, conquistar usuários em outros lugares do mundo era, obviamente, uma das grandes oportunidades de crescimento. Isso, porém, exigiria traduzir o produto para o máximo de idiomas possível, o que seria uma árdua tarefa. O normal, em um caso desses, seria identificar as dez línguas mais faladas no planeta e montar uma equipe em cada país para fazer a tradução. Em vez disso, os engenheiros do time de crescimento, liderados por Javier Olivan, criaram um mecanismo para que os próprios usuários traduzissem o Facebook no modelo de crowdsourcing. O especialista em growth hacking Andy Johns, que foi membro daquela equipe, explicou: "Não íamos crescer contratando dez pessoas por país (...) nos 20 países mais importantes e ficar à espera do crescimento. Para crescer, precisávamos criar sistemas escaláveis e permitir que nossos usuários fizessem o produto crescer por nós". Segundo ele, essa foi uma das alavancas mais importantes para que o Facebook chegasse ao gigantesco alcance que tem hoje.[9]

Enquanto a base de usuários do Facebook crescia, o método do growth hacking também se alastrava (embora em escala bem menor). Isso porque, em parte, muitas pessoas que eram do Facebook foram trabalhar em outras organizações, como Quora, Uber, Asana e Twitter, e levaram o método com elas. E, enquanto eu implementava o growth hacking com grande sucesso em outras duas startups, Eventbrite e Lookout, uma série de empresas, entre as quais LinkedIn, Airbnb e Yelp, estavam adotando modelos parecidos baseados na experimentação.

Vejamos o caso do Airbnb. Tamanha era a dificuldade de atrair clientes que só na terceira geração a plataforma finalmente decolou. Antes disso, o dinheiro era tão curto que, durante a campanha presidencial nos Estados Unidos em 2008, seus cofundadores, Brian Chesky, Joe Gebbia e Nathan Blecherczyk, saíram vendendo cereal matinal – com nomes que remetiam aos candidatos dos partidos Democrata e Republicano – para fechar as contas (a situação financeira da empresa era tão ruim que, por um bom tempo, o trio sobreviveu à base do cereal encalhado). O Airbnb provou tudo quanto é ideia para ampliar a base de usuários – e nada dava certo. Até que, finalmente, encontrou um filão inexplorado de crescimento com um hack brilhante que já virou lenda no Vale do Silício. Com um artifício sofisticado de programação e muito teste, a empresa descobriu um jeito de exibir seus anúncios automaticamente no popular site de classificados norte-americano Craigslist, a custo zero, de tal modo que, quando alguém buscava um lugar para se hospedar no Craigslist, apareciam imóveis listados no Airbnb.

Não há como exagerar a astúcia desse hack. Como não havia nenhum API sancionado pelo Craigslist para integração com outros sites ou aplicativos, o pessoal do Airbnb teve de recorrer à engenharia reversa para recriar o processo de anúncios de imóveis do Craigslist com um programa próprio. Foi preciso entender como o sistema de postagem funcionava, a que categoria pertencia cada imóvel em cada cidade, que restrições o site impunha ao que podia ser postado – regras de uso de imagens e formatação de anúncios, por exemplo – e muito mais. Andrew Chen, líder de aquisição de motoristas no Uber, diz sobre a estratégia: "Não é uma integração qualquer. É preciso estar atento a muitos detalhes, e eu não me surpreenderia [em saber] que a integração inicial tomou tempo de muitas pessoas inteligentes". E conclui: "Sejamos honestos: um profissional comum de marketing dificilmente teria imaginado uma integração como essa; são muitos detalhes técnicos para que dê certo. [A ideia] só pode ter brotado da mente de um engenheiro que tinha a missão específica de conseguir mais usuários pelo Craigslist".[10]

Essa complexa integração fez com que todo anúncio criado no Airbnb fosse rapidamente reproduzido no Craigslist, que, ao ser clicado, redirecionava milhões de pessoas à plataforma de hospedagem. Sem gastar um centavo em publicidade, o Airbnb viu as reservas dispararem. Feita a integração, o time se dedicou a explorar aquele imenso "oceano azul", medindo e otimizando a resposta aos anúncios – como apareciam no Craigslist, títulos usados e muito mais.[11] A certa altura, o Craigslist bloqueou esse acesso sorrateiro, mas o Airbnb já havia pego um tremendo embalo e começou a testar outros meios de crescer mais, algo que até hoje continua fazendo. Mais adiante, veremos outros testes recentes feitos pela plataforma com resultados positivos.

Ao transpor as barreiras entre os departamentos tradicionais de uma empresa e montar equipes multifuncionais e colaborativas com pessoas com experiência em analytics, engenharia, gestão de produtos e marketing, o growth hacking possibilita a eficiente combinação de análise de dados, know-how técnico e conhecimento de marketing para a rápida geração de ações mais certeiras para turbinar o crescimento. Ao testar ideias promissoras em ritmo acelerado e avaliá-las com métricas objetivas, permite que se descubra muito mais depressa que ideias têm valor e quais não. Trata-se da solução para o culto equivocado e teimoso de técnicas e métodos de marketing que não funcionam, substituindo mecanismos antiquados – de alto custo e eficácia duvidosa – por alternativas fundamentadas por dados e testadas no mercado.

### QUEM PODE SER UM GROWTH HACKER?

O growth hacking não é uma ferramenta só para o marketing. Pode ser usado na inovação e no aprimoramento constante de produtos, bem como para ampliar a base de clientes. Ou seja, é útil para criadores de produtos, engenheiros, designers, vendedores e gerentes, entre outros.

Tampouco é algo só para uma companhia no início da existência: pode surtir efeito tanto em uma grande organização já estabelecida como em uma startup recém-criada. E mais: quem trabalha em uma grande empresa não precisa de uma ordem oficial lá do alto para aplicar o growth hacking. O método foi feito para funcionar em grande escala (na empresa toda) ou em pequena (uma campanha ou um projeto). Isso quer dizer que qualquer departamento ou equipe de projeto pode usar a cartilha do growth hacking; basta seguir o processo que apresentaremos nos capítulos a seguir.

Esse método é o motor por trás do fenomenal sucesso não só das companhias que acabamos de descrever, mas de muitos outros dos "unicórnios" que mais crescem no Vale do Silício, como Pinterest, BitTorrent, Uber e LinkedIn. O mito popular é que essas empresas explodiram apenas porque tiveram uma ideia formidável – uma ideia tão genial e transformadora que tomou de assalto o mercado. Essa versão da história é claramente falsa. Para nenhuma delas foi fácil ou rápido conseguir a adoção em massa – longe disso. Não foi a concepção imaculada de um produto revolucionário, nem um lampejo isolado, um golpe de sorte ou uma jogada de mestre, que as levou ao êxito. Seu sucesso foi fruto, isso sim, de uma atividade célere e metódica de geração e teste de novas ideias para o desenvolvimento e o marketing do produto e também do uso de dados sobre o comportamento de usuários para chegar às grandes ideias que turbinaram o crescimento.

Se esse processo soa familiar, provavelmente é porque você já viu algo parecido no desenvolvimento ágil de software ou na metodologia da lean startup – a startup enxuta. O que essas duas abordagens fizeram para novos modelos de negócio e o desenvolvimento de produtos o growth hacking faz para a aquisição de clientes, sua retenção e o crescimento da receita. Para Sean e membros de algumas equipes de startups, partir dessa base era natural, pois tanto as empresas que ele assessorava como outras que desenvolveram o método estavam cheias de bons engenheiros que conheciam esses métodos e tinham fundadores dispostos a usar, na conquista de mais clientes, uma abordagem similar à empregada pelo pessoal de engenharia ao desenvolvimento de software e de produtos. No método ágil, é crucial acelerar o ritmo do desenvolvimento, programar em "sprints" curtos e testar e aprimorar continuamente o produto. O modelo startup enxuta adotou a prática do desenvolvimento acelerado e dos testes frequentes e incluiu a de colocar um produto mínimo viável (MVP, na sigla em inglês) no mercado e nas mãos do usuário de carne e osso o mais rápido possível, para conseguir um feedback real e estabelecer um negócio viável. O growth hacking agregou o ciclo contínuo de aprimoramento e a iteração acelerada dos dois métodos e aplicou ambos ao crescimento da base de clientes e da receita. No processo, derrubou a tradicional fronteira entre o marketing e a engenharia para criar mecanismos de marketing incorporados ao produto em si, o que necessariamente exige um know-how técnico maior.

As práticas de growth hacking desses primeiros inovadores e dos que vieram em seguida foram aprimoradas e convertidas em uma metodologia de negócios finamente calibrada, dando origem a um forte movimento com centenas de milhares de praticantes que segue crescendo no mundo todo. Vibrante, essa comunidade de growth hackers tem empreendedores, profissionais de marketing, engenheiros, gerentes de produto, cientistas de dados e muito mais gente, não só do universo de startups, como de organizações de diferentes portes e setores, incluindo tecnologia, varejo, business to business, serviços profissionais, entretenimento e até política.

Embora os detalhes de sua implementação variem um pouco de empresa para empresa, os principais componentes do método são:

- criação de uma equipe multidisciplinar ou de uma série de equipes que rompam as barreiras entre os departamentos tradicionais de marketing e desenvolvimento de produtos e combinem talentos;
- uso de pesquisas qualitativas e análise quantitativa de dados para entender a fundo comportamentos e preferências de usuários; e
- geração e teste rápidos de ideias e utilização de métricas rigorosas para avaliar resultados e agir com base neles.

Apesar da comprovada eficácia e da crescente disseminação do growth hacking e da facilidade com que pode ser aplicado e adotado em quase todas as arenas ou setores, até hoje não havia um guia definitivo, confiável e detalhado que mostrasse a indivíduos de empresas de todos os portes e formatos como conduzir esse processo.

Este trabalho vem preencher essa lacuna.

### UM GUIA DEFINITIVO

Decidimos escrever este livro porque vimos que o growth hacking tinha enorme potencial de cumprir todas essas funções, para todos os tipos de empresa, e porque detectamos a urgente necessidade de uma compreensão aprofundada do processo e de um guia sobre as melhores práticas para implementá-lo. O growth hacking é uma abordagem nova e fundamental para o desenvolvimento do mercado. Seu poder é incrível. No entanto, falta entender bem como deve ser administrado para produzir bons resultados.

Sean é não só um dos maiores inovadores nessa área, como o criador do GrowthHackers.com. Além de ser a principal fonte de informações sobre o growth hacking, o site abriga uma vibrante comunidade com membros do mundo todo, visitada por milhões de indivíduos. O fato de recebermos diariamente uma avalanche de perguntas sobre melhores práticas na área é um claro sinal da confusão sobre o conceito de growth hacking e como, exatamente, usar o método. Por isso decidimos criar este guia definitivo, que especialistas em marketing, gerentes de produto, desenvolvedores de projetos, empreendedores, inovadores e outros profissionais possam seguir para adotar o growth hacking.

Ao longo do livro, vamos compartilhar lições da experiência de Sean com o growth hacking em empresas de sucesso como Dropbox, Uproar e LogMeIn. Falaremos da expansão da comunidade do GrowthHackers.com e da venda da startup de Sean – a Qualaroo, de pesquisa e sondagem de usuários – depois de um rápido crescimento. Também apresentaremos insights de equipes inovadoras responsáveis pela expansão acelerada de muitas das empresas que mais crescem nos dias atuais, incluindo Facebook, Evernote, LinkedIn, Yelp, Pinterest, HubSpot, Stripe, Etsy, BitTorrent e Upworthy, e informações obtidas em entrevistas com líderes que estão levando o growth hacking a muitas das maiores organizações do mercado, entre elas Walmart, IBM e Microsoft. Combinamos nossa experiência com as lições e os exemplos dessa gente toda para criar um guia de hacks de crescimento que o leitor possa usar como inspiração e adaptar às metas de sua empresa.

O resultado é o primeiro guia passo a passo, prático e acessível de growth hacking, escrito por um de seus criadores em parceria com um dos maiores especialistas em sua aplicação, o qual que pode ser adotado por qualquer equipe, departamento ou empresa.

### Um motor para o crescimento contínuo

Um dos problemas mais perniciosos vividos pelas companhias atualmente é a desaceleração do crescimento – e não só em startups, mas em todas as empresas, grandes ou pequenas, de quase todos os setores. Um artigo da *Harvard Business Review* revelou que 87% das organizações incluídas em um estudo tinham passado por um ou mais períodos nos quais o crescimento caíra drasticamente e que, "em média, uma empresa perde 74% do valor de mercado (...) na década que compreende essa desaceleração do crescimento". Além disso, os autores frisam que o problema tende a piorar, pois "todos os sinais apontam para o risco crescente de estancamento no futuro próximo", em razão da "vida útil cada vez mais curta de modelos de negócio estabelecidos". As causas desse infortúnio incluem problemas "na gestão de processos internos de atualização de produtos e serviços e de desenvolvimento de novos" e o "abandono prematuro da principal atividade da empresa – ou seja, deixar de explorar plenamente as oportunidades de crescimento no atual core business".[12] O growth hacking é uma solução para esses dois problemas.

Para sobreviver e crescer, toda organização precisa expandir sua base de clientes. O growth hacking, porém, não se resume a isso. A função do método é engajar, ativar e conquistar o cliente para que continue prestigiando a marca; é ajudar a empresa a se adaptar de maneira ágil às necessidades e desejos dele – que não param de mudar – e transformá-lo não só em fonte crescente de receita, mas em embaixador fervoroso e motor de crescimento boca a boca para o produto.

Uma missão crucial do time de crescimento é detectar todo e qualquer potencial de crescimento por meio do uso contínuo de testes e ajustes no produto, em suas funcionalidades, na mensagem a usuários e nos meios de aquisição e retenção de clientes e geração de receita. Outra característica intrínseca do método é a busca de novas oportunidades de desenvolvimento de produtos – tanto pela avaliação do comportamento ou do feedback de clientes como pelo teste de maneiras de explorar novas tecnologias, como machine learning e inteligência artificial.

Em muitas das empresas pioneiras nessa área, o método foi tão importante para o sucesso que o time de crescimento chegou a ter mais de cem membros, volta e meia divididos em subequipes dedicadas a missões específicas, como a retenção de clientes ou a conquista de público para o mobile. Certas companhias montam subequipes de tamanhos variados e modulam a combinação de pessoal e a divisão de responsabilidades de acordo com as necessidades específicas do negócio. No LinkedIn, por exemplo, o time de crescimento foi de uma turma inicial de 15 indivíduos para um grupo de mais de 120 profissionais divididos em cinco unidades dedicadas ao crescimento da rede, a operações de SEO/SEM, ao onboarding, ao crescimento internacional e ao engajamento e recuperação de usuários.[13] Já no Uber o time de crescimento é dividido em subgrupos que se concentram em captar mais motoristas, atrair mais passageiros e crescer internacionalmente, por exemplo.[14] Hoje, nenhuma empresa tem motivo para não montar uma equipe de crescimento – ou várias, dependendo do caso –, algo que não requer abandonar estruturas organizacionais ou estratégias de marketing tradicionais. Um time de crescimento não vem necessariamente substituir um departamento mais tradicional, e sim complementá-lo e ajudá-lo a otimizar o trabalho. Em startups ainda em fase inicial, evitar essa departamentalização logo de cara é aconselhável – embora à medida que forem crescendo seja possível instituir equipes de marketing mais tradicionais paralelamente a uma dedicada ao crescimento. Em empresas maiores, já estabelecidas, um time desses pode complementar equipes atuais de produtos, marketing, engenharia e business intelligence, colaborando com todas e ajudando a promover uma comunicação mais eficaz entre elas.

Como comprova a experiência de Sean no Dropbox, o processo pode ser adotado até por times reduzidíssimos, que, no caso de muitas startups, especialmente na fase inicial de crescimento, deviam ser liderados pelo fundador e ter profissionais de todas as áreas da empresa. Quando a companhia for maior e tiver de lidar com estruturas e culturas já arraigadas e avessas a mudanças, é possível montar pequenas equipes independentes e até mesmo para projetos com prazo definido – por exemplo, o lançamento de um produto ou de um canal específico de marketing, como o mobile. Uma equipe pode ser uma unidade criada do zero especialmente para isso, um grupo de indivíduos já atuantes em distintos setores da organização ou um time ad hoc montado conforme necessário. Muitas evoluem em tamanho, escopo e responsabilidade ao longo do tempo para atender a necessidades específicas da empresa em determinado momento.

O growth hacking é um método pensado para ser facilmente ajustado e adaptado às necessidades de uma equipe ou empresa, seja qual for seu porte ou estágio de crescimento. É um esforço que traz muitas recompensas. Vejamos a seguir alguns benefícios do growth hacking e por que são, hoje, mais cruciais do que nunca.

### Sobreviver à disrupção

Atualmente, toda empresa – da startup mais intrépida à mais bem-estabelecida das organizações – precisa se valer do growth hacking. É isso, ou arriscar ser superada por uma concorrente que usa o método.

Vale notar que até organizações tradicionais como IBM e Walmart estão começando a ver o growth hacking como algo crucial para a sobrevivência. Afinal, toda empresa hoje é, de certo modo, digital, ainda que sua atuação na internet seja restrita a marketing e vendas e não inclua o desenvolvimento de produtos. Em um mercado no qual uma líder é desbancada aparentemente da noite para o dia, a necessidade da adoção rápida de novas ferramentas tecnológicas e da incessante experimentação com o desenvolvimento de produtos e o marketing está se alastrando rapidamente do universo digital para todo tipo de atividade empresarial.

Esse processo só tende a acelerar com a rápida disseminação da internet das coisas – a chegada de mais e mais produtos "inteligentes" conectados à internet e a diversos aparelhos. Com a rápida fusão desses dois mundos – o de bens físicos e o do software –, em breve não só será possível monitorar e atualizar continuamente um produto em tempo real, como será vital fazê-lo para permanecer competitivo. Jeffrey Immelt, CEO da General Electric, declarou que "toda indústria vai virar uma empresa de software" – e o mesmo pode valer para fabricantes de bens de consumo, empresas de mídia, instituições financeiras e por aí vai.[15] Em um artigo da *Harvard Business Review*, Michael Porter, mestre em estratégia empresarial, e James Heppelmann, CEO da companhia de software PTC, sustentam que a capacidade de uma empresa de permanecer conectada a seu produto após a venda "transfere o foco do relacionamento com o cliente (...) da venda – muitas vezes uma transação única – para a maximização do valor do produto ao longo do tempo". A dupla frisa que essa mudança leva "à necessidade de coordenar o design do produto, a operação na nuvem, a melhoria do serviço e o engajamento do cliente". Nossa experiência sugere que montar um time de crescimento multifuncional é o melhor caminho – e o de melhor custo-benefício.[16]

Uma empresa que vem usando a tecnologia de maneira inteligente para continuamente testar, atualizar e aprimorar o produto – e, no processo, espantar novos concorrentes do mercado – é a Tesla Motors. Pioneira do carro elétrico, ela não coloca o ano nem o modelo em seus veículos e regularmente envia atualizações para o software dos carros e novos recursos (como acrescentar a tecnologia de autocondução) em tempo real em vez de esperar o lançamento de um novo modelo. Além disso, monitora o desempenho do veículo e manda uma mensagem ao proprietário quando algo precisa ser consertado. Com planos de ampliar bastante as vendas nos próximos anos, a empresa contratou profissionais das equipes de crescimento do Facebook e do Uber e anunciou: "Estamos montando um time de crescimento do zero para projetar, produzir e otimizar soluções escaláveis para acelerar a adoção".[17]

### Agilidade é preciso

O growth hacking também é a resposta à necessidade urgente de rapidez que toda empresa sente atualmente. Encontrar depressa soluções de crescimento é crucial no cenário de negócios cada vez mais competitivo e em constante transformação de hoje.

Ao revolucionar velhos processos para desenvolver e lançar produtos, institucionalizar testes contínuos de mercado e responder de maneira sistemática e em tempo real às exigências do mercado, o growth hacking deixa uma empresa muito mais ágil, permitindo que aproveite novas oportunidades e corrija problemas com celeridade. Isso dá às que adotam o método uma forte vantagem competitiva, que ganhará ainda mais força à medida que o ritmo dos negócios seguir acelerando.

Atualmente, não há como subestimar a necessidade de rapidez na adaptação a novas tecnologias e plataformas. No modelo de negócio tradicional ainda reinante na maioria das empresas, as atividades de gestão de produtos, marketing, vendas e engenharia continuam isoladas em departamentos com distintas prioridades e limitada interação com outras áreas. Equipes de produto fazem pesquisa de mercado, definem especificações do produto e determinam o tamanho do mercado. É só quando está devidamente definido que o produto é transferido para a área de produção da empresa – engenharia ou fabricação –, que, por sua vez, devolve o produto acabado já pronto para o mercado. Paralelamente, o departamento de marketing começa a conceber o plano de marketing assim que recebe a pesquisa e as especificações da equipe de produto, não raro trabalhando com agências externas – ainda mais distantes do pessoal relevante – para planejar a publicidade e a promoção do produto. Somente ao despachar o produto a empresa vai agir para maximizar as vendas; relatórios de vendas servem para nortear equipes de produto e de marketing no lançamento da versão seguinte. Muito ineficaz, esse ciclo pode levar trimestres e até anos para ser concluído, retardando de modo debilitante a reação tanto a novas exigências do consumidor como a desdobramentos tecnológicos, além do lançamento de novos recursos, do aprimoramento do produto e da adoção de novos canais de marketing para chegar ao cliente.

Em outras palavras, startups e organizações estabelecidas não podem deixar que departamentos impeçam seu avanço. Ao derrubar essas barreiras, o growth hacking permite que equipes e empresas fiquem mais ágeis e capazes de reagir a novas exigências do mercado, acelerando o lançamento de novos produtos e recursos e a criação e implementação de estratégias de marketing e vendas fundamentais para atrair, ativar e monetizar clientes. Essa necessidade de rapidez explica por que um aspecto crucial do growth hacking é testar novidades o mais depressa possível. É como diz o diretor de crescimento do Facebook, Alex Schultz: "Se você estiver lançando código uma vez a cada duas semanas, e seu concorrente (…), toda semana, passados apenas dois meses esse concorrente terá feito dez vezes mais testes do que você. Ele terá dez vezes mais informações sobre o produto dele [do que você sobre o seu]".[18]

#### Ouro nos dados

Inclusive, o growth hacking dá a empresas outra vantagem competitiva crucial ao ajudá-las a fazer bom proveito da montanha de dados de clientes que a tecnologia moderna tornou mais fácil do que nunca coletar. No meio dessa informação toda há verdadeiras minas de crescimento esperando para serem exploradas, embora no momento organizações de todos os portes venham se debatendo para aproveitar esse potencial e extrair as valiosas pepitas de crescimento perdidas no meio de montanhas de informação. A maioria das empresas ainda não criou métodos para coletar dados de clientes de maneira integrada. Gerentes de produto fazem pesquisas e testes sem colaboração com o pessoal de marketing, que em geral está colhendo os próprios dados e usando-os sem consultar outras equipes. Agências de publicidade são contratadas para criar campanhas e reunir dados sem perguntar a outros departamentos que informação seria mais útil buscar. Enquanto isso, o time de programação recebe instruções com base em dados de ontem, voltadas para necessidades já superadas.

O resultado é que a empresa acaba agindo com base nos dados errados, apostando em indicadores superficiais e inúteis (como pageviews) ou com tanta fragmentação interna que as melhores ideias e oportunidades de crescimento passam despercebidas.

O growth hacking dá à organização um método melhor para garimpar esses dados e usá-los para conseguir insights específicos, relevantes e em tempo real sobre o comportamento do usuário – informação que pode ser usada para guiar a estratégia e produzir iniciativas de crescimento mais eficazes e direcionadas.

Um ótimo exemplo é o Savings Catcher, aplicativo do Walmart que nasceu da análise do comportamento do consumidor quanto à política da empresa de cobrir preços da concorrência. Para tirar proveito da explosão dessa estratégia, o time de crescimento do Walmart pediu aos engenheiros que criassem um aplicativo que permitisse ao consumidor usar a câmera do celular para digitalizar a nota fiscal da compra e receber do Walmart um reembolso automático caso algum concorrente tivesse anunciado por menos um artigo comprado na loja. Além disso, o pessoal de engenharia viu que podia casar os dados que a empresa vinha obtendo no programa de cobertura de preços com campanhas publicitárias feitas por equipes de buscas pagas, economizando muito com publicidade ao fazer lances pesados somente para artigos em que seu preço era claramente o melhor.

Por saber que o maior recurso do Walmart são seus dados, o então diretor de marketing, Brian Monahan, promoveu uma unificação das plataformas de dados das divisões, o que permitiria que todas as equipes – da de engenharia à de merchandising no ponto de venda e à de marketing – e até agências externas e fornecedores pudessem tirar proveito dos dados gerados e coletados. O growth hacking cultiva a maximização do big data por meio da colaboração e do compartilhamento de informações. Monahan frisou a necessidade comercial que essa abordagem resolve: "Você precisa de pessoas de marketing que saibam valorizar o esforço necessário para criar um software e de cientistas de dados que saibam valorizar os insights sobre o consumidor e entendam problemas comerciais".[19]

## O crescente custo e o duvidoso retorno do marketing tradicional

Técnicas do marketing tradicional – publicidade impressa e na televisão e as novas versões digitais que já viraram parte do arsenal tradicional de marketing – estão em crise, com mercados cada vez mais fragmentados e efêmeros e a publicidade cada vez mais cara e menos vista. Um grande problema é que o crescimento da audiência online em grandes mercados, sobretudo Estados Unidos e Europa, está chegando ao limite: com quase 89% da população norte-americana e 93% da do Reino Unido conectadas, a taxa de expansão do público mal supera a do crescimento da população.[20] Até no meio mobile, onde o crescimento é vertiginoso, 64% da população norte-americana já está conectada.[21] Isso significa que, com o gasto com publicidade migrando cada vez mais para o digital, um anúncio precisa competir mais pelos mesmos "eyeballs", o que inflaciona os preços a um ritmo alarmante.

Por sua vez, fica mais difícil chegar a um consumidor que domina cada vez mais a tecnologia. Nos Estados Unidos, 69,8 milhões de usuários da internet (um salto de 34% na comparação ano a ano) dizem usar programas para bloquear propaganda, incluindo aí quase dois de cada três millennials.[22] Some-se a isso o fato de que, com a popularização de tecnologias de DVR e de serviços de streaming como Netflix, Hulu e Amazon Prime (hoje presentes em 50% dos lares norte-americanos), assistir a TV – e, por tabela, comerciais – virou algo nostálgico e ultrapassado.[23] Hoje, a propaganda tradicional é, na melhor das hipóteses, uma espécie de ruído e, na pior, completamente invisível.

É séria assim a crise do marketing tradicional? Um estudo recente da McKinsey sobre empresas de software de capital aberto mostrou que não havia correlação alguma entre o investimento em marketing e taxas de crescimento – zero.[24] Outro estudo, feito pelo Fournaise Marketing Group para saber a opinião de CEOs sobre o marketing tradicional, revelou que "73% dos CEOs acham que a área de marketing não tem credibilidade comercial e não dá sufiente ênfase à eficácia" e 72% deles disseram concordar com a afirmação de que o pessoal de marketing "está sempre pedindo verba, mas raramente consegue explicar quanto retorno a mais esse dinheiro trará".[25]

Com o growth hacking, uma empresa pode ter saltos de crescimento sem torrar dinheiro em campanhas de marketing obsoletas, de altíssimo custo e utilidade questionável. A criação de recursos que façam o consumidor cair de amores por um produto ou serviço e falar bem dele a amigos e o uso de hacks criativos para chegar ao cliente de um jeito novo e mensurável são ações que estão substituindo planos de marketing e propaganda caríssimos.

### Saindo na frente com as novas tecnologias

Os meios pelos quais o consumidor descobre conteúdo e produtos novos estão evoluindo a um ritmo vertiginoso. Essa realidade é captada perfeitamente pelo gráfico a seguir, que mostra a ascensão e queda de canais de marketing digital e foi criado pelo investidor e especialista em crescimento James Currier. Em um mundo no qual novas plataformas digitais surgem (e desaparecem) praticamente da noite para o dia, adotar logo cedo tecnologias e plataformas novas é de suma importância para a empresa em busca de vantagens no crescimento.

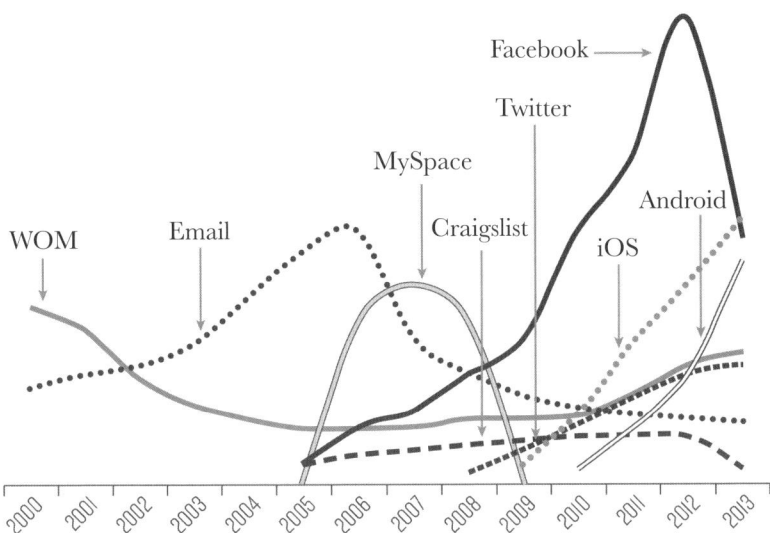

**CANAIS DE MARKETING VIRAL**

Para agarrar uma oportunidade dessas, equipes de tecnologia e marketing precisam trabalhar em sintonia. A maioria das empresas, contudo, demora a adotar plataformas promissoras, pois se mantém presa a velhas normas organizacionais, de planejamento e de orçamento. Quando a equipe está pronta para agir, a efêmera vantagem lá do começo já desapareceu. E o ritmo das mudanças não para de acelerar.

### Derrubando mitos

Antes de detalhar o que é exatamente um time de crescimento e como montar um, gostaríamos de derrubar uma série de mitos sobre o growth hacking. Para começar, e contrariando o que muita gente pensa, o processo não visa a descoberta de uma "bala de prata", uma solução única, definitiva. O tratamento dado pela mídia a muitos dos hacks de crescimento mais festejados, como o programa de indicações do Dropbox e a integração do Airbnb com o Craigslist, alimentou a ideia de que é preciso apenas um grande hack para acelerar o crescimento. No entanto, embora ter grandes sacadas – como a do Dropbox – seja, sim, um objetivo do processo, o fato é que o grosso do crescimento se deve a um acúmulo de pequenas vitórias. Assim como os juros compostos em uma aplicação financeira, esses ganhos vão se acumulando aos poucos. Uma equipe de crescimento das boas continua a testar e a burilar o produto mesmo depois de o crescimento já ter pego embalo. Neste livro, detalharemos como grandes times de crescimento, incluindo os do Facebook, LinkedIn, Uber, Pinterest e Dropbox, continuam a trabalhar diária e incessantemente para gerar, testar e aprimorar ideias de novos hacks de crescimento.

Em segundo lugar, muitas empresas acham que, se contratarem um growth hacker, essa pessoa vai chegar cheia de truques na cartola para fazê-las crescer. É outro grande equívoco. Ao longo do livro, mostraremos que, na verdade, o growth hacking é um trabalho de equipe, que os grandes êxitos são fruto da combinação do know-how em programação com a experiência na análise de dados e no marketing e que pouquíssimos indivíduos são mestres em tudo isso.

Outro mito muito comum é que growth hacking significa achar brechas para contornar normas de sites e plataformas sociais já existentes. Embora a famosa história do hack do Airbnb no Craigslist possa sugerir o contrário, desrespeitar normas não é necessário, tanto que não teve papel algum na maioria dos casos de crescimento. A manobra do Airbnb foi genial, sim, mas o uso de estratégias clandestinas como essa não é fundamental para o método. Aliás, são raros os profissionais de crescimento que não torcem o nariz à menção dessa história. A verdadeira lição no caso do Airbnb é que, para começar a crescer, a equipe fez diversos testes (grande parte deles sem bons resultados) antes de chegar ao hack do Craigslist e continuou a expandir o negócio com uma série de experimentos rigorosos e o teste de estratégias absolutamente legítimas.

Quando eu, Sean, cunhei o termo "growth hacking", tinha em mente o sentido mais amplo e positivo hoje associado ao método – como o de "hack space", o de "hackathon" e o do endereço da sede do Facebook, 1 Hacker Way –, ou seja, a geração criativa e colaborativa de ideias e soluções para problemas espinhosos que está na base do growth hacking.

Outro mito que precisa ser derrubado é o de associar o growth hacking a algo feito especificamente para conquistar novos usuários ou clientes, quando, na verdade, um time de crescimento tem, e deve mesmo ter, uma responsabilidade muito maior. A equipe também precisa cuidar da *ativação de clientes* – tornar os clientes usuários mais ativos e descobrir como transformá-los em evangelistas. Além disso, o time tem de buscar maneiras de *reter* e *monetizar* os clientes – fazer com que voltem sempre e aumentar a receita que trazem para sustentar o crescimento no longo prazo. É comum haver todo um esforço para a aquisição de novos usuários e clientes, que depois, em vários casos, rapidamente perdem o interesse. Muito dinheiro é gasto nisso de maneira pouco inteligente. Um estudo da Econsultancy de 2012 revelou, por exemplo, que, de cada US$ 92 gastos na aquisição de mais tráfego na internet, somente US$ 1 ia para a conversão dos visitantes em clientes pagantes.[26] O desinteresse e a deserção de clientes, que, no caso de visitas a sites, se chama *bounce* e, no de clientes pagantes, *churn*, são dois dos maiores problemas tanto de startups como de empresas estabelecidas. Aí estão, portanto, algumas das melhores oportunidades imediatas de crescimento.

Há, por último, o erro de achar que o growth hacking só tem a ver com marketing. Como já dissemos, um time de crescimento também deve participar do desenvolvimento de produtos, para analisar se um produto está ou não otimizado para o mercado visado: se está oferecendo o que chamamos de experiência must-have e se descobriu como levar essa experiência ao público certo, ou seja, se chegou ao product/market fit. Isso feito, a equipe tem de gerar uma grande quantidade de ideias para o aprimoramento contínuo do produto, priorizando quais testar e realizando experimentos para ver quais estão gerando crescimento e receita e quais não. Um time de crescimento pode ser instrumental até para o desenvolvimento estratégico do negócio. O do Facebook, por exemplo, conduziu a empresa a aquisições estratégicas para fomentar o crescimento, como a da Octazen, que criou serviços para importar contatos de usuários de qualquer serviço de e-mail do mercado. Aliás, a equipe de crescimento do Facebook foi a primeira a perceber que com a tecnologia da Octazen seria mais fácil para um usuário convidar seus contatos para a rede social.[27]

Resumindo, o time de crescimento deve trabalhar em todas as etapas e com todas as alavancas do crescimento, desde o alcance do product/market fit até a aquisição, ativação, retenção e monetização de clientes/usuários. Nos próximos capítulos, veremos como.

### Como o livro está organizado

Dividimos o livro em duas partes. A primeira, intitulada "O método", traz uma introdução geral ao processo, mostrando como montar um time de crescimento, os profissionais que devem estar nele e suas competências, como administrar a equipe e como o processo acelerado de growth hacking lhe permite gerar e testar ideias que trarão resultados rápidos e formidáveis. Vamos apresentar o processo altamente eficaz que eu, Sean, e outros líderes de times de crescimento criamos para promover uma boa colaboração entre distintos departamentos a fim de gerar crescimento, desmistificando o processo e mostrando quão fácil é adaptá-lo às necessidades específicas de sua empresa. Resumindo, a primeira parte detalha o método e dá o argumento para sua implementação.

A segunda, intitulada "O guia do growth hacking", detalha uma série de estratégias para a correta implementação do método, com capítulos explicando como adquirir, ativar, reter e monetizar usuários ou clientes e como sustentar e acelerar o crescimento obtido. Daremos exemplos de como cada estratégia dessas foi usada para turbinar o crescimento por equipes de crescimento de um grande leque de empresas e setores, incluindo unicórnios como Pinterest e Twitter, fabricantes de aplicativos como Spotify e Evernote, empresas de software empresarial como HubSpot e Salesforce.com, portais de internet como Hotels.com e Zillow, varejistas eletrônicos como Amazon e Etsy e estabelecimentos de varejo tradicional como Walmart e uma rede de supermercados fictícia. Além disso, apresentaremos uma série de recursos online para uso por times de crescimento, incluindo o Projects, da GrowthHackers, que permite gerenciar o processo de crescimento apresentado na primeira parte do livro, além de ferramentas para sondagem de clientes, planilhas para priorizar hacks e monitorar resultados, normas para a condução de reuniões de crescimento e uma série de experimentos testáveis em cada área de interesse, atualizados continuamente pela comunidade GrowthHackers.com.

Empresas de todos os portes e formatos, dos mais diversos setores no mundo inteiro, estão penando para achar um jeito de crescer. O growth hacking traz uma metodologia rigorosa para nortear a busca de oportunidades por meio da colaboração entre diferentes áreas da organização a um ritmo acelerado. Partindo da análise e da experimentação movida a dados, o método busca revelar como a empresa pode aproveitar de maneira sistemática o poder dos rios de dados que tanto investiu para acumular. Como mostraremos ao longo do livro, qualquer organização pode adotar essas estratégias – com pequenas iniciativas ou com o uso do método em larga escala. O growth hacking é uma metodologia de negócios nova, indispensável, que toda empresa, todo fundador, todo líder de equipe, todo chefe de departamento e todo CEO que quiser satisfazer expectativas elevadas, produzir resultados relevantes, bater metas com investimento limitado e obter o máximo retorno com a verba de marketing deve adotar. Nas páginas seguintes, explicaremos como conseguir isso tudo.

parte 1

# O MÉTODO

CAPÍTULO UM

# Como montar uma equipe de crescimento

Em 2012, quando Pramod Sokke ingressou na BitTorrent como diretor sênior de produtos, a até então notável startup encontrava-se em uma encruzilhada. O crescimento de seu popular programa para computadores, que permitia aos usuários a busca e o download de arquivos na internet, havia estagnado. Para complicar, a empresa ainda não tinha uma versão mobile do produto, e isso, àquela altura, representava uma tremenda desvantagem, uma vez que os usuários migravam dos computadores para as telas dos smatphones. Pior ainda, serviços de streaming como YouTube e Netflix vinham roubando o tempo e a atenção dos usuários, tanto nos celulares quanto em outros dispositivos, o que deixou a BitTorrent comendo poeira. Pramod chegou com a missão de criar a versão mobile do programa e fazer a empresa voltar a crescer.

Com cerca de 50 funcionários, a BitTorrent estava organizada em torno das tradicionais áreas de marketing, de produtos, de engenharia e de data science. As de produtos e engenharia dividiam-se em equipes para cuidar de produtos específicos, como as versões para Mac e Windows, e a dedicada ao mobile era a mais recente. Os departamentos de marketing e data science atendiam todos esses grupos simultaneamente, mas, como na maioria das companhias do setor, o desenvolvimento de produtos não contava com a participação do marketing. Este recebia informações sobre futuros lançamentos da área de de produtos e passava, então, a cuidar de tudo sozinho, sem a contribuição do pessoal que havia desenvolvido o produto.

**FUNIL DO CLIENTE E DIVISÃO DE RESPONSABILIDADES TÍPICA**

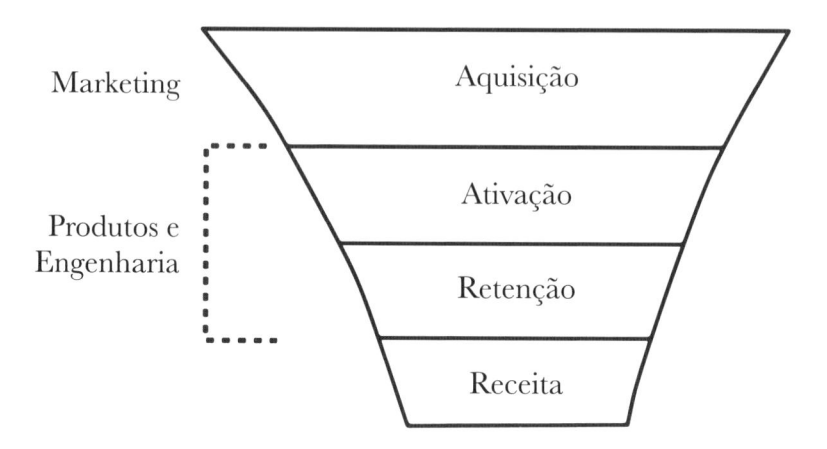

- Marketing: Aquisição
- Produtos e Engenharia: Ativação, Retenção, Receita

Como também acontece em muitas organizações, a equipe de marketing da BitTorrent se dedicava exclusivamente ao "topo do funil" (veja a figura acima), ou seja, a aumentar o nível de consciência das pessoas sobre a empresa e atraí-las para os produtos, com iniciativas de branding, publicidade e marketing digital voltadas para a aquisição de novos clientes. Na maior parte das companhias de tecnologia, a tarefa de aumentar a ativação e a retenção de quem visita seu site ou usa seu aplicativo não é do marketing, e sim dos times de produtos e engenharia, que trabalham para criar recursos que façam os usuários se apaixonarem pelo programa. Normalmente, a colaboração entre essas áreas é pequena ou inexiste, e cada uma delas foca suas prioridades. Não raro, ficam em prédios diferentes ou até países diferentes.

De acordo com o processo estabelecido, assim que a versão mobile do aplicativo da BitTorrent ficou pronta, a área de marketing traçou um plano para o lançamento, que, como de costume, incluía uma série de atividades de marketing tradicionais, com ênfase em redes sociais, relações públicas e campanhas pagas para aquisição de clientes. O aplicativo era sólido, e o plano, bom, mas ainda assim a adoção não decolava.

Então, Pramod solicitou ao departamento de marketing que contratasse um gerente para cuidar exclusivamente da versão

## CAPÍTULO UM

mobile do produto, na tentativa de melhorar a aquisição. Em geral, um gerente de marketing do produto é considerado a "voz do cliente" dentro da empresa. Sua função é descobrir as necessidades e desejos dos clientes, normalmente por meio de entrevistas, questionários ou focus groups, e, assim, contribuir para que o valor do produto seja comunicado de maneira mais adequada e eficiente. Em algumas empresas, esse profissional também participa do processo de desenvolvimento do produto, investigando produtos concorrentes para identificar novos recursos, ou da fase de testes.

Como experiente gerente de marketing do produto, Annabell Satterfield ingressou no time de marketing da BitTorrent para ajudar a elevar as taxas de adoção à recém-criada versão mobile do aplicativo. Além de cuidar das campanhas de divulgação e aquisição, ela propôs trabalhar com a equipe de produtos nas demais etapas do funil, que incluíam as estratégias de retenção e monetização, em vez de ficar restrita às atividades do topo. O líder do marketing concordou, mas só depois que ela cuidasse dos programas de aquisição de usuários e as metas de marketing fossem atingidas.

Enquanto conduzia pesquisas de marketing – o que incluía tanto a aplicação de questionários como a análise de dados internos sobre o comportamento dos usuários – no intuito de gerar novas ideias para as campanhas de marketing, Annabell descobriu algo que parecia conflitar com as orientações que recebera de seu chefe: aparentemente, muitas das melhores oportunidades de crescimento estavam nos níveis inferiores do funil – por exemplo, diversos usuários da versão mobile, gratuita, não tinham feito o upgrade para o plano Pro, que era pago. Annabell decidiu, então, realizar uma pesquisa para saber o porquê disso. Se a equipe conseguisse levar mais usuários a migrar para o plano pago, isso poderia gerar uma grande receita, o que seria tão ou mais importante do que fazer mais pessoas baixarem o aplicativo. À medida que os resultados das pesquisas foram sendo compilados, ficava mais claro que a estratégia de crescimento mais promissora era aproveitar ao máximo os usuários que a empresa já possuía, e não se concentrar somente na ampliação da base de clientes.

De posse desses dados, Annabell se reuniu com o time de produtos para propor que trabalhassem juntos na busca de melhorias no aplicativo. O pessoal da área ficou surpreso, pois era a primeira vez que alguém do marketing o procurava com aquele tipo de sugestão. Pramod, que era adepto da gestão baseada em dados para o desenvolvimento de produtos, ficou impressionado e prontamente deu a ela autonomia para continuar analisando os dados e obtendo insights dos clientes e comunicá-los a toda a empresa, transpondo as barreiras até então existentes.

Uma das descobertas de Annabell não só deixou o time de produtos pasmo, como também trouxe um rápido incremento da receita. A equipe tinha uma série de teorias sobre o porquê de os usuários não fazerem o upgrade para o plano Pro, mas a resposta dada pela maioria dos entrevistados foi surpreendente: eles nem sequer tinham ideia da existência da versão paga. Era inacreditável, pois o time de produtos acreditava que vinha promovendo o plano Pro de maneira agressiva aos clientes da versão gratuita, porém, diante dos fatos, parecia que tinham errado feio. Até os usuários mais ativos da versão gratuita não haviam percebido os esforços para que comprassem o plano pago. Então, a equipe colocou um botão bem visível na tela inicial do aplicativo para incentivar a aquisição da versão paga. Por incrível que pareça, essa simples mudança provocou um aumento de 92% na receita diária com upgrades. Custou quase nada, demorou pouco para ser executada e trouxe resultados imediatos relevantes. E tudo isso por causa de uma ideia que, provavelmente, não teria surgido sem o feedback dos clientes.

Outra descoberta veio do que Annabell e Pramod chamaram de "love hack". Ao analisar os dados de usuários e tentar descobrir o que levava o número de downloads do aplicativo, disponível apenas no Google Play, a subir ou cair, Annabell identificou um padrão: sempre que os primeiros comentários em determinado dia eram negativos, a quantidade de novos usuários do aplicativo despencava. Então, fez um teste pondo as avaliações positivas antes das negativas, e o número de downloads subiu instantaneamente. Com isso, ela e Pramod decidiram incentivar os usuários a avaliar o aplicativo logo depois de baixarem o primeiro torrent e verificar como era fácil usá-lo. A ideia era que aquele seria o momento em que a pessoa estaria mais satisfeita e, portanto, mais disposta a dar uma avaliação favorável. Para comprovarem essa hipótese, pediram ao pessoal de engenharia que fizesse um popup de avaliação aparecer na tela imediatamente após o download do primeiro torrent. Como esperado, choveram avaliações positivas. Com o sucesso do teste, a iniciativa foi estendida a todos os novos usuários, levando as avaliações de quatro ou cinco estrelas a saltar para 900% e o número de downloads a disparar. Uma vez estabelecida a credibilidade, não demorou para que Annabell fosse procurada por um engenheiro, que lhe disse: "E aí, tem outra ideia? O que mais podemos fazer?".

Infelizmente, essa colaboração entre os times de marketing e produtos é rara. Em geral, a equipe de produtos cuida do desenvolvimento de produtos e das atualizações – o que inclui melhorar a experiência de cadastramento ou adicionar novos recursos – e segue um cronograma fixo, normalmente chamado de roadmap, para fazer essas melhorias. Qualquer sugestão que fuja desse roadmap costuma enfrentar resistência, por diversos motivos: o prazo para realizar as melhorias originalmente planejadas já é curto; a mudança proposta foi malconcebida, tornando sua implantação mais difícil, cara e demorada de ser implantada; a equipe de produtos acha que uma solicitação não está alinhada com a visão estratégica do produto; ou uma combinação de todos esses fatores.

Ainda que sua empresa não seja da área de tecnologia, é bem possível que você já tenha testemunhado essa queda de braço. Pode ser o pessoal do marketing rejeitando sugestões do setor de vendas ou o departamento de pesquisa e desenvolvimento negando-se a criar o protótipo de um novo produto sugerido pelo marketing. Esse é um dos principais problemas da prática de dividir responsabilidades por áreas e também a grande razão pela qual, conforme explicaremos mais à frente, uma equipe de crescimento deve incluir pessoas de especialidades e áreas diferentes. Como descobriu a BitTorrent, as melhores ideias costumam surgir da interação multidisciplinar, uma característica fundamental do processo de growth hacking.

### Como remover as barreiras entre as áreas

animado com os resultados que vinha obtendo, o time de mobile da BitTorrent começou a pensar em mais hacks para testar. Uma das novas ideias que surgiram foi a de desativar o aplicativo automaticamente para economizar a bateria do celular. A equipe constatou essa oportunidade em uma pesquisa com os heavy users (usuários que fazem uso intensivo do aplicativo) da versão gratuita, que revelou que um problema sério para eles era o consumo acelerado da bateria do aparelho por causa do uso intensivo do aplicativo. Os engenheiros, então, propuseram a criação de um novo recurso, só para a versão Pro, que interromperia a transferência de dados em segundo plano quando a carga da bateria estivesse abaixo de 35%. Para incentivar a aquisição do plano Pro, o novo recurso era oferecido aos usuários da versão gratuita, de maneira bem chamativa, sempre que a bateria chegava a esse limite. A ideia deu tão certo que fez a receita disparar 47%.

Essa série de vitórias não passou despercebida do restante da empresa. Para começar, Annabell foi oficialmente transferida do marketing para a área de mobile, reportando-se diretamente a Pramod. A certa altura, seu cargo também mudou: virou gerente sênior de produtos para o crescimento. Enquanto isso, engenheiros envolvidos em projetos de outros setores ficavam fascinados com o modo como a equipe conquistava uma vitória após a outra. Dois deles, mais graduados, deixaram os respectivos cargos só pela oportunidade de trabalhar em um time de alta performance, voltado para o crescimento. Segundo Annabell, os engenheiros explicaram que sua motivação para isso havia sido o fato de que o time parecia estar não só se divertindo e se entendendo muito bem, como também agindo da maneira correta, ou seja, com base em dados.

Quanto mais pensava em hacks para crescer, mais a equipe recorria à análise de dados, feita por um profissional da área, tanto para criar experimentos como para avaliar seus resultados. O analista atuava com os engenheiros para garantir que eles estivessem utilizando os dados corretos sobre os clientes para os testes e fornecendo os relatórios o mais adequados possível conforme essas informações eram geradas. O analista tinha expertise para saber quando havia dados suficientes para afirmar se o resultado

## CAPÍTULO UM

era positivo ou negativo e trabalhava com a equipe na avaliação dos resultados e na programação de novos testes, se fosse o caso. Essa análise de dados era tão importante que, a certa altura, o analista de dados também passou a integrar, com exclusividade, o time de mobile, como ocorrera com Annabell.

O sucesso da abordagem baseada em dados para crescer e desenvolver produtos levou os executivos da BitTorrent a investir de modo mais intensivo em data science e a reforçar o time de analytics. À medida em que o restante da empresa via como o time de mobile estava crescendo, outras equipes de produto começaram a recorrer a analistas de dados com maior frequência e a trabalhar mais de perto com eles para criar testes e gerar os próprios insights.

O time de mobile fez dezenas de ajustes de alto impacto que levaram o número de instalações a bater a casa dos 100 milhões em dois anos e meio de ações rápidas de growth hacking. Cumprida essa missão, a equipe foi reconfigurada para trabalhar em outras prioridades da área de produtos. É difícil subestimar o impacto que esse pequeno grupo teve sobre a empresa, antes desafiada pelo crescimento. Seus esforços não só fizeram a receita aumentar 300% em apenas um ano, como também, e talvez até mais importante, mudaram a cultura da BitTorrent, de uma estrutura organizacional departamentalizada, baseada na divisão típica entre marketing e produtos, para uma nova configuração aberta e colaborativa, em que todos, do pessoal de marketing aos analistas de dados, engenheiros e executivos, estavam alinhados em torno de um processo rápido e colaborativo de growth hacking. Annabell se lembra, com carinho, de como a fé no processo de crescimento se difundiu por toda a companhia e conta que dois de seus episódios favoritos foram, primeiro, ver um dos mais antigos líderes de tecnologia apresentar um teste de crescimento no Palooza – era como a BitTorrent chamava seus frequentes hackathons – e, segundo, encontrar um velho colega de engenharia que quis mergulhar nesse novo processo e, mais tarde, tornou-se um embaixador da metodologia.

Infelizmente, esse tipo de abordagem colaborativa é a exceção nas empresas, independentemente do porte e do segmento. A prática corriqueira de compartimentar atividades em unidades de negócios isoladas que pouco conversam entre si ou trocam informações – que dirá colaborar – há muito é um calcanhar de aquiles em muitas organizações. Como apontado em um estudo feito pela consultoria McKinsey, um dos efeitos mais nocivos dessa departamentalização é retardar a inovação que promove o crescimento. Segundo seus autores, embora "o estudo mostre que a capacidade de colaborar em redes seja mais importante para a inovação do que o talento individual", uma sondagem da McKinsey revelou que "somente 25% dos altos executivos consideram suas empresas eficientes no compartilhamento de conhecimento entre as áreas, ainda que quase 80% reconheçam que essa coordenação é crucial para o crescimento".[1]

Já na Harvard Business School, uma turma de acadêmicos que estudou a comunicação entre unidades de negócios disse ter ficado "pasma" com a pouca interação entre elas. Mais chocante ainda foi constatar que "duas pessoas da mesma unidade estratégica de negócios, função e escritório (…) interagem cerca de mil vezes mais do que duas pessoas da mesma empresa que sejam de unidades de negócios, funções e escritórios distintos. Em termos práticos, isso significa que há pouquíssima interação entre essas fronteiras".[2]

Especialista nos problemas da departamentalização, o professor Ranjay Gulati, da Kellogg School of Management, da Northwestern University, observa que essa falta de comunicação entre departamentos impede que iniciativas de desenvolvimento de produtos e marketing sejam mais focadas no cliente – uma necessidade cada vez maior à medida que tecnologias e redes sociais facilitam, e até mesmo exigem, uma interação mais relevante e contínua com os consumidores. Trocando em miúdos, embora capazes de bolar maneiras de satisfazer necessidades e desejos do cliente, engenheiros e desenvolvedores de produtos, em geral, simplesmente não sabem dizer quais são essas necessidades e desejos. Gulati conta que, em uma sondagem com executivos conduzida por ele, mais de dois terços disseram que tornar o desenvolvimento de produtos mais centrado no cliente seria uma prioridade na década seguinte. No entanto, segundo o professor, a pesquisa também mostrou que "o conhecimento e o know-how das empresas estão confinados em departamentos organizacionais, e há dificuldade para transpor essas

# CAPÍTULO UM

fronteiras internas e explorar recursos para fazer algo que o cliente realmente valorize e pelo qual esteja disposto a pagar".[3]

Criar times de crescimento com pessoas de várias áreas é uma forma de romper essas barreiras. Além de facilitar e acelerar a colaboração entre os profissionais de produtos, de engenharia, de dados e de marketing, uma equipe multifuncional faz seus integrantes valorizarem e entenderem melhor o ponto de vista dos outros e o trabalho que fazem. Mas como, exatamente, montar um time de crescimento que satisfaça as necessidades e as prioridades estratégicas de determinado projeto ou iniciativa? Apresentaremos os principais passos para isso nas próximas páginas.

### QUEM INCLUIR EM UM TIME DE CRESCIMENTO

um time de crescimento deve reunir profissionais que conheçam a fundo a estratégia e as metas da empresa, pessoas que saibam analisar dados e as que entendam de engenharia para implantar mudanças de design, funcionalidade ou marketing do produto e sejam capazes de realizar experimentos para testar essas mudanças. Obviamente, a composição de um time de crescimento varia de acordo com a empresa e o produto. Também variam bastante o tamanho da equipe e o escopo das atividades. Um time desses pode se limitar a quatro ou cinco pessoas ou passar de cem, como ocorre no LinkedIn. Seja qual for o porte da empresa, essa equipe deve ter, entre seus integrantes, pessoas que exerçam as funções descritas a seguir.

#### LÍDER DE CRESCIMENTO OU GROWTH LEAD

Todo time de crescimento precisa de um líder. Essa pessoa deve ser uma espécie de comandante da tropa, que põe a mão na massa e participa ativamente da geração de ideias e do processo de experimentação. O líder de crescimento define o rumo do processo e o ritmo dos testes a realizar e monitora os resultados para verificar se a equipe está ou não atingindo as metas. Em geral, um time de crescimento faz uma reunião por semana, conduzida pelo líder (mais à frente trataremos disso).

Seja qual for sua área de especialização ou experiência anterior, o líder de crescimento exerce um papel que é um misto de gestor, product owner e cientista. Uma de suas grandes responsabilidades é definir o foco da equipe, suas metas e o prazo para cumpri-las. Como mostraremos mais profundamente nos próximos capítulos, focar experimentos em uma meta central é vital para otimizar resultados. O líder de crescimento pode determinar o foco para o mês, trimestre ou ano – por exemplo, levar mais usuários a trocar a versão gratuita de um produto pela premium ou determinar qual o melhor canal de marketing para certo produto. Isso feito, deve evitar que a equipe se desvie do rumo correndo atrás de ideias que não contribuam para a meta estipulada (essas ideias, contudo, devem ser guardadas, pois podem ser úteis caso o foco mude).

O líder também garante que as métricas que o time resolveu mensurar e melhorar sejam condizentes com as metas de crescimento estabelecidas. Em geral, equipes de marketing e de produtos não fazem um acompanhamento sistemático de dados do comportamento dos usuários que possam levá-las a descobrir que melhorias fazer ou a perceber rapidamente por que o público está usando menos o produto ou abandonando-o. Muitas empresas dão atenção demais às chamadas "vanity metrics", que podem impressionar, como número de page views ou curtidas, mas que, em última análise, não levam a um crescimento real, seja no uso do produto, seja na receita. No capítulo 3, discorreremos detalhadamente sobre como escolher os indicadores mais adequados para seu negócio.

É fundamental que o líder de crescimento possua certas habilidades básicas: fluência na análise de dados; expertise na gestão de produtos, ou seja, no processo de desenvolver e lançar produtos; e domínio na formulação e execução de experimentos. Também deve ter familiaridade com métodos para expandir a adoção e uso do produto ou serviço no qual a equipe está trabalhando – uma rede social, por exemplo, requer um líder de crescimento que entenda a dinâmica da viralização e dos efeitos de rede, isto é, como o valor da rede aumenta à medida que mais gente vai sendo somada, mecanismos fundamentais para o crescimento de muitos produtos sociais, não de todos, claro. Além disso, o líder tem de conhecer bem o setor ou o produto – no caso de uma loja online, ele deve entender de otimização do carrinho de compras, de merchandising e de estratégias de preços e marketing. Também precisa ter grande

CAPÍTULO UM

capacidade de liderança para manter a equipe focada e acelerar o ritmo de testes de crescimento no futuro, mesmo diante de falhas, que são corriqueiras e esperadas. Impasses, resultados pouco conclusivos e insucesso são parte da realidade dos testes de crescimento. Um líder de crescimento forte não perde o entusiasmo e, ao mesmo tempo, dá cobertura para que a equipe possa experimentar e errar sem ser ridicularizada ou receber pressão indevida da chefia para produzir mais resultados positivos.

Não há currículo ideal para um líder de crescimento. Muitas pessoas que exercem esse papel vieram das áreas de engenharia, gestão de produtos, data science ou marketing e têm sido bem-sucedidas, pois trazem competências cruciais para o processo de growth hacking. Em startups, sobretudo na fase inicial, é comum o fundador ser o líder de crescimento; do contrário, ele mesmo deve escolhê-lo e orientá-lo. Em empresas de grande porte, nas quais pode haver vários times de crescimento, o líder tem de ser escolhido por um executivo com autoridade sobre o trabalho da equipe e a quem o líder vai se reportar.

A função talvez pareça intimidadora ou pesada demais para uma única pessoa, mas, com ferramentas e métodos para priorizar experimentos, monitorar e compartilhar resultados, o processo pode ser administrado com grande eficiência.

### GERENTE DE PRODUTO

O modo como as empresas organizam suas equipes de desenvolvimento de produtos varia muito, e isso vai determinar quem será selecionado para trabalhar em um time de crescimento e, também, como esse grupo se encaixará na estrutura organizacional. Em geral, cabe ao gerente de produto supervisionar como um produto e seus recursos são concebidos. O investidor Ben Horowitz sintetizou isso de maneira bem simples: "Um bom gerente de produto é o CEO do produto".[4]

Na maioria das organizações, esse papel está relacionado à missão do growth hacking de derrubar as barreiras entre departamentos e identificar bons candidatos nas áreas de engenharia e marketing para ajudar o time de crescimento a deslanchar. Isso porque, normalmente, a experiência de gerentes de produto na aplicação de questionários e entrevistas com clientes e no desenvolvimento de produtos permite que deem uma contribuição vital para o processo de geração de ideias e experimentação. Se houver esse cargo em sua empresa, a pessoa que o ocupa sem dúvida deveria estar no time de crescimento.

Dependendo do porte da empresa, a função do gerente de produto pode ser exercida por outros profissionais. Em startups ainda em fase inicial, é usual o fundador desempenhar esse papel. Em organizações maiores, a gestão de produtos pode contar com vários níveis hierárquicos, incluindo gerente, diretor e até vice-presidente. O nível hierárquico do profissional de gestão de produtos que será alocado no time de crescimento costuma variar, mas, em muitas companhias de tecnologia, a pessoa designada para tal é o gerente do produto no qual o time de crescimento vai trabalhar. Esse profissional, normalmente, responde a um diretor ou vice-presidente de produtos.

### ENGENHEIROS DE SOFTWARE

Os engenheiros de software são os profissionais que escrevem os códigos dos recursos do produto, elaboram as telas para dispositivos móveis e as webpages que serão usadas para fazer testes. Eles são peça fundamental em todo time de crescimento. Entretanto, é comum ficarem de fora do processo de criação de produtos e recursos e simplesmente receberem tarefas predeterminadas das equipes de produto ou negócios. Além de abalar o moral de pessoas altamente qualificadas e preciosas, isso prejudica o processo de ideação, pois ignora sua criatividade e expertise em novas tecnologias para levar ao crescimento. Na BitTorrent, os engenheiros deram uma contribuição inestimável ao sugerir o recurso que economizava bateria. A própria essência do growth hacking é o espírito hacker que nasceu do desenvolvimento de softwares e do design de solução de problemas com abordagens de engenharia recentes. Um time de crescimento simplesmente não funciona sem engenheiros de software.

### ESPECIALISTAS EM MARKETING

Gostaríamos de esclarecer que, embora nem todo time de crescimento tenha um profissional de marketing com dedicação exclusiva, defendemos a ideia de que deveria ter. A polinização cruzada da expertise da engenharia com a do marketing pode ser especialmente profícua na geração de ideias de novos hacks a serem testados. O tipo de conhecimento especializado de marketing de que a equipe pode precisar varia muito, dependendo do tipo de empresa ou produto. Um time de crescimento focado em conteúdo, por exemplo, incumbido de construir uma base de leitores, certamente se beneficiaria se tivesse contasse com um especialista em marketing de conteúdo. Na Inman News, uma publicação dirigida a profissionais do mercado imobiliário, da qual Morgan é diretor de operações, o time de crescimento inclui o diretor de e-mail marketing, pois, nesse caso, o crescimento está totalmente atrelado ao uso do e-mail como canal de aquisição, monetização e retenção de clientes. Outras empresas que dependem muito do trabalho de SEO (Search Engine Optimization) podem optar por ter um especialista dessa área na equipe. O time de crescimento também pode ter uma ampla gama de profissionais de marketing atuando simultaneamente, cada qual em sua área de especialidade. Outra opção é trazer um profissional de marketing para cada iniciativa, de acordo com a especialidade necessária, e, depois de alcançado o objetivo, liberá-lo.

### ANALISTAS DE DADOS

Saber reunir, organizar e realizar análises sofisticadas dos dados sobre clientes para obter insights que levem a ideias para novos testes é outro requisito fundamental para um time de crescimento. A equipe não precisa, necessariamente, ter um analista exclusivamente dedicado a ela, como era o caso na BitTorrent no início, mas, se isso for possível, seria o ideal.

Um especialista em dados tem de saber como elaborar testes rigorosos e de validade estatística, como acessar as várias fontes de dados sobre os clientes e negócios, relacionando-as para obter insights a respeito do comportamento dos usuários, e como processar rapidamente os resultados dos experimentos para extrair esses insights. Dependendo do grau de sofisticação dos testes, um profissional de marketing ou engenharia da equipe pode desempenhar esse papel, já que nessas áreas a competência para analisar ganhou importância nos últimos tempos. Em empresas mais avançadas do ponto de vista tecnológico, tanto os analistas como os cientistas de dados, que trabalham os dados de maneira mais aprofundada, poderiam exercer essa função.

O mais importante é não deixar a análise dos dados por conta de um estagiário que saiba usar o Google Analytics ou nas mãos de uma agência de marketing digital, só para citar duas situações extremas, mas bastante corriqueiras. Como veremos detalhadamente no capítulo 3, um número expressivo de empresas não dá importância suficiente à análise de dados, depositando uma confiança excessiva em programas pré-formatados como o Google Analytics, cuja capacidade é limitada quando se trata de explorar conjuntos distintos de dados, como os de vendas e atendimento ao cliente, para esmiuçá-los e realizar descobertas. Um analista de dados de alto nível pode ser a diferença entre ter um time de crescimento que é pura perda de tempo e outro que extrai ouro dos dados.

#### DESIGNERS DE PRODUTO

Aqui, mais uma vez, os profissionais e as funções variam de acordo com o tipo de empresa. No desenvolvimento de softwares, o especialista em experiência do usuário é responsável pela criação de telas e sequências que a pessoa vai percorrer ao usar o software. No caso de produtos manufaturados, o designer pode ser responsável pelos layouts e especificações do produto, e, em certas empresas, trabalhar basicamente no design gráfico de propagandas e promoções. Em geral, ter um profissional de design experiente aumenta a velocidade de execução dos testes, já que a equipe conta com alguém para realizar prontamente qualquer trabalho que possa envolver essa atividade. Designers de experiência do usuário (ou user experience designers) também costumam ter insights importantes sobre psicologia do usuário, design de interface e técnicas de pesquisa de usuários que podem ajudar na geração de boas ideias para testes.

### TAMANHO E ESCOPO DO TIME DE CRESCIMENTO

No caso de uma startup ou de uma pequena empresa já estabelecida, o time de crescimento pode ter apenas um profissional em

CAPÍTULO UM

cada uma das áreas mencionadas ou mesmo só algumas pessoas que acumulem mais de uma dessas funções. Em grandes companhias, a equipe pode contar com vários engenheiros de software, especialistas marketing, analistas de dados e designers de produto. A composição do time de crescimento e sua missão devem ser condizentes com o porte, a estrutura organizacional e os desafios e prioridades da empresa. O escopo das atividades também pode ser bastante geral, como trabalhar para o crescimento de todas as áreas do negócio, ou altamente específico, como aprimorar um recurso específico do produto (o carrinho de compras, por exemplo). Há times de crescimento permanentes, como os do Zillow e do Twitter, e aqueles que são criados para missões específicas, como o lançamento de um produto, e dissolvidos assim que o objetivo é cumprido. Certas empresas possuem várias equipes de crescimento, cada qual para uma área, como acontece no LinkedIn e no Pinterest, que têm quatro equipes dedicadas à aquisição de novos usuários, ao crescimento viral, ao engajamento de usuários e à ativação de usuários recém-adquiridos. Outras, como o Facebook e o Uber, possuem um único grupo de crescimento responsável por diversas iniciativas.

Se você começou a montar agora um time de crescimento, uma ou duas pessoas de áreas distintas podem ser suficientes para iniciar os trabalhos. Com o tempo, é possível engrossar a equipe ou criar outras à medida que o pessoal vai aprendendo o processo. A IBM formou um time de crescimento com cinco engenheiros e cinco profissionais dos setores de operações comerciais e marketing especialmente para impulsionar a adoção do Bluemix DevOps, um pacote de desenvolvimento de software para engenheiros. Na Inman, Morgan montou a equipe de crescimento com um cientista de dados, três pessoas de marketing e o desenvolvedor web da empresa para deslanchar o processo de growth hacking. Morgan, que também é head de desenvolvimento de produtos, cuida da gestão de produtos no time, do qual, como diretor de operações, é o executivo de maior escalão, embora não seja o líder de crescimento. Um gerente de marketing é quem lidera o processo, e Morgan exerce um papel de contribuição e orientação.

**COMO FAZER**

Uma vez montado o time, resta definir o que exatamente esse pessoal deve fazer. O processo de growth hacking prevê uma série específica de atividades para encontrar novas oportunidades de crescimento e ampliar as já existentes por meio de uma rápida experimentação que revele quais são as melhores. O processo é um ciclo contínuo com quatro grandes etapas: (1) análise de dados e busca de insights; (2) geração de ideias; (3) priorização de experimentos; e (4) execução dos testes. Depois da quarta etapa, a equipe volta à primeira, para analisar resultados e definir os passos seguintes. É nessa fase que ela tenta marcar os primeiros gols e investir mais em áreas promissoras, abandonando iniciativas cujos resultados foram ruins. Ao avançar continuamente pelo processo, o time de crescimento vai acumulando pequenas e grandes vitórias, criando um círculo virtuoso de resultados cada vez melhores.

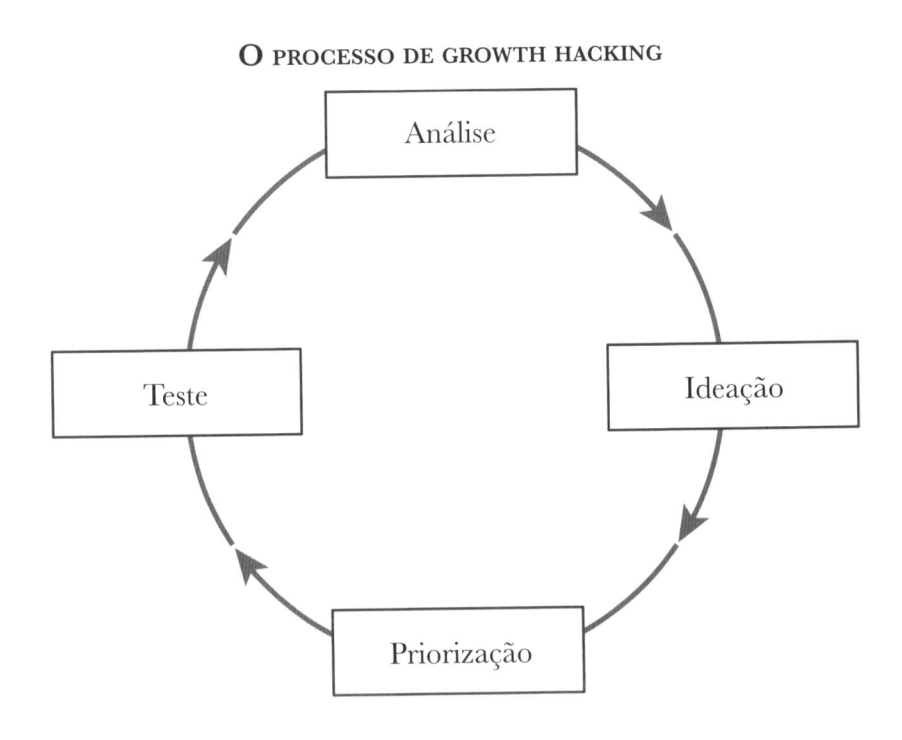

**O PROCESSO DE GROWTH HACKING**

Análise → Ideação → Priorização → Teste → (Análise)

## CAPÍTULO UM

Para evitar que o processo se desvie do rumo, a equipe faz reuniões de crescimento em intervalos regulares, em geral uma vez por semana, as quais são uma instância rigorosa para gerenciar a atividade de testes, analisar resultados e determinar que hacks experimentar em seguida. Essa prática é parte consagrada do método ágil de desenvolvimento de software e pode ser facilmente adaptada ao growth hacking. Assim como no método ágil de desenvolvimento, no qual a equipe faz reuniões de planejamento de ciclos, os chamados sprints, para organizar o trabalho a ser realizado, as reuniões regulares possibilitam ao time de crescimento analisar o progresso até aquela data, priorizar o que testar a seguir e manter a velocidade da experimentação.

Nessas reuniões, cada ideia a ser testada é atribuída a um membro da equipe, que se encarrega de organizar o teste, analisar os dados ou buscar mais informações para determinar se vale a pena ou não testar a ideia. Entre uma reunião e outra, o líder do time fica em constante contato com cada integrante do grupo, acompanhando a evolução do trabalho e ajudando as pessoas a lidar com problemas ou entraves que possam surgir.

As reuniões regulares permitem que a equipe permaneça no rumo e focada e garantem o alto grau de coordenação e comunicação necessário para manter a natureza acelerada do processo, que avança como um carro de Fórmula 1, fazendo ajustes precisos, e não como um caminhão sem freio, desgovernado. Além disso, a característica altamente colaborativa das reuniões produz uma sinergia em que 1 + 1 = 3, e a especialidade de cada integrante é potencializada para transformar ideias promissoras em grandes vitórias e gerar ideias até então impensáveis, que dificilmente alguém teria sozinho.

Se, por exemplo, uma análise minuciosa do churn de clientes (ou seja, identificar quem deixou de usar o produto recentemente) revela que os desertores não usaram certo recurso do produto, embora fosse muito popular entre usuários mais ávidos, a equipe pode testar maneiras de fazer mais gente experimentar aquele recurso específico. Outro exemplo é o trabalho de nossa equipe de crescimento no GrowthHackers.com. Ao analisarmos dados de usuários, descobrimos que, quando o conteúdo postado na comunidade incluía recursos de mídia como trabalhos apresentados em congressos e vídeos do YouTube, havia mais engajamento e mais visitas recorrentes do que com posts que simplesmente davam o link para outros textos na internet. O time de crescimento teve, então, uma série de ideias para incluir no site mais mídias, como podcasts e vídeos. Isso parecia óbvio e natural. No entanto, o engenheiro da equipe interveio para explicar que seria possível não só acrescentar muito mais mídias no site com um simples plug-in, como também criar um código para o reconhecimento automático de links de sites com mídias populares, como YouTube, SoundCloud e SlideShare, e, instantaneamente, incorporar esse conteúdo às páginas de discussão do site. Em vez de simplesmente incluirmos vídeos de uma ou duas fontes de mídia ao GrowthHackers, poderíamos adicionar mais de uma dezena delas e de um jeito muito mais fácil. Depois dessa descoberta, que provavelmente não teria sido feita sem o engenheiro da equipe, o teste foi reformulado e produziu um crescimento ainda maior do que o previsto. No capítulo 4, vamos dar diretrizes específicas para a condução de reuniões com a máxima eficiência, incluindo uma sugestão de cronograma e pauta.

### QUEM FAZ O QUÊ

Quanto a distribuição de tarefas, cada membro do time de crescimento será responsável por determinada área segundo sua especialização, às vezes trabalhando de maneira independente – ao menos no início. O engenheiro, por exemplo, ficará encarregado de qualquer código que um experimento exigir; o designer, da criação de todos os elementos do layout; o analista de dados, da definição do conjunto de usuários com o qual a mudança será testada; e o especialista marketing, da implementação do experimento em canais promocionais, como uma nova campanha publicitária no Facebook. Se houver um designer de experiência do usuário na equipe, ele se incumbirá de conseguir e avaliar o feedback de usuários para saber que recursos são mais úteis na opinião deles e de repassar essa informação qualitativa ao time. Dessa sondagem surgirão ideias para alterar um recurso ou para testar outra novidade. Se a pesquisa indicar que os usuários estão achando difícil usar o

CAPÍTULO UM

carrinho de compras, por exemplo, o engenheiro pode ser instruído a programar uma mudança nesse recurso.

Já outras iniciativas exigirão estreita colaboração entre todos os membros da equipe. A criação de um recurso para um produto, por exemplo, dependerá de um acordo entre todas as áreas envolvidas sobre como a novidade será projetada e implementada, como será comunicada ou levada ao cliente e como terá seu sucesso mensurado. A equipe responsável por um aplicativo móvel de negócios pode decidir que a prioridade é melhorar a taxa de conversão de novos usuários em clientes regulares e rentáveis e que, para isso, é preciso fazer um experimento que envolva a total reformulação das primeiras telas que o usuário vê e dos textos nelas apresentados.

No restante do livro, vamos descrever experimentos feitos por times de crescimento na vida real, apresentar ferramentas para registrar os resultados e para estabelecer prioridades na execução de testes e explicar como definir os próximos passos tão logo saiam os resultados de um experimento.

## O INDISPENSÁVEL APOIO DA CÚPULA

O time de crescimento deve ser incorporado à estrutura organizacional da empresa de maneira que fique absolutamente claro a quem seu líder se reporta. É fundamental que um executivo do alto escalão seja responsável pela equipe, garantindo que seus membros tenham carta branca para transpor as fronteiras das responsabilidades formais de cada departamento. O crescimento não pode ser um projeto paralelo. Sem um compromisso claro e firme da liderança, o time de crescimento se verá diante de burocracia, disputas de território, ineficiência e inércia. Em startups, se o fundador ou o CEO não liderar a campanha de crescimento, a equipe tem de estar diretamente subordinada a ele. Em empresas maiores, que podem contar com vários times de crescimento, o responsável deve ser um vice-presidente ou executivo sênior que possa defender o trabalho perante a diretoria. O apoio a esses métodos nos escalões mais altos da organização é fundamental para o contínuo sucesso da equipe.

Mark Zuckerberg é um excelente exemplo da liderança exigida aqui. Nos primórdios do Facebook, ele estava obcecado pelo crescimento, uma fixação que não diminuiu de lá para cá. Em 2005, dois anos antes de o Facebook montar oficialmente uma equipe de crescimento, Noah Kagan, especialista em marketing digital e colaborador número 30 da empresa, deu a Zuckerberg uma ideia para gerar receita. Kagan achava que a rede social precisava provar a investidores que era possível ganhar dinheiro de verdade. No meio de uma reunião, Zuckerberg interrompeu o discurso de Kagan, levantou, pegou um marcador, foi ao quadro branco e, em letras garrafais, escreveu a palavra "crescimento". Ou seja, ele não pensaria em nada que não fosse aumentar a quantidade de usuários do Facebook. Essa taxativa priorização do crescimento em detrimento de qualquer outra consideração, incluindo a receita, lá no início, foi a base do incrível sucesso do Facebook.[5]

Até hoje, com a empresa investindo em tecnologias promissoras como a realidade virtual e a inteligência artificial, é claríssima a noção de que a saúde desse pilar, a base de clientes, é o que cria a oportunidade de investir no futuro. Como disse Mike Schroepfer, diretor de tecnologia do Facebook, à revista *Fast Company*: "Tenho um olho no dia a dia e outro no futuro. É meio louco às vezes, mas é importante que nosso core business siga forte, pois é isso que nos permite investir agressivamente em iniciativas de longo prazo".[6]

Outro fundador que é ferrenho defensor do processo de crescimento é Spencer Rascoff, CEO do Zillow, o maior site de imóveis do mundo. Nate Moch, colaborador número 40 da empresa e hoje diretor de produtos, lembra que Rascoff e a equipe executiva fizeram do crescimento a prioridade desde o primeiro dia e que, à medida que o Zillow foi crescendo, montaram um grupo exclusivo em torno de Moch para garantir que a empresa nunca se afastasse da missão de manter o crescimento. O time de Moch trabalhava de maneira parecida com o Facebook, focando os indicadores-chave de desempenho (KPIs, na sigla em inglês) do negócio e trabalhando com outras equipes de produto para promover a aquisição e a retenção de clientes e cumprir as respectivas metas.

Para envolver toda a companhia na missão de crescer, Rascoff focou as iniciativas de crescimento naquilo que ele chamou de "Play": uma campanha recorrente de crescimento que dura de 9 a 12 meses e alinha a empresa inteira. Em 2008, por exemplo, o Zillow percebeu que vinha perdendo tráfego para um novo concorrente, o Trulia, em grande medida porque o rival fazia um uso inteligente do SEO para que imóveis de sua página aparecessem antes do que os do Zillow em resultados de busca no Google. A equipe executiva do Zillow decidiu, então, que o SEO seria o "Play" daquele ano, e toda a empresa foi avisada de que era prioridade estar entre os melhores nos buscadores. Isso exigiu uma profunda mudança cultural, pois até ali a companhia tinha ignorado o SEO em favor de outras estratégias. Entretanto, todos encontraram um jeito de melhorar sua atuação no SEO, levando o Zillow a alcançar o Trulia, superá-lo e, por fim, adquiri-lo, em 2015, por US$ 3 bilhões.[7]

## Modelos de estrutura organizacional para o time de crescimento

Há duas estruturas comuns de subordinação para times de crescimento, como revela um estudo em empresas do Vale do Silício realizado pelos pesquisadores Andrew McInnes e Daisuke Miyoshi.[8] Uma delas, que McInnes e Miyoshi chamam de modelo funcional (ou focado no produto), a equipe se reporta a um executivo da área de gestão de produtos responsável pelo produto, ou categoria de produtos, com o qual o time de crescimento vai trabalhar.

Uma equipe focada no produto pode, por exemplo, se dedicar totalmente a ampliar a base de usuários da versão mobile de um aplicativo, levar os leitores de um serviço de notícias online a fazer o upgrade para uma assinatura paga ou melhorar o desempenho de determinado aspecto de um produto, como ativar novos usuários de um software de educação online por meio da otimização do processo de onboarding (orientação de novos usuários sobre o uso de um produto). No Pinterest, John Egan lidera um time de crescimento dedicado a testar a frequência, o conteúdo e calls to action em e-mails e notificações por celular destinados a fazer o usuário voltar com mais frequência. Embora esse raio de ação pareça limitadíssimo, o foco intenso permite que seus integrantes se concentrem de verdade em um fator crucial do crescimento. Em uma iniciativa de crescimento recente, por exemplo, a equipe criou o Copytune, um sofisticado algoritmo de machine learning

## Modelo focado no produto

```
                    CEO
        ┌────────────┼────────────┐
   VP de produto  VP de marketing  VP de engenharia
        │
   ┌────┼────────────┐
Aquisição   Ativação   Retenção
```

| Aquisição | Ativação | Retenção |
|---|---|---|
| gerente de produto | gerente de produto | gerente de produto |
| engenheiro | engenheiro | engenheiro |
| designer | designer | designer |
| analista de dados | analista de dados | analista de dados |

que permitiu o rápido teste de dezenas de variações de notificações enviadas aos usuários em mais de 30 línguas, a seleção automática pelo software das melhores versões e o ajuste de testes subsequentes para tentar produzir respostas ainda melhores. O programa deu resultados extraordinários, aumentando o total de usuários ativos do site no mês, indicador conhecido pela sigla MAU, do inglês "monthly active user".[9]

Uma equipe focada no produto também pode receber a missão de testar uma série de meios para aumentar o crescimento em todos os níveis do funil, desde atrair mais clientes e melhorar a retenção até aumentar a receita que esse público está gerando.

## CAPÍTULO UM

Em organizações que adotam esse modelo, é normal cada gerente de produto comandar um pequeno grupo formado de engenheiros, designers de experiência do usuário e analistas de dados, e não é raro que um conjunto de produtos tenha um punhado dessas pequenas equipes. Trata-se de um modelo mais fácil de implementar em empresas estabelecidas ou em startups em estágio mais avançado, pois se encaixa na estrutura de comando já instalada. Isso não só reduz a necessidade de reorganização, como ajuda a minimizar os atritos na inclusão dos experimentos voltados para o crescimento no calendário de testes dos recursos de produtos em desenvolvimento.

Além do Pinterest, entre as empresas que seguem esse modelo estão LinkedIn, Twitter e Dropbox.

A outra estrutura de subordinação é a de uma equipe autônoma – sem vínculos, portanto, com qualquer time de desenvolvimento de produtos já existente –, cujo líder se reporta a um VP ou diretor de crescimento, em geral subordinado a alguém da cúpula, como o CEO ou outro alto executivo. Normalmente, o cargo de VP de crescimento é criado para garantir que alguém em um posto executivo seja responsável pelos resultados da equipe, como ocorre no Uber e no Facebook. Ao contrário de uma equipe focada em um produto e dedicada exclusivamente a ele, uma equipe autônoma tem liberdade para realizar experimentos com toda a gama de produtos da empresa e até para buscar oportunidades de crescimento estratégicas que extrapolem a atual linha de produtos. Um exemplo disso vem justamente do time de crescimento do Facebook, que recomendou a compra da Octazen ao constatar que sua tecnologia ajudaria a melhorar o desempenho do recurso de indicação de amigos da rede social. O leque de iniciativas de crescimento com as quais essa equipe já trabalhou no Facebook é bem amplo, de ajudar a otimizar produtos e recursos existentes, como melhorar o fluxo de sign-up de novos usuários, a criar coisas próprias, como o Facebook Lite, versão feita para lugares com conexão de internet de baixa velocidade. O time também já deu apoio a equipes de produto, auxiliando na análise de dados e atuando como um grupo de ações estratégias voltado para identificar oportunidades de otimização e crescimento e mostrar como implementar o processo de testes para crescer.

Montar uma equipe autônoma é mais fácil na fase inicial de desenvolvimento de uma empresa, antes que as estruturas organizacionais se cristalizem e que a disputa por poder e recursos esteja oficializada. Se o território ainda não foi demarcado, remanejar responsabilidades e pessoal para um time de crescimento vai gerar menos queixas. Isso não quer dizer que

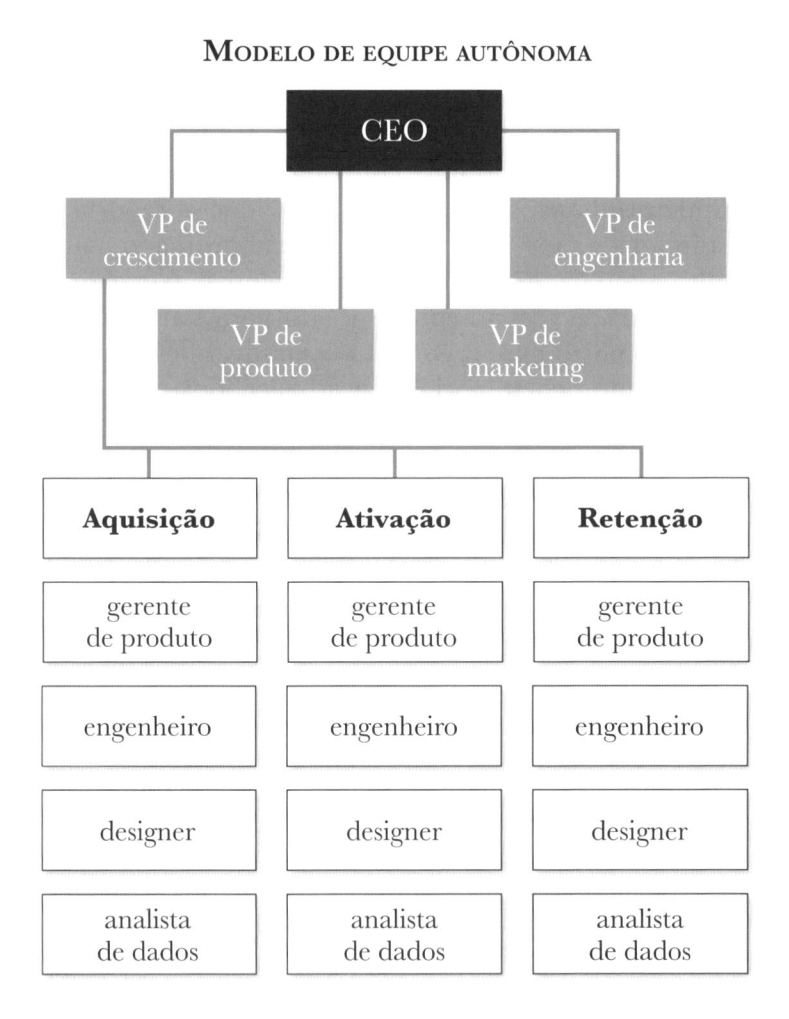

## MODELO DE EQUIPE AUTÔNOMA

```
                          CEO
          ┌────────────────┼────────────────┐
       VP de                                VP de
    crescimento                          engenharia
       │         VP de          VP de
       │        produto       marketing
       │
   ┌───┴────────────┬────────────────┐
 Aquisição       Ativação         Retenção
   │                │                │
 gerente         gerente          gerente
 de produto      de produto       de produto
   │                │                │
 engenheiro      engenheiro       engenheiro
   │                │                │
 designer        designer         designer
   │                │                │
 analista        analista         analista
 de dados        de dados         de dados
```

# CAPÍTULO UM

é impossível formar equipes autônomas em empresas maiores, já estabelecidas. Uma saída foi a do Walmart, que criou uma operação autônoma de crescimento em 2011 com a compra da startup Kosmix, um conceituado centro de inovação que se tornou o @WalmartLabs.10 Tocada como uma divisão independente focada no e-commerce, essa equipe se dedica a iniciativas de inovação digital para sites e aplicativos do Walmart, como o Savings Catcher, o popular aplicativo que citamos na introdução. Também cuida da aquisição de startups digitais promissoras, como o aplicativo mobile de moda Stylr e o agregador de receitas Yumprint, além de trabalhar na integração de tecnologias e talentos aos serviços digitais do Walmart.

É importante frisar que mesmo uma equipe dotada de autonomia para agir precisa do forte apoio da alta liderança para lidar com suscetibilidades internas e atritos que possam surgir entre profissionais de produtos, marketing, design e engenharia – especialistas que podem ter a própria noção do que é importante e do "jeito certo" de fazer as coisas.

### VENCER RESISTÊNCIAS E DERRUBAR MITOS

Quando alguém está montando pela primeira vez um time de crescimento, não raro enfrenta certa resistência no início. Na maioria das empresas – com exceção de startups ainda na fase inicial, quando departamentos e normas organizacionais não tiveram tempo de se cristalizar –, criar uma equipe de crescimento, ou várias delas, exigirá considerável realinhamento de pessoal e de estruturas hierárquicas ou remanejamento de parte do tempo e das responsabilidades dos colaboradores, seja em caráter permanente, seja enquanto durar uma missão de crescimento específica. Promover mudanças como essas pode ser um grande desafio, por várias razões.

A maioria das fontes de atrito é, no fundo, de natureza cultural. Muitas pessoas no marketing, no desenvolvimento de produtos e na engenharia têm noções preconcebidas em relação à divisão de responsabilidades – sobre o que um departamento "deve" fazer e como. Na BitTorrent, a intenção original do marketing era cuidar exclusivamente da aquisição de usuários. A análise dos dados era feita por uma equipe especializada a pedido expresso do pessoal de produtos. Já a experimentação não tinha dono e foi praticamente esquecida. Logo, quando o time de crescimento chegou derrubando essas barreiras, foi necessário certo ajuste.

Por toda parte há relatos do atrito gerado no processo de criação de uma equipe de crescimento. Josh Schwarzapel, que foi para o Yahoo! com a missão de formar e liderar um time de crescimento encarregado de alavancar os produtos para mobile, lembra que, quando a equipe começou a fazer testes para promover os aplicativos do Yahoo! ao púbilco, houve resistência do grupo responsável pela marca, pois o pessoal sob sua liderança tinha se desviado das diretrizes oficiais de estilo e voz em certas mensagens usadas nos testes. Gerentes de produto também ficaram com o pé atrás por causa do alcance e das implicações daquilo que o time de crescimento vinha fazendo: suas mensagens seriam vistas por todo mundo que acessasse o site do Yahoo! pelo celular. Vencer essa resistência exigiu muita colaboração entre equipes e muito esforço para criar confiança. "Tivemos de trabalhar bastante para conseguir o apoio das equipes parceiras", conta Schwarzapel.[11]

Outra fonte de atrito é a possibilidade de que experimentos voltados para o crescimento – e os recursos para realizá-los – interfiram no tempo ou nos recursos necessários para implementar projetos e prioridades já estabelecidos e até reduzi-los. Na BitTorrent, por exemplo, houve certo atrito quando a atividade de projetar testes e analisar resultados desviou Annabell do trabalho mais imediato de aquisição de clientes. Além disso, quando a equipe passou a apostar mais e mais em dados, a pressão sobre os recursos do pessoal de dados virou um problema – até que os altos executivos decidiram reforçar o setor de análise de dados.

Uma última fonte de conflitos é o fato de que, quando se reúne gente de especialidades e formações tão diversas, é quase certo que surjam opiniões e prioridades distintas – e, às vezes, conflitantes. Em geral, engenheiros gostam de trabalhar em projetos desafiadores do ponto de vista tecnológico, sem se importar se as soluções encontradas terão impacto relevante no crescimento. Gerentes de produto normalmente são obcecados pelo desenvolvimento e lançamento de produtos e talvez percam a paciência se o pessoal de marketing e vendas pedir alguma mudança de última hora sem um bom fundamento comercial. Designers de experiência do usuário costumam resistir ao acréscimo de recursos em caráter experimental, porque não quererem causar transtornos a usuários já satisfeitos. Os especialistas em marketing podem ficar presos a métricas superficiais, como o número de visitantes do site ou de leads, e se esquecer da necessidade de melhorar indicadores de desempenho em outras partes do funil, como a retenção de usuários.

Para complicar, cada uma dessas convicções tende a estar enraizada nos membros de todos esses grupos, não só em termos da estrutura organizacional, mas também na formação dessas pessoas para o trabalho, em sua psique e nos incentivos que as movem. Por isso, até em startups que acabam de sair do papel, fazer com que indivíduos de todas essas áreas trabalhem de maneira colaborativa pode ser um tremendo desafio.

É possível reduzir esses atritos em um time de crescimento se ele for administrado corretamente e se todos os seus integrantes receberem incentivos e recompensas por cumprir metas comuns que tragam resultados importantes para a empresa. Outra maneira de mitigar conflitos é garantir que a decisão de priorizar esse ou aquele hack de crescimento (e a avaliação de seu grau de sucesso) seja tomada estritamente com base em dados concretos, não em suposições ou, como costuma chamar o primeiro líder da equipe de crescimento do Facebook, Chamath Palihapitiya, em "mitos" que determinam como um produto tem de ser concebido ou o que o cliente deseja. Toda empresa, grande ou pequena, possui mitos que deveriam ser derrubados por testes fundamentados em dados. Durante um tempo na Qualaroo, por exemplo, o crescimento foi prejudicado porque a empresa acreditava no mito de que não havia como cobrar mais e crescer. Os resultados de testes que fizemos, no entanto, mostraram que podíamos subir os preços em mais de 400% e ainda assim crescer com a conquista de novos clientes.

Quando a análise de dados fornece um argumento forte para que um hack seja testado, é bem mais fácil vencer a resistência. Também é muito difícil discordar dos resultados de experimentos bem projetados, o que ajuda a minorar o compromisso emocional que as pessoas em geral têm com a própria visão ou estratégia. E, quando a experimentação é movida por dados, integrantes da equipe normalmente respeitam o rigor do processo de aprendizado e gostam da liberdade que isso dá para que acumulem erros na tentativa de marcar um gol.

Por último, poucas coisas são melhores para pôr fim ao conflito e à oposição do que o sucesso. Muitos participantes de times de crescimento contam como o entusiasmo com o método aumentou na equipe e na empresa inteira quando todos passaram a ver como o processo funcionava e os resultados impressionantes que gerava.

### OS TIMES EVOLUEM

À medida que a empresa cresce e evolui, o mesmo deve ocorrer com o time de crescimento. No Facebook, uma equipe que começou com apenas cinco pessoas teve crescimento exponencial. Hoje, é uma divisão com várias áreas de foco, incluindo operações internacionais e mercado mobile em economias emergentes.

Em geral, a composição e o foco dos times de crescimento também mudam com o tempo, conforme a empresa cresce e contrata mais gente. Quando isso ocorre, a equipe pode recrutar mais membros de certos departamentos, criar outras áreas ou se dividir em subgrupos para se concentrar em iniciativas de crescimento mais específicas em partes diferentes do negócio. Foi o que aconteceu com o time original de conhecimento do Pinterest, que de independente evoluiu para quatro subgrupos alocados na equipe de produtos e focados em aspectos distintos da experiência do usuário.[12] No Twitter, o time inicial de onboarding de Josh Elman se transformou em um grupo maior, cuja responsabilidade pelo crescimento vai além da mera ativação de novos usuários.[13] Também é possível recorrer a especialistas para suprir conhecimentos em uma área específica, tanto colaboradores da própria empresa recrutados em caráter permanente como consultores ou agências externos contratados temporariamente. Expandir a equipe à medida que a empresa cresce garante que a atenção ao crescimento permaneça no DNA. Até os produtos e ideias mais inspiradores podem não só deixar de crescer, mas entrar em colapso e desaparecer, se não

CAPÍTULO UM

forem continuamente aprimorados. Equipes dedicadas ao crescimento são o melhor seguro contra esse triste fim.

No caso de uma startup recém-criada, cujo time de crescimento provavelmente é pequeno, trazer gente de fora especializada em uma área do crescimento de usuários (como aquisição ou retenção) para reforçar a equipe pode dar grandes retornos, como descobriu o Dropbox com a contratação de Sean. Uma pequena equipe de crescimento pode ganhar muito ao combinar seu profundo conhecimento do produto e da empresa com o know-how externo. Uma ressalva importante: é crucial não terceirizar a responsabilidade básica pelo crescimento, em nenhum estágio. O crescimento é importante demais para ser delegado a terceiros, e consultores em geral não têm a autoridade organizacional, o tempo ou a motivação intrínseca para fazer o árduo trabalho que produz um crescimento sustentável.

#### UM HACK PARA DESLANCHAR O GROWTH HACKING

Instituir o processo de growth hacking pode parecer uma tarefa assombrosa. Talvez seja difícil montar uma equipe multifuncional, pois alguns gestores não vão querer abrir mão de parte do tempo de seu pessoal. A ideia de ficar testando sem parar também pode assustar. Inevitavelmente, haverá crítica e oposição. A boa notícia é que a adoção do growth hacking produz um círculo virtuoso de crescimento. Uma equipe pequena com foco estreito que consiga resultados positivos ao começar a executar o processo pode despertar, na organização toda, um crescente entusiasmo pela ideia. Quando as pessoas veem o poder de testes feitos com base em dados – e as ideias para crescer que isso produz –, a empolgação com o processo costuma ser contagiante.

A implementação do growth hacking em uma empresa ou mesmo em único departamento não ocorre da noite para o dia. Logo, talvez seja melhor começar com um time dedicado a um só produto ou a um detalhe importante do processo de adoção, como a página de sign-up do site. Outra possibilidade é montar uma equipe para tentar otimizar a aquisição de clientes em um canal específico como o Facebook, para aumentar o público que lê o blog ou para melhorar o desempenho no e-mail marketing. O time de crescimento também pode se concentrar em uma única métrica, como melhorar a taxa de conversão na ativação ou a de retenção de clientes. À medida que for registrando resultados positivos, a empresa pode diversificar as iniciativas dessa equipe ou até criar mais times de crescimento.

Se estiver no comando de um grupo pequeno e quiser testar esse processo, busque apoio primeiro, ainda que de um punhado de colegas e de um superior, pois isso aumenta as chances de sucesso da equipe. No processo de experimentação, é inevitável que haja erros, que certos resultados sejam negativos, que uma página na internet dê pau. Nessas horas, o apoio de superiores pode amortecer as críticas. Lauren Schafer, que foi líder de crescimento da equipe Bluemix DevOps, da IBM, fez um teste no início do processo de growth hacking que comprometeu a homepage do produto. Como seu chefe apoiava o projeto, ela e o time de crescimento conseguiram superar o contratempo.[14]

É igualmente importante que a equipe de crescimento não engate uma marcha alta cedo demais, pois não há como produzir um crescimento duradouro, por mais rápida que seja a experimentação, se o produto não agradar quem o usa. Embora muitas companhias faturem o bastante ou despertem lealdade suficiente entre usuários para sobreviver com um produto razoavelmente satisfatório ou até inferior, essa trajetória cedo ou tarde produzirá um tombo dos feios.

É por isso que, como veremos em mais detalhe no próximo capítulo, a empresa não deve lançar um plano de aceleração do crescimento ambicioso demais enquanto não tiver descoberto se o produto que está levando ao mercado é imprescindível – um "must-have" –ou "bonzinho, mas dispensável". Agora que você já sabe como montar um time de conhecimento, passemos à próxima etapa do processo: aprender a usar o feedback dos clientes, a experimentação e testes rigorosos, e um mergulho profundo nos dados para avaliar se um produto realmente tem o chamado "product/market fit".

CAPÍTULO DOIS

## Como saber se seu produto é "must-have"

Empresas de crescimento acelerado têm uma coisa em comum. Seja qual for seu público, modelo de negócio, produto, setor ou região do mundo, todas possuem um produto que um grande número de pessoas adora, ou seja, criaram algo que seus clientes simplesmente sentem que precisam ter: um must-have.

Embora criar um produto do tipo must-have não seja, por si só, garantia de sucesso, é um requisito básico para o crescimento rápido e sustentável. Obviamente, criar algo imprescindível não é fácil, daí tantas empresas colocarem o carro na frente dos bois na hora de lançar um produto ou negócio, queimando recursos e neurônios para tentar atrair mais clientes para algo de que o público-alvo nem gosta de verdade ou nem sequer entende. Esse erro, um dos mais frequentes cometidos pelas startups, também costuma trazer sérios problemas para organizações já estabelecidas, inclusive aquelas reconhecidas pela capacidade de inovar. Quem não se lembra do Google Glass e do Fire Phone, da Amazon? Eram produtos inovadores, mas que ninguém queria. Ou do Zune, o media player que a Microsoft lançou em novembro de 2006? A Microsoft gastou, por baixo, US$ 26 milhões para promover o aparelho, que nunca decolou.[1] E o Zune nem era ruim; muitos críticos na época o consideraram muito bem-feito. Só que não tinha o "fator uau!", o encantamento que sentimos diante de algo surpreendente, que o tornasse mais interessante que o iPod, o dispositivo da Apple que já dominava o mercado. Apesar de todos os esforços que a Microsoft realizou para emplacar o produto, incluindo lançar uma versão superior – o Zune HD, em 2009 –, o produto nunca teve mais de um dígito de participação no mercado e acabou saindo de linha em 2011.[2]

Um princípio elementar do growth hacking é que a empresa não deve acelerar o ritmo de testes para crescer enquanto não souber se seu produto é must-have, por que é must-have e para quem é must-have, ou seja, qual é seu grande valor, para quais clientes e por quê – a exceção é o modelo de redes sociais, cujo valor está nas pessoas que estão na plataforma. Talvez pareça óbvio, mas seguir essa regra às vezes exige muito sangue-frio, porque a pressão para crescer é elevada. No caso das startups, pode ser a exigência dos investidores ou o fato de a empresa precisar se mostrar atraente para captar recursos ou gerar receita para se manter de pé. Até em companhias já estabelecidas, em que um produto costuma ter meta de volume e prazo determinados, há bastante pressão pelo crescimento imediato. À medida que essa pressão aumenta, a tese de que é possível crescer na marra, em geral gastando mais em marketing, fica cada vez mais sedutora.

A dura verdade, porém, é que não há marketing ou publicidade – por mais bem-bolados que sejam – capazes de fazer o público gostar de um produto que deixa a desejar. Se você não criou e identificou o grande valor de seu produto antes de ir atrás do crescimento, vai obter, na melhor das hipóteses, um crescimento ilusório e, na pior, a rejeição do mercado. Um lançamento bombástico pode até criar certo interesse inicial, mas, se o produto não causar sensação no público, nem uma celebridade endossando-o ou uma campanha publicitária milionária conseguirão produzir um crescimento sustentável.

O custo de oportunidade de buscar o crescimento prematuramente é duplo. Primeiro, a empresa gasta tempo e dinheiro preciosos na coisa errada (promover algo que ninguém quer, por exemplo). Segundo, em vez de transformar os primeiros clientes em fãs, haverá críticos desiludidos ou até revoltados. Não se esqueça de que a viralização é uma via de mão dupla, podendo tanto turbinar o crescimento como impedi-lo.

Um dos mitos mais nocivos sobre o growth hacking é o de que sua principal função é viralizar o produto. Essa é uma estratégia

## CAPÍTULO DOIS

importante, mas, assim como outras fórmulas para o crescimento, só deve ser adotada depois de se comprovar que o produto é must-have. Chamath Palihapitiya, o primeiro líder do time de crescimento do Facebook, advertiu sua equipe no início do trabalho: "Não quero ver nenhum plano (...) que gire em torno dessa ideia de viralização. Não quero saber disso".[3]

A equipe de crescimento deve usar métodos rigorosos para esmiuçar o comportamento dos usuários para descobrir o core value (valor central) do produto ou serviço. Além disso, precisa entender que, às vezes, determinar qual é, ou deveria ser, esse valor não tem a ver com as funcionalidades do produto ou serviço em si, mas com descobrir o core market (mercado central) certo.

Por último, é importante observar que identificar o core value não é uma decorrência direta de tê-lo criado. Aqueles que trabalham no desenvolvimento ou marketing de novos produtos costumam achar que sabem de qual aspecto do produto os consumidores vão gostar. Volta e meia, erram feio. Às vezes, é um recurso ou experiência do usuário que o produto traz que não tem nada a ver com o que supunham ser o core value; outras, é algo que foi incluído no meio do caminho, quase que só para constar. Seja qual for o caso, cabe ao time de crescimento descobrir o valor. Neste capítulo, veremos como.

### A IMPLOSÃO DO BRANCHOUT

Um aplicativo do Facebook que cresceu depressa como poucos serve de triste lembrete do risco que é tentar crescer a qualquer custo de maneira precipitada. Criado em 2010 para que usuários do Facebook pudessem adicionar contatos de trabalho e montar uma rede profissional no site, o BranchOut foi saudado na imprensa como a morte do LinkedIn.[4] Afinal, disseram os entendidos, se sua rede profissional migrasse para o Facebook, de que serviria o LinkedIn? Para acelerar a viralização do aplicativo, a equipe liderada por Zack Onisko criou um hack genial no sistema de convites do Facebook para que mais usuários compartilhassem o aplicativo com os amigos.

Na época, o Facebook permitia que quem instalasse o novo aplicativo convidasse os amigos a baixá-lo também – muitos dos aplicativos que viralizaram na rede social, como o popular Farmville, usaram esse mecanismo. Só que o esquema básico de convite no Facebook permitia que se convidassem no máximo 50 amigos por vez, e o pessoal do BranchOut sabia que, com isso, a taxa de conversão seria muito baixa. A única maneira garantida de promover o crescimento viral, de acordo com a equipe, era estimular os usuários a convidar mais pessoas. Onisko conta que foram necessárias centenas de experimentos para que eles deparassem com uma solução. O time havia encontrado um jeito de permitir aos usuários transpor a barreira dos 50 convidados: clicar várias vezes no botão "Avançar", em uma janela especialmente projetada, que instruía o sistema de convite do Facebook a sugerir outros 50 amigos, e mais 50, e mais 50... A estratégia fez o número de convites crescer exponencialmente e, cerca de três meses depois, a quantidade de usuários BranchOut saltou de 4 milhões para 25 milhões.[5]

O único problema era que, quando resolvia usar o aplicativo, a pessoa em geral se decepcionava ao descobrir que não havia muito que fazer com ele. Não tardou para que a maré de novos usuários virasse, com igual rapidez, uma enxurrada de pessoas abandonando o aplicativo. A certa altura, a perda chegou a mais de 4% dos usuários ativos no mês, levando a ERE Media, um site de inteligência de recrutamento, a descrever o aplicativo como nada mais do que um esquema Ponzi digital.[6]

O criador do BranchOut, Rick Marini, admitiu, durante uma entrevista em 2012, que a empresa tinha errado ao se descuidar da experiência do produto para tentar acelerar a aquisição de usuários. "É comum as pessoas acharem que há uma solução mágica para conseguir tráfego e viralizar", disse. "O que descobrimos foi que em certos momentos dá para aumentar a viralização, mas, para ampliar o volume de usuários relevantes no longo prazo, é preciso começar com um bom produto. Percebemos a necessidade de melhorar o produto de verdade e fazer o usuário voltar todos os dias, não ser um serviço eventual, mas uma comunidade. Agora, temos de fazer essa mudança."[7]

Essa vontade de mudar acabou ficando só no sonho. Embora tenha levantado cerca de US$ 50 milhões em capital de risco, o BranchOut não passou de uma febre viral. Sua ascensão meteórica terminou em um fracasso retumbante quando o Facebook vendeu seus ativos a uma empresa de recursos humanos relativamente desconhecida, a 1-Page, por US$ 2 milhões em dinheiro e ações.[8]

Muitos outros produtos que tiveram taxas de adoção igualmente meteóricas, crescendo demais antes da hora, tiveram o mesmo fim. É por isso que todo growth hacker deve ter em mente que, como se diz no time de crescimento do Airbnb, "amor gera crescimento, e não o contrário". E, para que haja amor, é preciso haver o momento "aha".[9]

### O QUE É O MOMENTO "AHA"?

Olhando hoje, pode parecer que o sucesso do Yelp, cujo valor de mercado, já como empresa de capital aberto, chegou a US$ 2 bilhões em 2016, estivesse garantido desde o início. Que nada! No começo foi difícil crescer, pois o Yelp enfrentava um concorrente muito maior, o Citysearch, que em 2005 não só era um dos 50 top sites, como também contava com o apoio de uma megaempresa do grupo: a InterActiveCorp, do magnata da mídia Barry Diller. Já o Yelp, lançado em outubro de 2004 como prova de conceito (PoC, na sigla em inglês), mal andava com as próprias pernas. Até o fundador, Jeremy Stoppelman, duvidava do valor do serviço. Foi então que a equipe de Stoppelman descobriu, em meio ao oceano de dados sobre os usuários, que um número impressionante de pessoas estavam usando um recurso do site que quase passava despercebido: o que lhes permitia postar avaliações sobre empresas em sua região.

O Yelp fez um punhado de testes para ver como os usuários reagiriam se esses comentários aparecessem em primeiro plano. Diante dos bons resultados, pivotou o modelo de negócio original – alguém pedindo indicações de serviços a conhecidos – e colocou as avaliações como foco da experiência. Mas não parou aí. O passo seguinte foi criar 20 milhões de perfis para pequenos estabelecimentos na região de São Francisco e incentivar os usuários a avaliar cada um deles. O crescimento, então, disparou. Já o Citysearch acabou incorporado pela CityGrid Media em 2010.[10]

O Yelp tinha encontrado seu momento aha, aquele em que a ficha cai para o usuário e ele entende de verdade a utilidade do produto, seu core value: para que serve, por que é necessário e qual a vantagem em usá-lo – ou seja, por que o produto é must-have. É essa experiência que transforma fãs circunstanciais em usuários frequentes e até evangelizadores. Para o Yelp, o momento aha era a capacidade de descobrir restaurantes e outros serviços interessantes nas redondezas, graças às avaliações confiáveis da comunidade; para o eBay, encontrar coisas especiais à venda de qualquer parte do mundo; para o Facebook, ter acesso instantâneo a fotos e notícias de amigos e parentes e compartilhar as novidades de sua vida; para o Dropbox, a ideia de compartilhar arquivos com facilidade e ter espaço ilimitado de armazenagem. Ou ter uma experiência aha do Uber, que, como explica o cofundador e CEO Travis Kalanick: "Você aperta um ícone e um carro preto aparece. Quem é o baller [pessoa que gasta dinheiro para ter boas experiências]? Um baller foi alguém que pegou um carro preto em oito minutos".[11] Uma experiência aha é um fator necessário para o crescimento sustentável, pois é incrível demais para não ser valorizada, repetida e compartilhada.

Portanto, o segredo para saber a hora certa de pisar no acelerador do crescimento é simples: é possível identificar um momento aha que os usuários adoram em seu produto? Quando se cria alguma coisa, a ideia em geral é propiciar uma experiência aha que o cliente ache irresistível e que satisfaça uma necessidade importante para um público amplo. Se tudo está correndo conforme o planejado, as pessoas começam a usar um produto, logo têm o momento aha e contam para um punhado de amigos, e então começa o boca a boca. Frequentemente, porém, criar uma experiência sensacional como essa exige mais do que apenas lançar o produto e esperar pelo melhor.

Alguns produtos precisam ser mais trabalhados para causar verdadeira sensação. Outros, no entanto, já têm o necessário para dar às pessoas uma experiência aha, e o que falta é conduzi-las até esse ponto de maneira melhor. É comum termos de usar um produto durante certo tempo para realmente podermos viver essa experiência ou utilizar determinado recurso do produto para, finalmente, nos rendermos a seus encantos. O Twitter, por exemplo, penou para manter o crescimento no início. Isso até descobrir (depois de uma extensa análise dos dados de usuários) que as pessoas que logo de cara começavam a seguir pelo menos outros 30 usuários eram muito mais engajadas e inclinadas a continuar usando o serviço. Ao procurar saber por que seguir 30 pessoas parecia ser o ponto de virada, o time de crescimento constatou que receber um fluxo contínuo de notícias e posts de pessoas nas quais o usuário tinha interesse era o momento aha. Seguir 30 pessoas criava um fluxo de updates que tornava o serviço must-have.

Na Qualaroo, empresa de pesquisas para sites na qual nós, os autores, trabalhamos juntos, descobrimos que, se durante um teste um cliente recebesse 50 ou mais respostas em uma única pesquisa, a propabilidade de que pagasse para assinar o serviço ao final era três vezes maior que a de clientes que não recebiam 50 respostas no mesmo período, ou seja, 50 respostas era o que produzia o momento aha de ver como o produto trazia informações novas e valiosas. No Slack, serviço de chat e mensagem para equipes que se propõem a dar fim às longas trocas de e-mail (e um dos aplicativos de produtividade de crescimento mais rápidos de todos os tempos), os dados mostraram que, uma vez que os integrantes de uma equipe tivessem enviado e recebido 2 mil mensagens entre si, crescia muito a probabilidade de que a equipe integrasse o Slack ao fluxo de comunicação e migrasse para um plano pago, com mais recursos. Esse número de mensagens parecia ser o ponto no qual as vantagens do Slack para a comunicação da equipe (na comparação com o e-mail) ficavam evidentes para todos.

Às vezes, identificar o momento aha pode ser complicado. É perfeitamente possível lançar um produto e concluir, por causa do crescimento anêmico, que ele simplesmente não tem o poder de encantar – quando, na verdade, já pode haver pessoas empolgadíssimas com a novidade. Logo, uma medida crucial para determinar se seu produto tem esse potencial é esmiuçar dados e feedback de usuários para identificar os fãs e, em seguida, buscar semelhanças no modo como eles usam o produto para entender que benefício estão obtendo – benefício que usuários menos convictos talvez não tenham descoberto ainda. Isso pode revelar um padrão como o das 30 pessoas no Twitter ou a necessidade de desenvolver mais o produto, pivotar ou até reinventá-lo.

A boa notícia é que, embora descobrir como fazer um produto provocar o momento aha possa ser bem difícil, determinar se seu produto satisfaz ou não os requisitos básicos não requer, em geral, uma análise elaborada. Sugerimos uma avaliação simples, em duas partes.

### Pesquisa must-have

O primeiro passo é um questionário simples elaborado por Sean, que, ao longo de sua carreira no Vale do Silício, vem servindo como um instrumento incrivelmente confiável para revelar se usuários de um produto gostam ou não dele. A pesquisa must-have começa com a seguinte pergunta:

Quão desapontado você ficaria se esse produto deixasse de existir amanhã?

a) Muito desapontado(a).
b) Um pouco desapontado(a).
c) Não ficaria desapontado(a) – na verdade, não o acho muito útil.
d) N/A (não se aplica) – já parei de usar esse produto há algum tempo.

É bem fácil interpretar os resultados. Se 40% ou mais das respostas foram "Muito desapontado(a)", o produto atingiu um grau suficiente de necessidade, de must-have – sinal verde para pisar com tudo no acelerador do crescimento.

Muitos produtos, no entanto, não atingem a marca de 40%. Nesse caso, o time de crescimento deve, primeiro, buscar identificar por que o produto não está recebendo uma avaliação melhor. Se 25% a 40% dos entrevistados responderam "Muito desapontado(a)", é preciso ajustar o produto ou a linguagem usada para descrevê-lo e como usá-lo. Se menos de 25% responderam "Muito desapontado(a)", pode ser que o público que você atraiu não seja o mais adequado ou que o produto tenha de melhorar consideravelmente até ficar pronto para uma campanha de crescimento.

Nessas situações, o questionário da pesquisa must-have tem outras perguntas para ajudá-lo a determinar os próximos passos:

O que você usaria no lugar do [nome do produto] se ele deixasse de existir?
a) Provavelmente não usaria nada no lugar.
b) Usaria o produto _____.

Qual foi o maior benefício que você obteve com o [nome do produto]?

Você recomendou o [nome do produto] para alguém?
a) Não.
b) Sim. (Por favor, explique como você o descreveu.)

Que tipo de pessoa você acha que se beneficiaria mais com o [nome do produto]?

Como podemos melhorar o [nome do produto] para torná-lo mais útil para você?

Podemos entrar em contato com você por e-mail para entendermos melhor uma ou mais de suas respostas?

A pergunta sobre outros produtos pode ajudar a identificar seus maiores concorrentes e até revelar que recursos ou aspectos da experiência oferecida por essas marcas fazem com que os entrevistados tenham preferência por elas. Tal informação pode ser usada para indicar que recursos você deveria adicionar, melhorar, divulgar de maneira mais assertiva ou tornar mais visíveis para conquistar esses clientes. Respostas sobre o maior benefício podem ajudá-lo a descobrir que recurso acrescentar para garantir esse benefício; se, porém, o produto já tem o recurso, talvez seja preciso testar novas mensagens de marketing para comunicar melhor sua existência. Respostas à pergunta sobre se o produto foi recomendado a alguém são úteis para avaliar se o produto tem potencial na divulgação boca a boca e, caso tenha, o que fazer para tirar o máximo partido dele. Já as descrições sobre como a recomendação foi feita costumam revelar benefícios, recursos e até a linguagem a ser usada na campanha de promoção do produto.

Respostas à questão a respeito do tipo de pessoa que ganharia mais com o produto na opinião dos entrevistados podem ajudá-lo a se concentrar em um nicho de consumidores mais bem-definido e mirar com mais eficácia esses potenciais clientes. Na Inman, onde Morgan trabalha, essa pergunta foi feita a usuários de um produto de treinamento para profissionais do mercado imobiliário que a empresa tinha lançado havia pouco. As respostas indicaram que o produto era particularmente útil para novos corretores. A equipe de Morgan usou essa informação para melhorar a segmentação do marketing e da publicidade e focar esse grupo de potenciais clientes.

Por fim, a questão sobre como melhorar o produto permite identificar tanto problemas flagrantes, que impedem a ampla adoção do produto, como oportunidades para aprimorá-lo que a empresa talvez não tenha detectado.

### A quem perguntar?

Naturalmente, quanto maior a base de usuários utilizada na pesquisa, mais confiáveis e úteis serão os resultados. Nesse tipo de pesquisa, e no caso específico da primeira pergunta, a ideia é conseguir centenas de respostas para que os dados sejam bons indicadores.

Se sua versão beta não tiver uma base de usuários suficientemente grande para chegar a esse número, é melhor apostar mais em entrevistas com clientes, pois um volume pequeno de respostas pode levá-lo a tirar conclusões falsas.

Por mais estranho que pareça, é melhor fazer a pesquisa com usuários ativos, e não com gente que deixou de utilizar o produto. É que as respostas dadas por quem parou de usá-lo em geral não são muito úteis; esse pessoal provavelmente vai se limitar a dizer que o produto não tinha utilidade e que não o recomendou ou talvez nem responda. Já usuários ativos estarão muito mais familiarizados com o produto e, portanto, darão respostas bem mais específicas e detalhadas.

Uma ressalva: se você já passou da fase de identificar se o produto possui core value, não recomendamos o uso da pesquisa must-have. Primeiro, porque, se o crescimento já tiver engatado, não é boa ideia perguntar aos clientes como eles se sentiriam se o produto deixasse de existir, para que não lhes pareça que o produto corre o risco de sair de linha. Já imaginou o pânico se o Facebook mandasse aos usuários uma pesquisa que desse a impressão de que a rede social poderia acabar? Além disso, uma vez passada a fase inicial de diagnóstico, pesquisas e testes da qualidade da experiência do cliente podem e devem progressivamente ser mais refinados, e a avaliação, mais quantitativa, pois haverá mais dados disponíveis. Você vai sondar aspectos mais específicos da experiência do usuário que agradam ou não, com base nos dados acumulados sobre como as pessoas estão usando o produto, para determinar como continuar testando melhorias.

### Medindo a retenção

O segundo critério a adotar para avaliar se o produto atingiu ou não a condição de must-have é a taxa de retenção, que é basicamente o número de pessoas que continuam a usá-lo em determinado intervalo de tempo. Mais adiante, veremos em detalhe como utilizar a análise das taxas de retenção para guiar testes de crescimento, mas a regra geral, aqui, é que a taxa deve ser comparativamente alta em relação à dos concorrentes e estável ao longo do tempo. Para saber se a taxa é estável, a equipe tem de monitorar regularmente o churn de usuários, com uma frequência semanal ou mensal. Esse monitoramento fornece um alerta sobre deserções, algo que, de outro modo, costuma ser difícil de detectar, sobretudo se o ritmo de aquisição de novos usuários for acelerado. Uma empresa pode estar adquirindo um monte de usuários novos, mas também começando a perder parte daqueles que conquistou lá no início, e esse churn talvez seja encoberto pelo aumento de novos usuários. Ter uma taxa de retenção estável não deve ser visto como uma meta que, uma vez atingida, será esquecida e sairá do radar da equipe. O time precisa saber que vai ter de continuar a trabalhar para sustentar a retenção e, sobretudo, melhorar a taxa. Esse é um dos meios mais eficazes para turbinar o crescimento, e vamos apresentar uma série de métodos para isso. No entanto, o crucial, nesse estágio inicial, é garantir que a taxa de retenção ao menos se estabilize, um sinal de que o produto tem uma base de usuários que o considera digno de uso contínuo.

Para calcular a taxa de retenção, basta encontrar a porcentagem de usuários que continuam a usar o produto ou a pagar por ele, em geral mês a mês. No caso de produtos feitos para serem usados com regularidade, como aplicativos mobile e redes sociais, e até de visitas a fast-foods e a lojas de conveniência, talvez seja bom medir a retenção também com uma frequência semanal ou mesmo diária. Um horizonte de tempo mais curto ajuda a determinar quantos usuários estão convertendo o uso do produto em hábito e quantos o estão utilizando apenas de maneira esporádica.

Como taxas de retenção variam de acordo com a atividade empresarial e o tipo de produto, o ideal seria encontrar algum benchmark em seu setor – um produto que deu certo e que é relativamente comparável – e, se possível, calcular uma taxa média de retenção para saber se seu produto está se saindo melhor ou pior. Segundo dados da empresa de inteligência móvel Quettra, a maioria dos aplicativos mobile, por exemplo, retém, depois de um mês da instalação, apenas 10% dos usuários, e os melhores aplicativos mobile, mais de 60%.[12]

### CURVAS DE RETENÇÃO DE APLICATIVOS PARA ANDROID

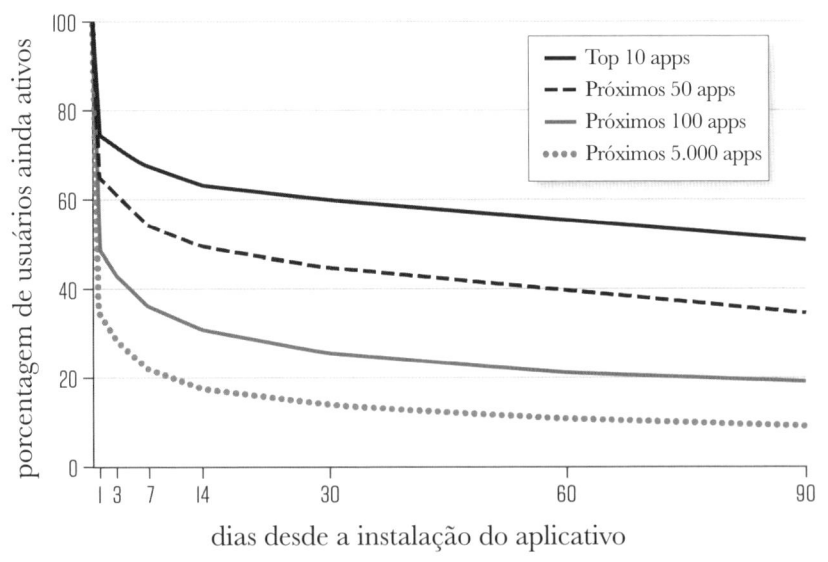

*Retenção de usuários de aplicativos Android segundo a Quettra*

CAPÍTULO DOIS

Produtos empresariais, como os populares SaaS (Software as a Service), têm uma retenção muito maior, com taxas que superam os 90%, segundo um estudo sobre empresas de SaaS de capital fechado realizado pela Pacific Crest em 2013.[13] Em redes de fast-food, a retenção de clientes mês a mês varia de 50% a 80%; por exemplo, 78% dos clientes do McDonald's visitaram, todo mês, um restaurante da rede em 2012.[14] Uma pesquisa de 2013 concluiu que o churn de companhias de cartão de crédito nos Estados Unidos é de cerca de 20% ao ano, e o de operadoras de telefonia celular europeias, varia de 20% a 40%.[15]

### Como tornar um produto must-have

Se seu produto passou nesses testes – em um claro sinal de que um número considerável de clientes tiveram seu momento aha –, é hora de entrar em uma fase acelerada de experimentos para crescer. Caso você tenha concluído que o produto ainda não chegou lá, o primeiro cuidado é evitar fazer algo que, para muitos, parece o mais natural: tentar adivinhar que recurso específico seria capaz de tornar o produto mais interessante para o público. Enfiar-se em uma sala com os melhores cérebros da empresa e um quadro branco para gerar ideias de melhoria pode até dar a impressão de ser a via certa para resolver o problema, mas, confie em nós, esse instinto é equivocado. O essencial, aqui, é conversar com usuários (com um grau de profundidade maior do que o permitido pela pesquisa mencionada) para entender quais são as verdadeiras objeções e obstáculos ao sucesso do produto. Sem isso, o risco é você investir recursos e tempo limitadíssimos em algo sem futuro, como lançar um recurso que produz zero impacto. Aliás, embora acrescentar mais recursos pareça a solução mais óbvia para melhorar um produto, todo desenvolvedor precisa estar ciente do perigo do chamado "feature creep": ir adicionando mais e mais coisas que não trazem nenhum benefício real e que, em geral, só deixam o produto sobrecarregado e difícil de usar. Em certos casos, a solução é subtrair, e não somar, como fez o Yelp, que eliminou muitas coisas e focou as avaliações.

Em vez de ficar fazendo suposições, é fundamental usar uma abordagem analítica para descobrir por que não o momento aha não ocorreu e como produzi-lo. Há três grandes métodos para isso, e todos devem ser utilizados de maneira coordenada.

- Mais sondagem de clientes, o que inclui fazer entrevistas e sair a campo para falar com usuários, tanto atuais como potenciais.
- Teste experimental eficiente de mudanças no produto e na mensagem.
- Análise mais profunda de dados de usuários.

Para fazer esse diagnóstico, o time de crescimento deve dividir responsabilidades de acordo com a área de especialização de cada membro: especialistas em marketing e designers de produto sabem como realizar entrevistas e pesquisas; engenheiros, como fazer mudanças no produto e incorporar testes ao produto; e analistas de dados, como examinar a fundo o comportamento de usuários, tirando conclusões que vão além da informação gerada por métricas básicas oferecidas por programas genéricos. Vejamos como encarar cada um desses processos de levantamento de informações.

### UM PASSEIO PELO MUNDO ANALÓGICO

Como bem diz Steve Blank, um dos maiores inovadores na área de desenvolvimento de clientes, seja qual for seu negócio, é preciso sair a campo para descobrir o que seus clientes realmente querem de você e do produto. Há um monte de ferramentas na internet para entrevistar clientes. Independentemente de qual você escolha, na hora de conduzir entrevistas, o mais importante é se desapegar do produto. O feedback não vai servir de nada se você usar essa ocasião para ficar vendendo. É preciso ouvir e observar, e não vender.

Outro ponto importante é lembrar que um gesto vale por mil palavras. A melhor prática é soltar o produto ou protótipo no mundo real, para ver exatamente como os potenciais usuários reagem a ele. Isso pode revelar que um recurso que você criou para ser simples de usar é, na verdade, muito complicado ou não desperta o interesse ou que o usuário precisa resolver um problema que você nem sabia que existia. É possível até que o público

*CAPÍTULO DOIS*

sugira ideias valiosas para mudanças no produto que nem você nem sua equipe tinham imaginado.[16]

Foi o que aconteceu com o marketplace Etsy. Depois que a empresa abriu seu capital, arrecadando mais de US$ 287 milhões em um bem-sucedido IPO e atingindo um valor de mercado de US$ 1 bilhão, a ideia de criar um site para comercializar trabalhos manuais feitos por artesãos independentes ou pequenas empresas parece ter preenchido uma lacuna óbvia. No entanto, essa necessidade nem sempre foi tão clara. Aliás, o crescimento inicial da empresa foi fruto, em grande medida, de muitas andanças. Quem conta é Danielle Maveal, hacker da marca e da comunidade Etsy: "Fizemos algo que funciona e que em geral ninguém faz: saímos da internet" para o mundo real.[17]

Ao despachar uma equipe para visitar feiras de artesanato Estados Unidos afora e conhecer artesãos que poderiam vir para o site e trazer com eles seus clientes, a Etsy descobriu o poder de rede dos grupos de artesãs feministas, os chamados "Stitch 'n Bitch", que tiveram papel fundamental na alavancada do movimento em torno do artesanato. Em um lance astuto, a Etsy identificou artistas, artesãs e colecionadoras de artigos vintage influentes e promoveu almoços com elas para entender sua motivação, ou seja, que aspecto da experiência de venda era mais importante a seu ver e qual seria o momento aha que as convenceria a levar essa experiência para a Etsy. A Etsy não só convenceu muitas delas a abrir uma loja no marketplace, mas também facilitou a criação de uma comunidade, algo que essas influenciadoras tinham dito ser de vital importância. Ao descobrir que muitos grupos de artesãs se reuniam em torno de publicações como a revista feminista *Bust* e em uma série de blogs, a Etsy decidiu hospedar fóruns na rede para ajudar a criar comunidades. Os fóruns serviram tanto de espaço para que vendedoras pegassem dicas de como melhorar as vendas como de fonte de recrutamento de mais vendedoras e centros de discussão sobre o movimento do artesanato feminista.

Essa primeira ação em terreno de desenvolvimento do mercado foi crucial para a Etsy descobrir como se tornar must-have e abriu caminho para estratégias usadas posteriormente pelo site para gerar crescimento, o que consistiu basicamente em promover o surgimento orgânico, com base no boca a boca, de uma comunidade online – em vez de grandes campanhas de marketing tradicionais, ou seja, caras. Pautada pelo feedback das primeiras usuárias, a equipe criou ferramentas e recursos para garantir o sucesso de quem vendia no site, como os já citados fóruns, o blog *Seller Handbook*, ferramentas de desenvolvimento e parcerias para auxiliar vendedoras na comunicação com clientes, na gestão de pedidos etc. O pessoal também garantiu que tanto as lojas do marketplace como as páginas de artigos à venda tivessem tudo quanto é ícone de rede social para que vendedoras e potenciais clientes pudessem facilmente compartilhar o que ofereciam no Facebook, em blogs e no Pinterest.

O resultado, como escreveu um analista, foi que a empresa gastou "quase nada" com aquisição de clientes para registrar o crescimento que a levou ao IPO e que, até nos últimos anos, canais orgânicos como redes sociais, e-mail marketing e tráfego orgânico geraram de 87% a 91% do tráfego da Etsy, enquanto anúncios pagos responderam por apenas 2% a 7%.[18] Esse movimento todo de "sair a campo" funcionou: no final de 2014, pouco antes da abertura do capital, a Etsy já contava com mais de 54 milhões de membros e US$ 1,93 bilhão em vendas.[19]

Outra equipe de produto que optou por conhecer o público-alvo na vida real para aproveitar o poder de crescimento de uma rede que já existia foi a do aplicativo de encontros amorosos Tinder, que, apesar da concorrência pesada de vários sites populares do gênero, conseguiu chegar a 24 milhões de usuários ativos por mês em apenas 30 meses.[20]

Para conquistar os primeiros usuários, no entanto, o Tinder tinha uma dificuldade particular, algo que não fora problema para a Etsy: as pessoas só teriam interesse em uma potencial relação com gente que estivesse perto, ao passo que artesãs e seus clientes podem fazer negócios a distância, mesmo estando do outro lado do mundo. Já que o lugar importava para os usuários do Tinder, a equipe sabiamente decidiu que a campanha inicial de crescimento também seria "localizada". O time se concentrou em fraternidades e irmandades de universidades norte-americanas, um meio no qual as relações são estreitas, o que aceleraria o boca a boca. Além disso, seus membros são influenciadores sociais: seriam não

# CAPÍTULO DOIS

só um bom alvo de estudo, como também early adopters capazes de ajudar o Tinder a se estabelecer como "o" aplicativo para encontrar um par amoroso. Whitney Wolfe, que era da equipe original, foi quem saiu a campo: visitou universidades, apresentou o aplicativo a estudantes de irmandades (garotas, portanto), inscreveu membros e ouviu o feedback instantâneo e em pessoa de gente de carne e osso. Quando chegava a uma fraternidade e mostrava aos rapazes todas as meninas recém-adicionadas, não era, como se pode imaginar, muito difícil convencê-los a também usar o aplicativo, o que ajudou a ampliar rapidamente o pool local de candidatos a encontros.[21]

A adoção foi forte e, conforme lembra o fundador, Sean Rad, o crescimento extrapolou esse mercado inicial de maneira orgânica. "Foi lá por janeiro. Estávamos crescendo bem nas universidades, e aí todo mundo foi para casa e falou do aplicativo para os primos e os irmãos mais velhos. De repente, o Tinder passou a crescer como um vírus."[22] A empresa não teve de gastar muito em publicidade nem em aquisição de listas de e-mail e, ao se concentrar em um grupo central de usuários, conseguiu ir melhorando continuamente o produto para agradar a esse público. Nada disso teria sido possível sem a saída a campo para entender a fundo o mercado inicial.

### COMO ENCONTRAR UMA COMUNIDADE

Naturalmente, é possível achar no universo digital uma comunidade já existente que possa dar pistas sobre como chegar ao momento aha. Foi o caso da dupla PayPal e eBay, para ficar em um exemplo dos bons. Quando o PayPal foi lançado, a equipe percebeu que entre os primeiros usuários regulares do serviço havia gente que comprava e vendia coisas pelo eBay e decidiu entender como, exatamente, o PayPal vinha sendo usado ali e como levá-lo a mais usuários dessa categoria. Quando um vendedor no site pediu permissão para usar o logo do PayPal em sua página, o time ficou curioso e foi investigar de que modo as pessoas estavam usando o serviço no eBay. Como na época o eBay não aceitava cartão de crédito, os vendedores tinham interesse em promover o PayPal como meio preferencial de pagamento para potenciais compradores, pois obviamente seria melhor para eles receber no ato, em vez de esperar um cheque ou ordem de pagamento. A equipe do PayPal vasculhou leilões no eBay para entender como o serviço estava sendo usado por quem vendia, incluindo como anunciava a forma de pagamento e falava dela. Também analisou comentários de vendedores nos fóruns de discussão do eBay, informação que usaram para entender suas necessidades. O resultado disso tudo foi a criação do AutoLink, a ferramenta que citamos na introdução para adicionar o logo do PayPal e um textinho incentivando o comprador a se cadastrar para pagar tudo o que comprasse com o PayPal.[23] O lance deu tão certo que o eBay, ciente do valor do PayPal para o próprio crescimento, acabou comprando o serviço.[24]

Hoje, a diversidade de plataformas digitais para buscar o público certo para seu produto é quase ilimitada e pega desde grandes redes sociais, como o Facebook e o Instagram, e lojas de aplicativos da Apple e do Google, até grupos de todos os gêneros e tamanhos no WordPress e no Meetup. Explorar essas plataformas segmentadas pode ajudá-lo a achar early adopters que tenham o problema que seu produto resolve e indicar se aquilo que você criou para eles garante uma experiência aha.

Embora possa parecer que fazer pesquisas e entrevistas vá tomar um tempo absurdo, é possível ter uma noção clara da situação com um número bem modesto de respostas a pesquisas e pouquíssimas entrevistas. E nem sempre é preciso montar um questionário elaborado. Às vezes, basta um punhado de perguntas básicas. Josh Elman, por exemplo, conta que o time do Twitter fez apenas quatro perguntas a usuários que voltaram à ativa depois de um tempo parados: (1) "Por que você abriu a conta no Twitter em primeiro lugar?", (2) "O que não funcionou a ponto de você parar de usar?", (3) "O que fez você voltar e tentar de novo?" e (4) "O que funcionou dessa vez?".

E, embora estudos já tenham comprovado que conduzir focus groups é, além de caro e demorado, um processo em grande medida ineficaz, sondagens simples de usuários, como a que Sean fez para descobrir que ninguém acreditava que o LogMeIn era realmente um serviço gratuito, podem ser feitas de maneira bem rápida e fácil, sem necessidade de qualquer know-how técnico. Na maioria dos casos, umas 200 respostas já bastam para a equipe ter uma boa noção das causas subjacentes de comportamentos revelados por uma análise de dados, indicando com nitidez as reais oportunidades de crescimento e, por conseguinte, onde as primeiras iniciativas de testes para crescer deveriam se concentrar.

### Experimentação eficiente

Com a popularização de tecnologias de analytics e marketing digital baratas e simples de usar, ficou incrivelmente fácil testar tanto produtos como mensagens para chegar à combinação certa de base de clientes e funcionalidades que o produto precisa ter para se tornar must-have. Certos testes são facílimos e rápidos de fazer, exigem pouca ou nenhuma habilidade técnica e têm custo mínimo ou zero. Já experimentos mais complexos podem exigir tempo e dinheiro consideráveis, sobretudo se o pessoal de engenharia tiver de desenvolver algum novo recurso ou realizar uma reformulação radical. É preciso muito rigor na hora de decidir que tipo de teste fazer. A maioria das equipes de crescimento adota a prática do teste mínimo viável (MVT, na sigla em inglês): realizar o experimento mais barato possível para validar uma ideia. Se o resultado do MVT for bom, a equipe investe então em testes mais robustos ou em uma implementação mais elaborada do conceito.[25]

Para manter o ritmo acelerado da experimentação – requisito fundamental do growth hacking –, o time deve usar uma combinação de testes de alterações no produto, bastante complicados, e de testes de mensagens e marketing, bem mais simples. Nas próximas duas seções, vamos analisar cada modalidade dessas em mais detalhe.

### Melhor assim ou assado?

Como Sean descobriu ao tentar ajudar o LogMeIn a crescer, às vezes o que impede o avanço não é que o produto ou serviço em si não tenham valor, mas o modo como esse valor está sendo comunicado ao público, tanto o atual como o potencial. Por sorte, com a popularização do marketing digital, a tarefa de ajustar essa mensagem virou uma ciência de fácil adoção, permitindo que times de crescimento mudem e testem mensagens – até para produtos não digitais – com extrema rapidez e custo baixo ou quase zero.

Um método bastante eficaz e em geral barato é o teste A/B. Trata-se, basicamente, de testar duas mensagens distintas – dois títulos em uma newsletter digital, digamos, ou dois layouts de uma landing page – com dois ou mais grupos escolhidos de maneira aleatória para descobrir que versão produz a melhor resposta. Às vezes, um teste desses revela que um pequeno ajuste, como mudar o título no campo do assunto de um e-mail, trocar o texto de um botão ou mexer na redação de um formulário online, pode trazer ganhos expressivos. Vejamos o caso do Highrise, software de CRM (sigla em inglês de gestão do relacionamento com o cliente) que a Basecamp lançou para complementar seu popular programa de gestão de projetos. Um teste A/B na página de conversão do produto indicou que a simples substituição do texto "Inscreva-se e faça um teste grátis" por "Veja planos e preços" levava o número de sign-ups a subir 200%.[26] Talvez pareça um caso excepcional, mas não é. Em organizações com as quais trabalhamos, vimos centenas de exemplos de mudanças igualmente simples, reveladas por testes A/B, que fizeram o público chegar ao momento aha e a adoção do produto disparar.

Agora que o valor desse tipo de teste está mais claro, empresas de software como a Optimizely e a Visual Website Optimizer criaram ferramentas que tornam mais fácil e barato do que nunca realizar experimentos em sites, sem muita ajuda do pessoal de engenharia. Com esses produtos, qualquer membro da equipe que administre a seção de um site pode fazer testes A/B rápidos e sucessivos de títulos, taglines, imagens, vídeos, botões e por aí vai, dando muito mais eficiência e agilidade a esse processo e, ao mesmo tempo, liberando engenheiros para trabalhar em testes mais complexos.

Uma ressalva sobre testes A/B é que, apesar de toda a facilidade de uso do instrumento, os dados gerados são relativamente limitados, pois a ferramenta se vale de métricas superficiais, como o botão que recebe mais cliques, sem se importar se isso resultou ou não em um usuário permanente. Quem já clicou em um título irresistível de uma notícia e depois se decepcionou com o texto sabe que o "clique" é um péssimo indicador da fidelidade do cliente no longo prazo. Para resolver esse problema, é crucial que a análise de dados acompanhe os participantes de um teste A/B do momento do clique à atividade no longo prazo.

O teste A/B não serve apenas para avaliar o texto e o layout de landing pages e de campanhas de marketing. Não se esqueça de que um princípio fundamental do growth hacking é a experimentação em todo o funil da experiência do cliente, não só no reconhecimento e aquisição de clientes, como também na ativação, retenção, receita e indicação. Na Inman News, por exemplo, quando a equipe de Morgan usou testes A/B para avaliar preços e prazos da assinatura do serviço, foi possível melhorar consideravelmente a taxa de retenção com a substituição de um plano mensal por uma assinatura trimestral.

O pessoal de engenharia pode ser uma incrível fonte de ideias para testes de outras oportunidades na parte inferior do funil, que, por serem tecnicamente mais complicados, talvez nem sejam cogitados por pessoas sem formação técnica. Lembra-se do caso do Pinterest no capítulo anterior? De como os engenheiros da equipe encarregada de aumentar o engajamento criaram o programa Copytune para turbinar a velocidade da experimentação com e-mails disparados em 30 línguas distintas a fim de reter usuários correntes do Pinterest? Esse é um exemplo do chamado teste multivariado, que, em vez de comparar duas alternativas, testa todas as combinações possíveis de cada elemento de uma mensagem para chegar à permutação que dê o melhor resultado. Ou peguemos o chamado multi-armed bandit, um mecanismo de teste mais sofisticado usado por empresas para conseguir resultados melhores e mais rápido. Mais adiante, vamos apresentar outras modalidades de teste e explicar detalhadamente como funciona cada uma.

### Experimentos no produto

Os testes mais complexos, que exigem considerável tempo do pessoal de engenharia, em geral são os de mudanças no produto em si. Embora seja comum em produtos digitais e softwares, essa forma de experimentação também serve para artigos tangíveis. Elaborar o protótipo mais simples possível e pedir aos usuários que o testem ou criar uma versão demo ou um vídeo para mostrar como funcionaria um novo recurso e ver a reação do público são apenas duas das muitas maneiras pelas quais uma equipe pode aprender com experimentos.

É preciso priorizar ajustes que, ao longo do tempo, já comprovaram ser capazes de turbinar resultados e melhorar a experiência do usuário, como acelerar o tempo de resposta do carrinho de compras de um site ou aprimorar o processo de sign-up. Já mudanças de efeito pouco comprovado, como a pesada reformulação do produto ou o acréscimo de funcionalidades, só devem ser feitas se houver uma forte hipótese fundada na análise de pesquisas e dados dos usuários. Em outras palavras, no caso de testes que exigem muito tempo e trabalho, é preciso minimizar o risco do investimento de todo esse esforço. Como? Partindo de uma lógica sólida e mesclando iniciativas maiores e mais arriscadas com coisas mais seguras. Com isso, o time garante um equilíbrio entre apostas grandes, arriscadíssimas, e ajustes incrementais que produzam um crescimento garantido.

### Mergulhando nos dados

Times de crescimento contam com mais dados do que nunca, mas essa montanha de informações é completamente inútil se não puder ser analisada e gerar insights úteis. Isso significa que não basta conferir os dados gerados pelas inúmeras ferramentas e dashboards disponíveis atualmente para descobrir o que torna (ou tornará) seu produto must-have. É preciso pegar os dados certos para seu negócio e aglutinar as distintas fontes – como o banco de dados de e-mail marketing e o sistema de PDV – para compor um retrato completo com essas informações. Então, um analista de dados deve explorar essas fontes em busca de padrões e insights que possam gerar ideias de crescimento a serem testadas. Hoje, a maioria das empresas – até as startups iniciantes e sem dinheiro – não desgruda os olhos de dados básicos gerados por seus sites e produtos, como os registrados pelo Google Analytics. No entanto, embora seja importante monitorar métricas como pageviews, visitas e taxas de rejeição (bounce rates), esses indicadores revelam muito pouco sobre a interação do cliente com o produto, pois são superficiais. Em geral, não dão uma visão profunda daquilo que o cliente realmente valoriza no produto ou serviço e se já se atingiu o product/market fit.

É fundamental que a equipe tenha dados sobre todos os aspectos da experiência do cliente, e não só da frequência com que visita o site e quanto tempo permanece lá. Só assim ela vai poder analisá-los em detalhe para identificar como o produto está realmente sendo usado – se é como se pensava que seria usado ou não. Isso significa que o pessoal de marketing, cientistas de dados e engenheiros devem trabalhar juntos para incluir os mecanismos certos de tracking em sites, aplicativos, sistemas de PDV, e-mail marketing e bancos de dados de clientes. Uma vez instalados esses mecanismos, é hora de combinar as diversas fontes de informação para compor um retrato detalhado e robusto do comportamento dos usuários que a equipe de dados possa analisar.

A ideia, aqui, é criar o que costuma ser chamado de "data lake" ou "data warehouse": um repositório que guarda todas as informações de clientes e no qual é possível mergulhar para descobrir agrupamentos específicos de usuários que estejam usando o produto de maneira distinta de outros grupos. Isso permite que a equipe examine como o produto é usado por uma pessoa, no nível individual, analisando, por exemplo, como um usuário excepcionalmente ativo está usando seu site ou aplicativo ou o que alguém que estava prestes a fazer uma compra importante, mas acabou não clicando no botão "Comprar", fez em vez disso. Nesse caso, talvez se descubra que essa pessoa foi fisgada por uma promoção especial de outro artigo, que apareceu exatamente quando ia finalizar a transação. Ainda que seja episódica e restrita a um único usuário, essa informação pode revelar áreas que demandam uma análise adicional e testes de crescimento. Além disso, quando a coleta de dados é feita do modo correto, é muito mais fácil para os analistas de dados compartilhar os resultados dos testes rápidos para buscar o crescimento.

### O QUE USUÁRIOS ATIVOS ANDAM FAZENDO?

O primeiro passo para obter os dados que depois serão garimpados em busca de alguma informação valiosa é rastrear as principais ações dos usuário ou clientes. Isso é feito pelo processo de event tracking. A maioria das plataformas de analytics permite a identificação de eventos importantes em seu sistema, como quando um usuário clica em um botão, vê um vídeo, baixa um aqruivo, preenche um formulário, escuta uma música, adiciona um amigo, compartilha um arquivo e por aí vai. De novo, o time de crescimento precisa configurar o rastreamento de eventos para toda interação do usuário durante a experiência de uso, à medida que passa do status de visitante para o de cliente recente e daí para o de cliente frequente e fidelizado. Você consegue rastrear o caminho percorrido pelo cliente desde a primeira visita a sua loja física ou site, incluindo a primeira compra e as subsequentes? Se houver lacunas nessa trajetória, é melhor rastrear primeiro os eventos que estão faltando.

Nessa etapa, a grande missão é buscar comportamentos que diferenciam clientes que consideram seu produto must-have, ou seja, que o usam ou compram repetidas vezes, diferentemente do restante do público. Analistas devem descobrir, especificamente, quais os recursos mais utilizados pelos usuários mais ativos e qualquer outra coisa peculiar em seu comportamento na interação com o produto. Ao separar os dados de clientes por atributos distintos, como informações demográficas, incluindo localização, idade ou sexo, e quesitos adicionais, como ocupação, setor ou tipo de dispositivo utilizado, pelo modo como estão usando o produto – se são usuários frequentes ou esporádicos – ou, ainda, pelas escolhas que fazem, como os produtos e serviços que estão adquirindo, você vai descobrir correlações entre esses atributos, comportamentos, níveis mais elevados de gastos, engajamento e uso no longo prazo. Na Netflix, por exemplo, uma análise daquilo a que o público estava assistindo revelou que filmes com o ator Kevin Spacey e séries com temática política eram extremamente populares entre os usuários. Esse insight deu à empresa confiança para bancar a produção da série *House of Cards*, que virou não só um tremendo sucesso, mas uma experiência must-have para muitos assinantes.[27]

Já na RJMetrics, empresa de business intelligence, o time descobriu que, se os usuários editassem um gráfico no software durante o período de teste gratuito, a probabilidade de que virassem clientes pagantes era duas vezes maior do que a de usuários que não utilizavam o recurso, número que subia ainda mais se eles editassem dois gráficos no período de teste. O que a RJMetrics fez, então, foi tornar a edição de um gráfico um passo crucial na orientação de novos usuários.[28]

### Pivotar para o inesperado

Descobrir uma particularidade dessas pode ser difícil, pois às vezes é algo completamente inesperado. Além disso, nem sempre você sabe o que está procurando. O Yelp, por exemplo, descobriu que os usuários mais frequentes gostavam do site porque podiam postar suas avaliações. Entretanto, o time de crescimento não estava buscando vincular a postagem de reviews ao uso frequente naquele momento. Foi um insight que emergiu da análise de toneladas de dados do site. Essas descobertas inesperadas são o argumento para investir na coleta de dados logo no início e na experimentação rápida e incessante que o growth hacking exige. Quanto mais testes, mais dados haverá para analisar, e, quanto mais dados para analisar, mais padrões serão descobertos.

O Instagram é outro caso interessante. O famoso aplicativo de compartilhamento de fotos, que começou como Burbn, pretendia ser uma rede social baseada na localização, cujo nome fazia referência ao uísque favorito de Kevin Systrom, um de seus fundadores. Systrom, porém, admite que até ele achava o aplicativo original complicado demais ou, como disse Keith Sawyer no livro *Zig zag: the surprising path to greater creativity*, "um amontoado de recursos que só causavam confusão". No entanto, Systrom continuou examinando os dados para entender como o produto estava sendo usado e o que descobriu foi que, dentre todas as funcionalidades, só uma era bastante usada: fotos. Systrom e Mike Krieger, o outro fundador, viram que tirar e compartilhar fotos era a experiência aha que devia estar no centro do aplicativo. "Mike e Kevin viram a oportunidade de se posicionar entre o Hipstamatic [um popular aplicativo de edição de fotos] e o Facebook, criando um aplicativo fácil de usar que simplificasse o compartilhamento de fotos com amigos", escreveu Sawyer. "Dos recursos do Burbn, só sobraram as fotos, os comentários e as curtidas." Depois de reduzir o aplicativo a essa essência, a dupla relançou a ideia com o nome de Instagram. Hoje, com mais de 400 milhões de usuários e adquirida por cerca de US$ 1 bilhão pelo Facebook, a empresa continua crescendo a toda. A receita anual com publicidade foi de mais de US$ 1 bilhão ao ano, segundo o balanço do primeiro trimestre de 2016.[29]

O Instagram não é a única empresa de sucesso que deu um giro de 180 graus no começo da existência graças a uma análise detalhada de dados que revelou seu momento aha. O Pinterest, que na encarnação original era um aplicativo mobile de compras, o Tote, pivotou e voltou como site de exploração e compartilhamento quando Ben Silbermann viu que o aplicativo não estava sendo usado para compras, mas para montar imensas coleções de imagens. O que Silbermann fez foi mudar o rumo e criar um produto para facilitar a exibição dessas coleções na internet. Brian Cohen, o primeiro investidor do Pinterest, disse que a pivotagem foi "resultado direto do que Silbermann tinha descoberto no primeiro negócio",[30] graças à análise de como usuários ativos estavam realmente tirando partido do aplicativo.

A primeira iteração do Groupon também estava à beira da morte quando uma análise minuciosa do comportamento dos usuários levou seu criador, Andrew Mason, a uma pivotagem crucial. Pensado originalmente como um site de arrecadação de fundos para causas e grupos diversos, o The Point, no qual uma campanha só sairia do papel quando um número suficiente de gente tivesse contribuído, o serviço vinha penando tanto que Mason quase devolveu todo o dinheiro aos investidores. Foi aí que, ao analisar os dados, a equipe descobriu que as campanhas que vinham tendo mais sucesso eram as que davam a um grupo de usuários poder de barganha para conseguir descontos. Com base nesse insight promissor, o time inventou a oferta do dia, para a qual criou o mote "Get Your Groupon.com".[31] A empresa decolou.

Embora difícil de acreditar hoje, um caso parecido foi o do YouTube, que começou como um site de encontros e pivotou para o que é hoje só quando seus criadores viram que os usuários não estavam só subindo vídeos com seu perfil para achar sua cara-metade, mas sobre tudo quanto é tema. Um dos fundadores, Jawed Karim, contou: "Os usuários estavam um passo a nossa frente. Começaram a usar o YouTube para compartilhar (…) vídeos de cachorros, de viagens, de qualquer coisa. Achamos muito interessante e dissemos: 'Por que não deixar o usuário decidir para que serve o YouTube?'. Em junho, já tínhamos refeito completamente o site, que ficou mais aberto e geral. Funcionou".[32]

Todas essas guinadas mostram a importância de coletar e analisar dados, tanto qualitativos como quantitativos, sobre como o cliente está usando o produto e a opinião dele sobre suas vantagens e desvantagens antes de investir tempo e recursos consideráveis para promover o crescimento. Se essas empresas tivessem investido para incentivar a adoção antes de pivotar, é provável que nem tivéssemos ouvido falar delas. Em vez de encontrarem o sucesso, teriam perdido tempo e dinheiro tentando vender algo que simplesmente ainda não era must-have.

É óbvio que uma profunda análise de dados do comportamento dos clientes também pode confirmar que o problema não é o produto ou o serviço (e nem mesmo a mensagem), mas o modo como ele está sendo lançado no mercado visado. Foi o que ocorreu com a HubSpot, que fabrica softwares de CRM e marketing. Ao analisar rigorosamente os dados dos usuários, a empresa descobriu que a retenção de clientes que passavam por um treinamento inicial para usar o produto era muito maior do que dos demais. Logo, mudou a política de vendas para que o treinamento pago para uso do produto fosse parte obrigatória da experiência dos novos usuários.

A ideia de cobrar uma quantia adicional dos clientes para ensiná-los a usar um software pelo qual eles já haviam pago ia contra o que era considerado a melhor prática na época. Muitas empresas temiam que adicionar mais custos ao preço do software seria uma barreira à adoção por aqueles que se preocupavam com o preço. No entanto, o pessoal da HubSpot confiava nos dados e exigiu o treinamento inicial.[33] Esse é um ótimo exemplo daquilo que Chamath Palihapitiya quer dizer quando afirma que a responsabilidade de um time de crescimento é "invalidar mitos" sobre produtos e mercados e buscar o crescimento com base em evidências empíricas. No caso da HubSpot, o resultado foi uma base de clientes que cresceu depressa e levou a empresa a um triunfal IPO em 2014.

### A caminho do aha

Nunca esqueça que o objetivo de toda essa experimentação e análise é descobrir o momento aha que o cliente tem, ou pode ter, com seu produto ou serviço. Uma vez identificadas as condições que criam essa experiência mágica, a equipe deve se concentrar em garantir que mais gente viva esse momento o mais rápido possível. Quando o time de crescimento do Facebook percebeu que o momento aha dos usuários era o prazer de adicionar mais e mais amigos a sua rede, com base na descoberta de que a probabilidade de que o usuário continuasse ativo era maior se ele adicionasse ao menos sete amigos nos dez primeiros dias, todo o seu esforço foi concentrado em ajustar o site para levar as pessoas a adicionar mais amigos. Uma das mudanças mais importantes foi mexer na nova experiência do usuário (NUX, na sigla em inglês) para que o foco fosse ajudar o usuário a encontrar amigos. Na versão original da NUX, essa busca estava perdida no meio da orientação geral sobre como usar o Facebook, mas agora era o principal. O time de crescimento fez inúmeros testes, eliminando cada vez mais informações supérfluas das páginas exibidas ao novo usuário, focando sua atenção em recursos para ajudá-lo a ampliar rapidamente sua rede. Isso incluiu a importação de contatos de e-mail para se conectar com quem já usava o Facebook e utilizar o espaço reservado para publicidade no site para sugerir pessoas que o novo usuário provavelmente gostaria de adicionar.

O Twitter usou uma estratégia parecida para fazer o usuário perceber qual era o core value do serviço e, com isso, poder crescer. Quando os dados revelaram que para seu usuário o momento aha era ter acesso a posts de amigos e de pessoas que respeitava, como celebridades e políticos, Josh Elman e sua equipe reformularam a experiência do usuário para que a pessoa seguisse outras 30 o mais depressa possível. No processo de sign-up, um recurso que sugeria pessoas a seguir com base nos interesses declarados pelo usuário virou uma parte crucial do processo. Já na Qualaroo, quando descobrimos que um usuário da versão trial que recebia ao menos 50 respostas em uma pesquisa tinha maior chance de se tornar um cliente pagante e ativo, começamos a sugerir pesquisas e placements com maior probabilidade de atingir esse patamar de 50 respostas.

Há muitas outras estratégias para levar o usuário a descobrir o valor do produto, como tours, comunicação por e-mail e ofertas especiais. Mais à frente, mostraremos em detalhe quando e como implementar cada uma delas.

Já que levar o usuário ao momento aha é fundamental para criar uma base sólida para o crescimento futuro, é comum a empresa investir tempo e energia para chegar lá. James Currier, empreendedor que se especializou em crescimento e hoje é investidor, sugere que um terço do tempo do pessoal de engenharia seja usado para calibrar a NUX com perfeição. No Facebook, no Twitter e no Pinterest, essa experiência é tratada como um produto separado do principal e há uma equipe de designers, gerentes de produto, engenheiros e líderes de crescimento dedicada exclusivamente a aprimorá-la.

Se você já encontrou um mercado de usuários ávidos e descobriu qual seu momento aha, ou seja, se já chegou ao product/market fit, é hora de começar a usar esse alicerce de maneira sistemática para criar uma máquina de crescimento de alta potência e velocidade. No restante do livro, vamos sugerir hacks e estratégias específicas para isso.

*CAPÍTULO TRÊS*

# Como identificar suas alavancas de crescimento

Tornar um produto atraente o bastante para passar no teste do must-have é condição indispensável para o crescimento rápido e sustentável. Mas isso não basta. Ainda que seja realmente espetacular e adorado por uma base importante de early adopters – primeiras pessoas a comprar um novo produto –, sem uma campanha adequada para promover o crescimento, o fracasso é quase certo. Quando trata de novidades que deram errado, a mídia sempre se lembra de produtos que prometiam chegar para arrebentar, mas que claramente não conseguiram impressionar um público grande o suficiente. Foi o caso do Google Glass ou do alardeado Segway, aquela plataforma de duas rodas movida a bateria. No entanto, ninguém fala muito dos tombos ainda mais surpreendentes, como os de produtos que têm, sim, um core value convincente e cujo mercado potencial, além de grande, ainda não foi dominado por nenhuma empresa estabelecida. Nesses casos, o problema normalmente é a falta de uma estratégia bem-formulada e executada para crescer.

Peguemos o caso do Everpix, um dos aplicativos de fotos mais aplaudidos dos últimos tempos. Pensado para pôr fim à trabalheira de organizar o amontoado de fotos no celular, o serviço simplificava o processo. Com um projeto genial e elogiado pela crítica, o aplicativo era fácil de usar e recebia dos usuários uma nota média de 4,5 estrelas. O site TechCrunch babou: "O melhor do Everpix talvez seja que (...) depois da instalação e da configuração não é preciso fazer mais nada".[1] A base inicial de usuários – 55 mil pessoas – era bem ativa: cerca de metade usava o aplicativo pelo menos uma vez por semana. Os criadores optaram pelo modelo freemium: enquanto o aplicativo básico era gratuito, a assinatura da versão com mais recursos custava US$ 49 ao ano, e a taxa de conversão chegava a impressionantes 12,4%, muito superior à da maioria das coisas nesse modelo, que gira em torno de 1%.[2] Nisso tudo, os fundadores acertaram. Entretanto, cometeram um erro fatal: não acharam um jeito de alavancar o entusiasmo dos fãs iniciais para acelerar o ritmo do crescimento.

Embora esse entusiasmo e a alta taxa de conversão possam ter dado a impressão de que o sucesso do Everpix estava garantido, a startup era uma bomba-relógio. Seus criadores precisavam aumentar drasticamente o número de assinaturas pagas, e rápido. Um ano e meio após o lançamento, as despesas operacionais somavam mais de US$ 480 mil. Já a receita de assinaturas era pouco maior que US$ 250 mil. Além disso, o capital-semente, cerca de US$ 1,8 milhão, tinha sido usado quase todo para desenvolver as funcionalidades do aplicativo. Sem dinheiro e com uma conta de US$ 35 mil da Amazon Web Services prestes a vencer, os fundadores não tinham tempo para nada que não fosse tentar levantar mais fundos. Quando não conseguiram, fecharam as portas.

A empresa tinha pensado em vários hacks para aumentar a adoção. Uma delas seria exigir que quem recebesse fotos de um usuário só pudesse baixá-las se instalasse o aplicativo – ideia logo descartada, porque poderia contrariar o público. Lembremos, contudo, que o growth hacking é mais do que consultar um menu de hacks e escolher uma opção; é, antes de tudo, um processo de experimentação contínua para garantir que cada hack esteja produzindo o resultado desejado. Se realmente estivesse praticando growth hacking, o pessoal do Everpix teria feito testes para descobrir se seu palpite estava certo ou não. Em vez disso, continuou aprimorando o produto. Criou, por exemplo, um recurso que mandava um e-mail ao usuário com fotos tiradas no mesmo dia do ano anterior. Isso fez subir bastante o número de pessoas que abriam o aplicativo diariamente. Mas, se a meta era aumentar a receita, o uso diário não podia ser o indicador a focar. O urgente era aumentar o número de assinantes do serviço pago, e não tornar os usuários que o aplicativo já possuía mais ativos.

A esperança era levantar capital para superar a crise de caixa. Contudo, sem indícios fortes de crescimento, não havia discurso que convencesse os investidores. Quando por fim conseguiu um empréstimo de US$ 500 mil, a empresa resolveu contratar um especialista em marketing tradicional, que logo criou o mote "Solving the Photo Mess" ("Fim da bagunça das fotos", em tradução livre), achando que isso fosse fazer o negócio crescer. Não fez.[3]

A derrocada do Everpix mostra a importância de focar não só o crescimento, mas as alavancas certas do crescimento, e na hora certa. A taxa de conversão e o feedback positivo indicavam claramente que o aplicativo era espetacular e que já havia uma base sólida de usuários assíduos. O que os criadores do Everpix precisavam fazer era parar de melhorar o produto e trabalhar para torná-lo mais rentável, ou seja, direcionar seu grande talento em design e engenharia para a missão de converter mais usuários em assinantes pagos. Se eles tivessem feito isso, a empresa poderia ter vingado.

### Um hack para sua estratégia de crescimento

Criar um momento aha e conduzir mais pessoas até ele é o ponto de partida do processo de crescimento. O passo seguinte consiste em definir a estratégia de crescimento. É preciso saber exatamente como o negócio vai crescer, quais suas alavancas de crescimento e se elas são ou não as melhores para atingir os resultados desejados antes de começar a testar ideias em ritmo acelerado. É isso que vai determinar se o crescimento será forte, sustentável e capaz de gerar receita de verdade.

Seja rigorosamente científico na hora de definir de que tipo de crescimento você precisa e que alavancas vão produzi-lo. Sobretudo na fase inicial de crescimento, é fundamental traçar uma rota de experimentação disciplinada e focada nas alavancas mais importantes para que seu objetivo seja alcançado. Aqui, a meta não é a velocidade em si; sair experimentando aleatoriamente despende tempo e energia, ainda que a atividade de testes ocorra a um ritmo veloz. A ideia do growth hacking não é atirar para todos os lados para ver se você acerta em alguma coisa, e sim usar a experimentação acelerada para encontrar e otimizar as oportunidades mais promissoras.

Na fase inicial de crescimento, a melhor estratégia é fazer experimentos que tenham o maior impacto no crescimento no menor prazo possível. Nesse começo, quanto mais focadas forem as iniciativas, mais intencionais serão os experimentos e mais impacto terão. Embora grandes empresas tenham cacife para fazer teste após teste com fatias minúsculas de seu imenso público, em uma companhia pequena o custo de oportunidade de cada experimento é elevado e, portanto, todo teste deve ser pensado para gerar alto impacto. É claro que não dá para saber antecipadamente se vai haver esse impacto, mas, para que uma ideia encabece a fila para ser testada, a justificativa tem de ser muito boa.

Além do potencial de produzir vitórias maiores, testes de alto impacto dão resultados irrefutáveis mais depressa. Pode ser algo meio complicado de entender. Andy Johns, que trabalhou nos times de crescimento do Facebook e do Twitter, criou o exemplo a seguir para explicar essa tese. A tabela traz os resultados de três experimentos distintos, todos voltados para melhorar a taxa de conversão de novos visitantes em usuários de um produto, partindo de uma base de 3%.[4]

O IMPACTO DO EXPERIMENTO AFETA A VELOCIDADE

|  | Taxa-base de conversão | Variação x controle (%) | Amostra/variante exigida | Dias de teste exigidos |
|---|---|---|---|---|
| Exemplo A | 3% | 5% | 72.300 | 72 |
| Exemplo B | 3% | 10% | 18.500 | 18 |
| Exemplo C | 3% | 30% | 2.250 | 2 |

Digamos que o experimento A esteja testando uma pequena mudança, como a cor do botão de sign-up. À medida que os resul-

*CAPÍTULO TRÊS*

tados vão chegando, fica claro que o aumento na conversão de novos visitantes é muito pequeno: só 5% maior do que com o botão na cor original. Além da óbvia hipótese de que a cor do botão de sign-up pode não ser a grande razão para que novos usuários não estejam se cadastrando, o resultado também sugere que seria preciso prolongar muito o experimento para obter dados suficientes e tirar conclusões sólidas. Como indicado na tabela, para alcançar resultados estatisticamente válidos nesse teste, seriam necessários 72.300 visitantes por variante ou, em outras palavras, esperar 72 dias. "Para uma startup, isso é uma eternidade!", disse Johns em entrevista à *First Round Review*. Em um caso como esse, o que a startup realmente deveria fazer é abandonar rapidamente o experimento e passar para outro, de impacto potencialmente maior.

Não é testando um monte de pequenas alterações, como a cor de botões, que se começa a praticar o processo de growth hacking. No início, o que equipes pequenas devem fazer é se concentrar em testes com o maior potencial de impacto. Nisso, Johns é enfático: "Sério mesmo: seja radical. Não se limite a mexer no botão de uma página". Isso porque, quando o tráfego é pequeno, um teste menor pode levar meses ou anos para produzir resultados. "Uma startup que está começando precisa de um empurrão drástico."[5] Quando a base de usuários ou clientes for crescendo, aí sim dá para fazer testes simultâneos em vários nichos. Quando o número de clientes aumenta, um volume maior de testes, ainda que de pequenas mudanças, pode produzir grandes vitórias.

Como, então, focar suas iniciativas estrategicamente nos experimentos que provavelmente terão o maior impacto? É exatamente isso que explicaremos neste capítulo.

### As métricas que importam

O primeiro passo para definir sua estratégia de crescimento e saber onde se concentrar é entender que métricas são mais relevantes para o crescimento de seu produto. A melhor maneira de fazer isso é montar o que Johns batizou de equação fundamental de crescimento da empresa. Trata-se de uma fórmula simples que reúne os principais fatores que, juntos, vão promover o crescimento – em outras palavras, as principais alavancas de crescimento.

Essa equação varia de acordo com o produto ou a organização. Confira a seguir um exemplo para a empresa que Morgan dirige, a Inman News, que opera no modelo de assinaturas:

[TRÁFEGO DO SITE × TAXA DE CONVERSÃO DE E-MAIL × TAXA DE USUÁRIOS ATIVOS × CONVERSÃO PARA ASSINATURA PAGA] + ASSINANTES RETIDOS + ASSINANTES RECUPERADOS = CRESCIMENTO DA RECEITA DE ASSINATURAS

No caso do eBay, a fórmula é:

NÚMERO DE VENDEDORES × NÚMERO DE ITENS À VENDA × NÚMERO DE COMPRADORES × NÚMERO DE TRANSAÇÕES EFETIVADAS = CRESCIMENTO DO GMV (GROSS MERCHANDISE VOLUME)

Johns chegou a criar a seguinte equação para a Amazon a fim de mostrar o valor dessas fórmulas:[6]

EXPANSÃO EM VERTICAIS × ESTOQUE DE PRODUTOS POR VERTICAL × TRÁFEGO POR PÁGINA DE PRODUTO × CONVERSÃO PARA COMPRA × VALOR MÉDIO DE COMPRA × COMPORTAMENTO DE COMPRA RECORRENTE = CRESCIMENTO DA RECEITA

Embora todo produto dependa de certos drivers de crescimento – como aquisição de novos usuários, maior ativação e melhor retenção –, cada produto ou empresa tem uma combinação específica de fatores exclusivamente seus. No Uber, por exemplo, um fator crucial é o número de motoristas, pois toda praça precisa de um volume suficiente de carros para garantir o momento aha, que é ver um Uber chegar rápido. O número de passageiros também é crítico para a operação, não só para gerar receita, mas também no sentido de garantir que haja demanda suficiente para manter a frota cadastrada sempre rodando. Daí o time de crescimento do Uber ser especificamente encarregado de melhorar essas duas métricas. No Yelp, os principais fatores são o número de negócios avaliados e o de avaliações de cada um. No Facebook, o número de itens postados por usuário e o tempo que a

*CAPÍTULO TRÊS*

pessoa passa checando o feed de notícias são cruciais, pois o conteúdo novo vai parar no feed e o tempo que o usuário se mantém plugado aumenta, o que é vital para atrair anunciantes e cobrar um valor por essa exposição. Logo, embora indicadores básicos monitorados pelo marketing tradicional e por dashboards de dados genéricos tenham valor, como o número de visitantes do site, pageviews, usuários novos e recorrentes e quanto tempo passam no site, mais importante ainda é identificar as métricas específicas para o produto ou empresa que você está tentando fazer crescer.

Para determinar suas métricas essenciais, é preciso descobrir que ações possuem relação mais direta com a experiência do core value do produto pelo usuário – no Facebook, por exemplo, quantas pessoas o usuário convida para entrar em seu círculo de amizades, com que frequência visita o site, quantos posts e comentários faz e quanto tempo permanece no site. É necessário, no mínimo, monitorar as métricas para cada um dos passos que o usuário percorre para chegar ao momento aha e com que frequência está percorrendo cada um. Voltemos ao Uber, cujo principal indicador, no caso de passageiros, é o número de corridas realizada. Além da quantidade de pessoas baixando o aplicativo, a empresa deve monitorar também o número de carros solicitados, o de passageiros que voltam a usar o serviço e com que frequência.

As equações apresentadas podem parecer simplistas demais. É óbvio que muitos outros fatores contribuem para o sucesso de uma empresa, como o investimento em pesquisa e desenvolvimento, o custo de insumos, as despesas com transporte e a gestão de estoques. No entanto, o valor da equação de crescimento está justamente na simplicidade. Hoje, o volume de dados sobre o comportamento de clientes que até o mais básico dos programas de analytics produz é assustador. O Google Analytics, por exemplo, traz centenas de gráficos e data points. Embora útil, o programa pode criar confusão se não for usado no monitoramento das métricas mais importantes para o crescimento, em seu caso específico. Sintetizar a complexidade das operações da empresa em uma fórmula básica é de grande utilidade, pois ajuda o time de crescimento a focar os sinais certos em meio ao ruído existente nessa imensidão de dados.

### DASHBOARD DO GOOGLE ANALYTICS

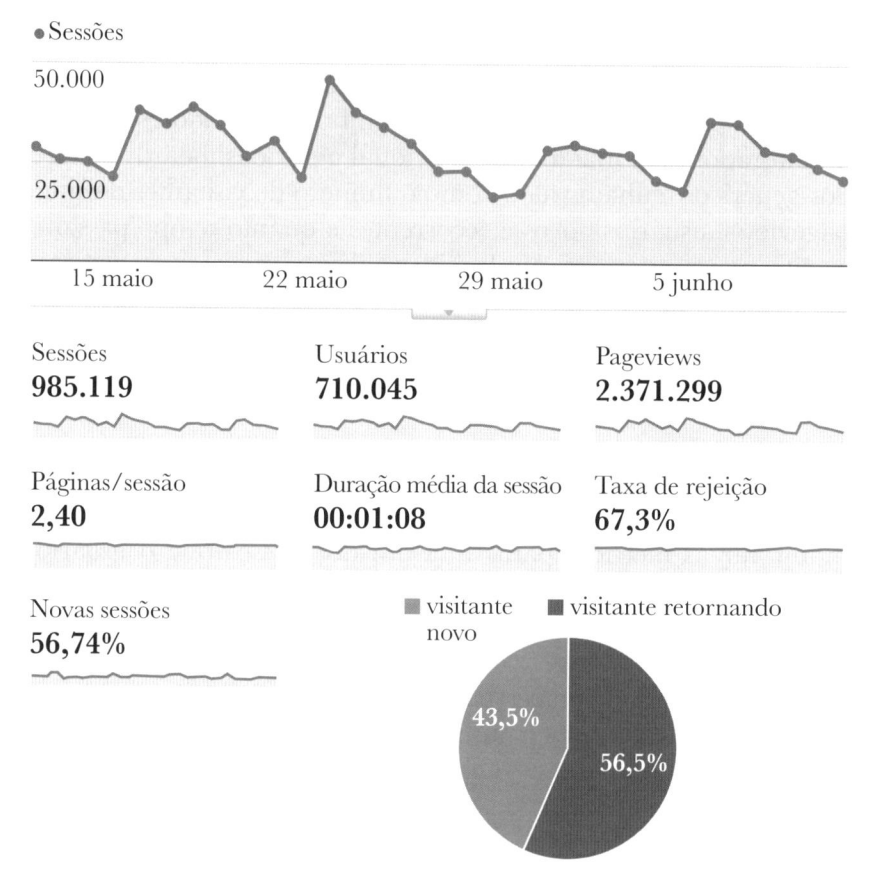

- Sessões

| | | |
|---|---|---|
| Sessões | Usuários | Pageviews |
| **985.119** | **710.045** | **2.371.299** |
| Páginas/sessão | Duração média da sessão | Taxa de rejeição |
| **2,40** | **00:01:08** | **67,3%** |
| Novas sessões | | |
| **56,74%** | | |

■ visitante novo  ■ visitante retornando

43,5% / 56,5%

*As métricas incluídas nos dashboards-padrão do Google Analytics não são necessariamente as mais importantes para o crescimento de seu produto ou negócio.*

Fazer essa distinção às vezes é bastante complicado. Métricas que instintivamente parecem ser alavancas cruciais – incluindo indicadores que foram muito populares por certo tempo, como o número de usuários ativos por dia – podem ter, em seu caso, pouquíssimo impacto no crescimento real e sustentável. Para uma empresa como o Airbnb, por exemplo, medir o total de usuários ativos por dia não faz sentido, explica Josh Elman. Por quê? Porque, por mais que alguém adore o site, não vai marcar uma viagem e reservar um lugar para se hospedar todos os dias. Até os usuários mais assíduos do Airbnb só vão fazer uma reserva três ou quatro vezes ao ano. Mesmo no caso de um site de avaliações, como o Yelp, o uso diário é pouco provável. Uma ou duas vezes por semana já seria considerado uso intenso e regular. Quando o assunto é a frequência com que um cliente vai precisar dos serviços, o Airbnb e o Yelp simplesmente já embutem um teto. O significado de uso regular varia de acordo com o produto e a atividade, seja vender colchões ou hipotecas, seja servir comida sofisticada ou prestar serviços a empresas.

Já no caso do Facebook, o número de usuários ativos por dia é uma métrica crucial, pois, como você deve saber por experiência própria, (a) praticamente não há limite (ou, se houver, é altíssimo) ao número de vezes que uma pessoa pode entrar no Facebook em um único dia e (b) seu modelo, baseado na receita com publicidade, depende de que haja muita gente passando um bocado de tempo no site. Em outras palavras, uma métrica que não significa nada para uma empresa pode ser a principal alavanca de crescimento de outra. Josh Elman, que também trabalhou no LinkedIn, conta que o total de sign-ups era uma métrica crítica para a famosa rede profissional. Para muitas empresas, esse número pode ser enganoso, porque um usuário que se cadastra mas não é ativo não tem muita utilidade. No caso do LinkedIn, o grande número de pessoas que simplesmente cria um perfil na rede, ainda que quase nunca entre no site, é a base de seu valor. Isso porque sua receita vem de anúncios de emprego e de assinaturas premium, pagas por recrutadores, que desejam mais ferramentas para encontrar potenciais candidatos para uma vaga e se conectar com eles. E a melhor maneira de atrair mais recrutadores, e com isso fazer a receita crescer, é garantir que um número suficiente de perfis na rede. Além do mais, quanto maior o volume de perfis, maior o tráfego de pessoas em busca de contatos profissionais vindo do Google. Isso leva ainda mais usuários ao momento aha de conseguir fazer um contato importante ou achar alguém para preencher uma vaga.[7]

Fazendo um paralelo, no eBay, uma das métricas mais importantes não é o número diário de usuários ou de novos usuários, mas o de itens à venda. Quanto maior for esse número, maior a quantidade de potenciais compradores que terão o momento aha de encontrar justamente o que estavam buscando, e os vendedores, o de fechar uma venda. Quanto mais desses momentos o site garantir, maior a probabilidade de que os usuários voltem com frequência e mais mercadorias sejam vendidas. Portanto, embora o eBay queira aumentar o número de potenciais compradores que entram no site, é tão ou mais importante fazer com que os vendedores coloquem um monte de coisas à venda. É aí que deveria se concentrar o grosso dos testes de crescimento do site. Aliás, o número de itens vendidos é uma métrica tão importante para o crescimento do eBay que o site estipulou que o principal parâmetro a ser monitorado é o Gross Merchandise Volume (GMV, o total de vendas).[8] Na comunidade de growth hacking, isso costuma ser chamado de North Star Metric (NSM).

### Qual é sua NSM?

Para montar a equação de crescimento e estreitar seu foco, é melhor escolher uma métrica crítica para o sucesso, que paute toda a atividade de crescimento. Isso ajuda a manter a equipe concentrada no uso mais produtivo do tempo e evita o despedício de recursos com testes de crescimento realizados de maneira aleatória e dispersa, um erro comum.

Na comunidade de growth hacking, há quem chame essa métrica de "One Metric That Matters". Preferimos "North Star Metric", porque o termo deixa claro que se trata de uma espécie de estrela guia, um norte que mantém o time de olho no objetivo maior do processo de growth hacking e impede que fique insistindo em um hack de curto prazo pelo qual se apaixonou – hack que até pode ser genial e dar uma alavancada temporária ou ilusória no crescimento, mas que não contribui para o crescimento sustentável no longo prazo.

A NSM deve ser aquela métrica que capta da maneira mais precisa possível o core value que você entrega a seus clientes. Para descobrir qual é esse norte, pergunte-se que variável da equação de crescimento melhor sintetiza a consumação da experiência must-have que seu produto garante. Voltando ao caso do eBay, o GMV é um excelente indicador da satisfação dos usuários, sejam eles compradores ou vendedores. Quanto maior o número de itens vendidos, mais compradores terão passado por seu momento aha de achar o que que desejavam e mais vendedores terão encontrado compradores para seu produto.

Vejamos outros casos. No do WhatsApp, o momento aha do usuário é a capacidade de enviar um número ilimitado de mensagens a seus contatos onde quer que estes estejam e sem se preocupar com custo. A NSM do WhatsApp é, portanto, o número de mensagens enviadas, e não o de usuários ativos por dia. Isso porque, mesmo que alguém utilize o aplicativo todos os dias, se envia apenas uma mensagem diariamente, é improvável que o WhatsApp seja seu canal preferido para se comunicar com as pessoas. O total de usuários ativos por dia não representa, portanto, a entrega do core value ao cliente. No Airbnb, a NSM era o total de diárias reservadas. Nada que a equipe fizesse, de engrossar a lista de e-mails a cadastrar mais usuários, teria utilidade se não fosse possível aumentar o número de diárias reservadas pela plataforma. Sem isso, a empresa não aumentaria a quantidade de momentos aha para o usuário – no caso do hóspede, ficar em um lugar do qual gostasse; no do anfitrião, conseguir alguma renda com o imóvel.

### Estabelecendo novas perspectivas

Quando a organização cresce e bate as metas iniciais, a NSM pode mudar. À medida que o Facebook foi aprendendo a como engajar mais os usuários, por exemplo, a métrica inicial de usuários ativos por mês se tornou obsoleta e a de ativos por dia passou a ser um parâmetro que fazia mais sentido. No Zillow, a NSM é o "Play", que todo ano passa por ajustes de acordo com as novas necessidades do negócio.

Além disso, conforme vai crescendo, a empresa monta mais equipes de produto e de crescimento, e cada um desses times tem a própria NSM, ainda que a empresa continue focada em uma métrica mais ampla, que se sobreponha às demais. O LinkedIn, por exemplo, hoje concentra suas iniciativas em cinco áreas – expansão da rede, SEO/SEM, onboarding, crescimento internacional e engajamento –, cada uma com a própria equipe. No Facebook, a estratégia inicial de fazer um novo usuário adicionar pelo menos sete amigos em dez dias mudou com o surgimento e o crescimento de novas prioridades, incluindo aumentar o número de anunciantes que usam o site e ampliar a base internacional de usuários com iniciativas como o tradutor automático e o Facebook Lite.

### Definindo as melhores apostas

No filme *Um lobisomem americano em Londres*, dois mochileiros viajando pelo interior da Inglaterra são aconselhados por um sujeito em um pub (sugestivamente batizado de Ovelha Sacrificada) a "não sair da estrada, evitar descampados e ter cuidado com a lua cheia". De volta à estrada, não demora para que os dois se distraiam com a conversa e acabem no meio do nada em uma noite de lua cheia. Naturalmente, um deles é atacado por um lobisomem. No filme, o resultado é uma comédia (embora um tanto macabra). Já na hora de lançar um produto, o castigo por se desviar do caminho é tudo, menos engraçado.

Quando se está tentando crescer, não é difícil ir parar em um descampado, trabalhando feito louco para melhorar uma métrica que, no final, nem importa. Escolher a NSM certa ajuda a redirecionar o esforço de crescimento para soluções melhores, pois revela quando o foco de seus testes não está produzindo os resultados necessários.

Mudar de direção ou abandonar um experimento pode ser uma decisão difícil, sobretudo se o time estiver muito preso ao rumo que defendeu lá no início. Quando você se deixa apegar por uma ideia, a pressão e as emoções podem facilmente comprometer seu juízo. Durante uma palestra, Chamath Palihapitiya, líder do time original de crescimento do Facebook, sabiamente alertou: "Se você não puder ser extremamente isento e (…) racional sobre aquilo que está criando, cometerá erros graves e o negócio não vai crescer, porque você não vai sequer entender o que aconteceu".[9]

Para esclarecer como tomar decisões difíceis sobre investimentos em tempo e recursos quando há um compromisso em melhorar a NSM, vejamos como Joe Gebbia e Brian Chesky, dois dos três fundadores do Airbnb, decidiram fazer um teste que, em seu entendimento, poderia aumentar o volume de reservas, sua NSM.

## CAPÍTULO TRÊS

Seu primeiro passo foi examinar os dados para determinar em que mercados o volume de reservas estava deixando a desejar. Para sua grande surpresa, Nova York era um deles. Já que a cidade obviamente é um grande destino turístico, a dupla e um dos primeiros investidores do Airbnb, Paul Graham, da Y Combinator, decidiram analisar por que não havia mais reservas ali. Ao checar os imóveis anunciados, Gebbia constatou que "as fotos eram horríveis", de baixa qualidade, tiradas com o celular. Sem ver claramente o que estava reservando, quem se arriscaria a fazer uma reserva? Graham, então, sugeriu que, para incrementar o número de reservas, testassem um hack bem low-tech, que exigia esforço, mas era rápido de fazer e se provaria muitíssimo eficaz. Os três foram para Nova York, alugaram uma câmera de US$ 5 mil e saíram de porta em porta tirando fotos profissionais do maior número possível de imóveis anunciados no site. Em seguida, compararam o número de reservas dos imóveis com fotos mais profissionais com o dos demais. Descobriram que as imagens melhores tinham multiplicado por duas a três vezes o volume de reservas, dobrando imediatamente o faturamento do Airbnb em Nova York.[10]

Provada a hipótese de que a qualidade das fotos tinha impacto no volume de reservas, o trio foi rapidamente testar a ideia em outros grandes centros que vinham capengando, como Paris, Londres, Vancouver e Miami. Como o resultado foi igualmente positivo, o Airbnb criou um serviço pelo qual os anfitriões podiam agendar uma sessão de fotos do imóvel com um fotógrafo profissional.[11] Lançado em meados de 2010 com 20 fotógrafos, o serviço chegou a ter mais de 2 mil profissionais independentes, que, até 2012, tinham fotografado 13 mil imóveis, nos seis continentes. Foi barato? Não. No entanto, a qualidade maior fez a taxa de reservas subir duas vezes e meia no mundo todo.

Gebbia e Chesky podiam ter tentado aumentar o número de pessoas visitando o site em busca de hospedagem em Nova York, ou enviar mais e-mails promocionais com atrações turísticas populares da cidade, ou pagar para que um anúncio da plataforma pipocasse sempre que alguém fizesse uma busca relacionada ao assunto no Google. Talvez isso tivesse aumentado o tráfego no site, mas o total de reservas ainda estaria limitado pela qualidade duvidosa das fotos. Ao manter o foco na meta maior de aumentar o número de diárias reservadas, os dois não só melhoraram a taxa de reservas, mas tornaram qualquer aumento futuro no tráfego do site mais lucrativo.

Assim como é fácil perder o norte e ir parar no meio do nada por causa de métricas de crescimento superficiais ou irrelevantes, ficar encalhado na análise de dados e perder o senso de urgência para começar a testar maneiras de crescer de verdade também é. Alex Schultz conta que a equipe encarregada da campanha inicial do Facebook para melhorar uma das principais métricas, que, segundo Mark Zuckerberg, seria o número de usuários ativos por mês, ajudou o time de crescimento a romper a "paralisia da análise". É fácil cair na cilada de ficar analisando mais e mais dados. Como é uma atividade científica, a gente se convence de que está apenas sendo rigoroso e que não quer sair testando sem evidências suficientes de que o resultado será positivo. Ao falar do processo de crescimento, uma das frases preferidas de Schultz é a do general norte-americano George Patton, famoso comandante da Segunda Guerra Mundial: "Um plano razoável executado hoje é melhor do que um plano perfeito executado amanhã".[12] A clareza da meta NSM ajuda a manter a análise de dados focada e permite à empresa tirar testes de alto impacto do papel e colocá-los em prática o mais rápido possível.

### A NECESSIDADE DE DADOS

Para montar a equação de crescimento e determinar qual a métrica NSM em seu caso, é preciso ter a capacidade de coletar dados sobre o comportamento dos clientes e avaliar o desempenho do produto e dos resultados dos testes. Dessa maneira, será possível dizer se seu palpite sobre ambos coincide com o modo como as pessoas estão usando o produto na vida real. Jack Dorsey, criador do Twitter, sugere que esse data tracking seja configurado para rodar de forma automática. Assim como um avião não pode voar sem uma série de instrumentos, monitorando continuamente informações como altitude, pressão atmosférica e velocidade do vento, sem os dados certos seu time de crescimento estará voando às cegas.[13]

*CAPÍTULO TRÊS*

Tão importante quanto definir as métricas que mais pesam em seu crescimento é agrupar suas fontes de dados e customizar seus recursos analíticos para fazer uma análise mais precisa das informações e do comportamento de usuários. Em geral, isso também exige mais do que oferecem os programas genéricos, como o Google Analytics. Embora essas ferramentas cumpram sua função, quando a empresa começa a investir pesado no crescimento, é importante acompanhar a interação completa do usuário com o produto desde a primeira visita, saber como descobriu o produto, quando teve seu momento aha, se e quando parou de usá-lo. A maioria das empresas usa recursos distintos para coletar, armazenar e analisar dados de clientes: um programa de web analytics para rastrear as ações do usuário no site e no produto (se for digital), um software de CRM para medir a resposta a e-mails e notificações mobile, um sistema para monitorar pagamentos e por aí vai.

Conforme discutimos no capítulo 2, para descobrir como tornar seu produto must-have, é fundamental combinar todos os dados coletados e fazer um acompanhamento detalhado do cliente ao longo de todo o funil de sua experiência. Se não foi possível reunir todos os dados lá no início, é preciso fazer isso já.

Ter um banco unificado de dados ajuda não só a indicar áreas para eventuais testes, mas também a conceber testes cada vez melhores, voltados especificamente para a melhoria de suas principais alavancas de crescimento. Os melhores times de crescimento não sossegam enquanto não chegam à fórmula certa para coletar e analisar os dados. O do Facebook, por exemplo, decidiu que obter insights melhores com base nos dados era tão importante que, em janeiro de 2009, tomou a drástica decisão de interromper todos os testes de crescimento para se dedicar durante um mês inteiro a melhorar o sistema de tracking, coleta e pooling de dados. Naomi Gleit, a primeira gerente de produto do time de crescimento do Facebook, lembra que, "em 2008, estávamos voando às cegas quando o assunto era otimizar o crescimento". Depois do projeto, o retrato gerado pelos dados ficou completo. A equipe pôde ver o que todos os usuários do site estavam fazendo. Era uma visão muito mais completa de como as pessoas usavam o Facebook e de onde, nessa experiência, vinham os problemas. Isso deu ao time ideias para testes muito mais focados em promover o crescimento.[14]

A boa notícia é que, embora em organizações de grande porte, como o Facebook ou o Walmart, a iniciativa de combinar todos esses dados seja complexa, em empresas ou projetos menores a coisa é bem mais simples, pois há uma série de ferramentas e serviços que facilitam a coleta e a combinação de dados de múltiplas fontes. Aliás, o especialista em marketing Rob Sobers desenvolveu um método simples usando programas off-the-shelf que criam um sistema de data tracking que custava apenas US$ 9 ao mês quando escrevemos este livro.[15]

### Nem tudo são números

Isso posto, dados de usuários têm, sim, seus limites, por mais detalhados que sejam. Afinal, até a mais sofisticada das análises só vai mostrar de maneira categórica o que o usuário está fazendo, e não por que está agindo de determinado modo. Às vezes, é fácil tecer hipóteses sobre essas razões com base em padrões de comportamento. Se, por exemplo, um número considerável de pessoas estiver abandonando o site depois de tentar utilizar um recurso, como um player de vídeo, é bem provável que ele não esteja funcionando direito. Os designers de produtos chamam isso de problema de usabilidade. No caso do player de vídeo, ao esmiuçar os dados, é possível que se descubra que o problema é mais frequente com usuários de Android e que, por questões de compatibilidade, os vídeos estão demorando muito para baixar. Problemas de usabilidade são fáceis de detectar. Outros obstáculos são bem mais difíceis de identificar, e descobrir o "x" da questão pode exigir sondagens ou entrevistas com usuários.

Embora falar com usuários no estágio inicial de desenvolvimento e teste de protótipos seja algo bem comum nos dias de hoje, a prática costuma ser deixada de lado quando o produto é lançado. É extremamente importante continuar explorando esse recurso quando o processo de testes entra em uma fase acelerada, porque o feedback recebido serve de base para muitos dos melhores testes que serão realizados. Em outras palavras, a análise quantitativa deve ser, em grande medida, complementada por essa sondagem qualitativa.

*CAPÍTULO TRÊS*

### CRIANDO RELATÓRIOS ACESSÍVEIS

Uma última consideração sobre dados: é importantíssimo comunicar os resultados das análises e testes realizados do modo mais simples e acessível possível. De nada adianta ter monitorado as métricas certas e estudado os números corretos se ninguém do time, além dos analistas de dados, conseguir compreender os resultados. Sem esse entendimento, a informação não levará a ações relevantes. Planilhas imensas de dados de usuários, consultas de bancos de dados e gráficos altamente técnicos, em geral de enorme valor para profissionais de análise de dados, podem intimidar e até paralisar o restante da equipe. Por isso é tão importante criar relatórios que demonstrem claramente seu progresso nas métricas que representam suas verdadeiras alavancas de crescimento, como sua NSM, usando um dashboard, ou painel.

Somos grandes fãs do dashboard, porque, primeiro, ele ajuda a equipe a se concentrar nas principais tendências ou métricas e, segundo, permite que os resultados sejam compartilhados com toda a empresa, o que incentiva uma participação maior nas campanhas de crescimento. Quando eu, Sean, pedi a todo o pessoal da GrowthHackers e a conselheiros e assessores de confiança que participassem do processo de gerar ideias para expandir a comunidade, recebi uma avalanche de excelentes sugestões e muitas delas ajudaram a dar uma bela guinada no crescimento.

Ao tornar os dados mais acessíveis para a organização inteira, você mantém os membros da empresa focados na NSM e em outras métricas relevantes. Isso incentiva todos, e não só o time de crescimento, a exibir um comportamento mais baseado em dados. Quando era VP sênior de crescimento da plataforma Freelancer.com, Willix Halim testou se a exposição de dashboards de resultados tinha algum impacto no desempenho das equipes e descobriu que o acesso constante às métricas pelas quais a equipe era responsável aumentava sua capacidade de exercer impacto positivo nos resultados.[16]

Para ter uma ideia do tremendo valor que um relatório de fácil compreensão pode ter, veja a figura a seguir, que mostra o grau de complexidade a que pode chegar uma planilha típica usada por times de crescimento para monitorar as métricas mais relevantes.

Cedida por Dan Wolchonok, gerente sênior de produto da HubSpot, nessa planilha há informações de valor inestimável, mas os números podem intimidar quem não sabe ler e analisar um relatório desse tipo e comprometer sua capacidade de tomar alguma atitude diante dos dados apresentados.

### Relatório típico de growth tracking

Vejamos, em comparação, como é fácil detectar tendências relevantes nos gráficos a seguir, criados no Pinterest e apresentados por John Egan, engenheiro de crescimento da empresa, em um post em seu blog sobre as 27 principais métricas que o Pinterest acompanha.

CAPÍTULO TRÊS

**Sign-ups por tipo de referrer**

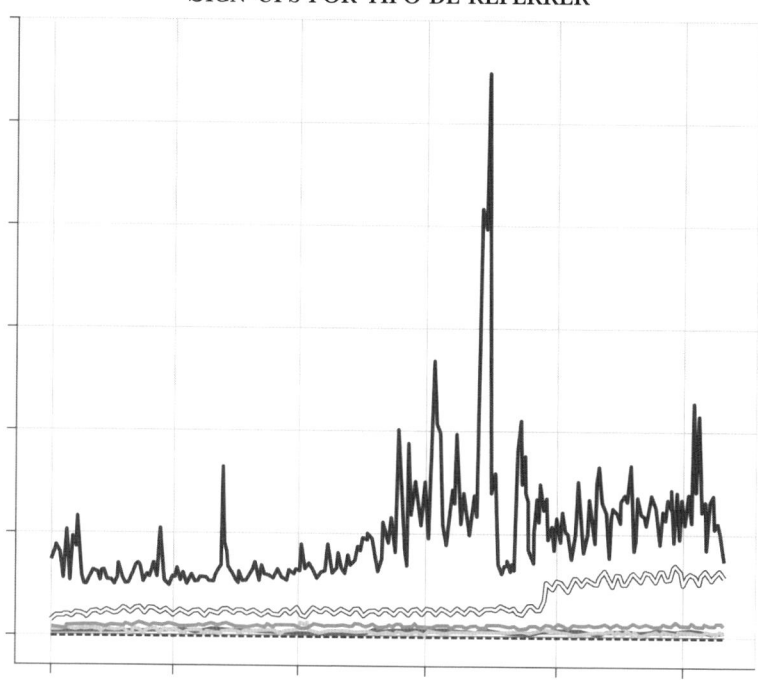

**Reativações por plataforma**

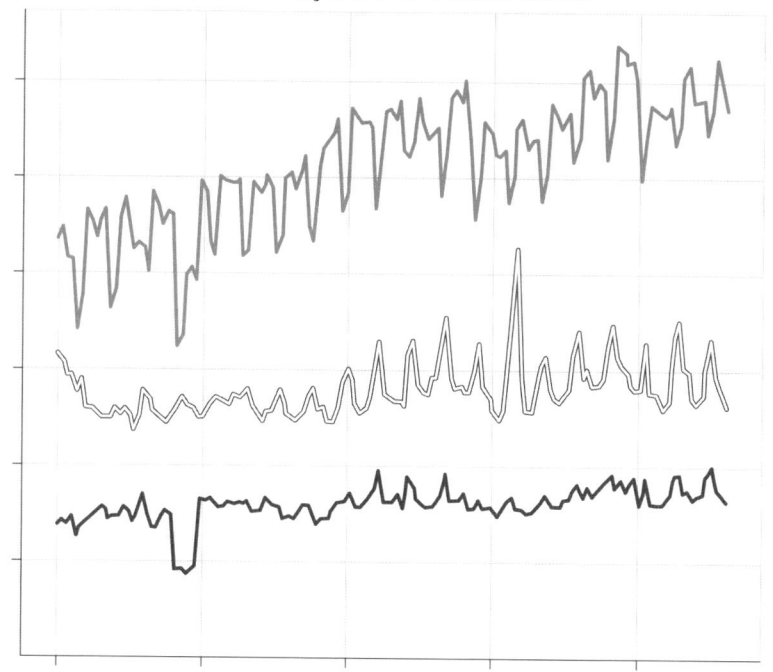

*Como identificar suas alavancas de crescimento*

111

**REATIVAÇÕES POR REFERRER**

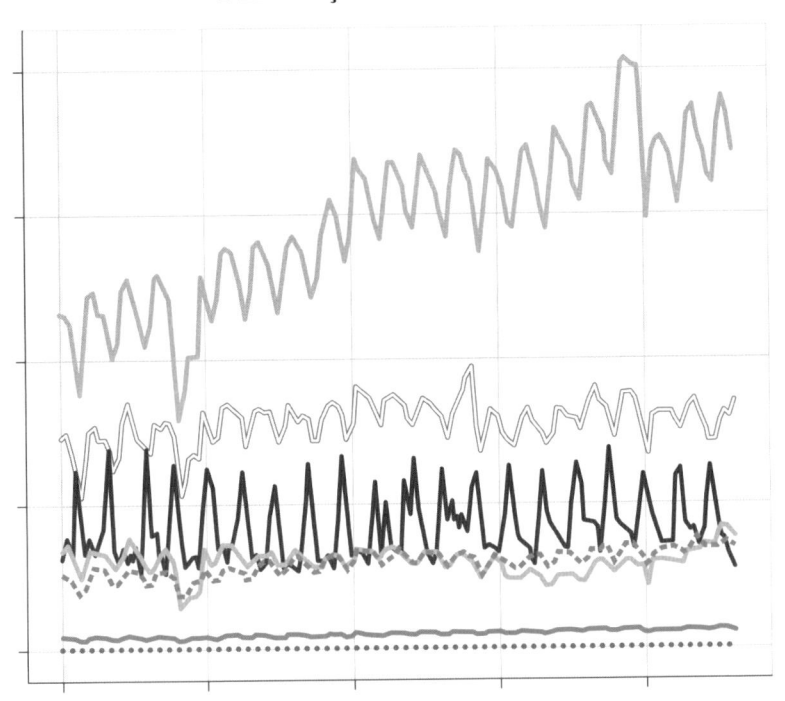

*Dashboards de crescimento do Pinterest[17]*

Em cada um dos gráficos, imediatamente é possível discernir tendências claras, embora não saibamos ao certo quais são, pois Egan omitiu detalhes nas versões aqui apresentadas por seu caráter confidencial. É preciso ter critério na hora de distribuir as informações e muito cuidado com tudo o que for partilhado com o resto da empresa e, sobretudo, com gente de fora.

Criar um dashboard desses não é um bicho de sete cabeças. O mercado está cheio de ferramentas para montar visualizações claras de dados, desde aplicativos simples pensados para pequenas startups, como Geckoboard e Klipfolio, até soluções mais sofisticadas, como Tableau e Qlik Sense. Seja qual for sua escolha, os relatórios devem trazer informações reveladoras e incitar à ação e não apenas "vomitar dados", como diz Avinash Kaushik, especialista em Google Analytics.[18] Divulgar métricas de maneira atabalhoada só cria confusão. A meta é, antes de tudo, trazer clareza às métricas mais relevantes. Nesse sentido, o dashboard tem de conter só informações sobre o que for mais relevante para as alavancas de crescimento. Além disso, os dados precisam ser apresentados de um jeito "acionável". As métricas devem ser expressas como uma razão, não um número absoluto. Informar o total de usuários adquiridos, por exemplo, é algo estático que pouco revela. É bem melhor revelar quantos usuários foram adquiridos por dia ou semana, pois o dado pode ser comparado ao de períodos anteriores para ver se melhorou ou piorou. Além disso, todo número tem de vir acompanhado de um indicador que revele se é maior, menor ou o igual ao precedente. Isso pode ser feito mostrando o percentual de variação em relação ao período anterior ou usando alguma cor para que a equipe saiba quando um número está aquém ou além de onde deveria estar.

Também é possível comparar números a metas. Na Inman, por exemplo, a equipe compara os resultados de crescimento de assinantes com metas estipuladas para o trimestre para ver se estão acima ou abaixo delas. Um dashboard deve ajudar o time a determinar se o negócio está crescendo o bastante e a responder a perguntas de maneira rápida e clara com as informações que oferece. Embora criar visualizações de dados seja uma verdadeira arte, um analista talentoso pode, em colaboração com o líder de crescimento, criar dashboards informativos e acionáveis para que a equipe fique de olho nas métricas que mais importam.

### Montando o quebra-cabeça

Para entender como a identificação de alavancas de crescimento, a elaboração de análises e relatórios detalhados e a complementação de tudo isso com conversas com clientes podem ajudar a empresa a encontrar e otimizar oportunidades de crescimento, vejamos como Josh Elman e o time de crescimento do Twitter descobriram que uma pessoa que seguia pelo menos outras 30 se tornava um usuário muito ativo e fiel. Elman fez essa primeira descoberta com uma análise de coorte, tipo de análise que segmenta clientes ou usuários de acordo com algum traço que tenham em comum. Para o Twitter, uma segmentação básica pode ser pelo mês que os usuários começam a usar a plataforma, algo fácil de determinar. Com um cache de dados grande e detalhado, dá para criar coortes bem mais específicas, como pessoas que entram no Twitter até cinco vezes por dia, mas nunca tuitam ou só o fazem no fim de semana, ou ainda aquelas que adicionam dez ou mais seguidores semanalmente.

Na época, o problema do Twitter era a retenção de usuários. Muitas pessoas abriam a conta, porém nunca usavam o serviço. Paralelamente, um grupo bem menor se tornava bastante ativo. O que Elman e a equipe fizeram foi dividir os usuários em coortes com base no número de dias por mês que entravam no Twitter. Ao comparar esse número com o de visitas feitas pelos mesmos usuários no mês seguinte, descobriram algo impressionante: no grupo que abria o Twitter pelo menos sete vezes por mês, a retenção no mês seguinte era muito alta, entre 90% e 100%.

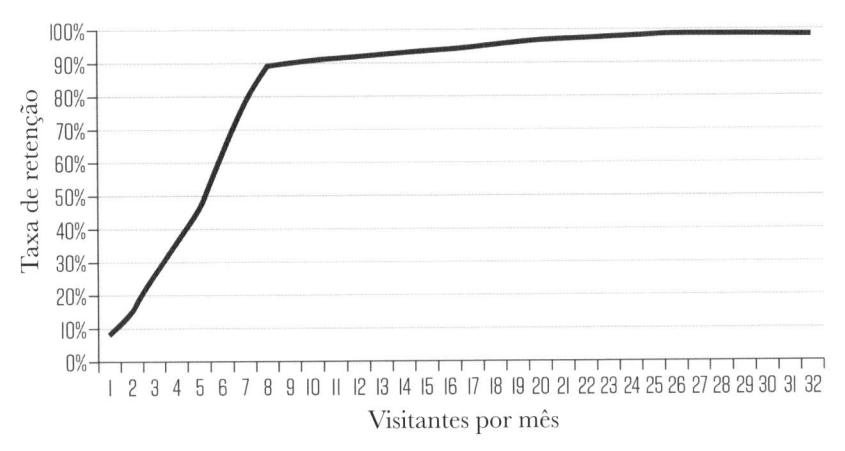

**TAXA DE RETENÇÃO COM BASE NO NÚMERO DE VISITAS NO PRIMEIRO MÊS**

Em seguida, os usuários foram divididos em três coortes: usuários frequentes, que entravam pelo menos sete vezes por mês; usuários ocasionais, que entravam com menos frequência; e usuários

## CAPÍTULO TRÊS

frios, que depois da primeira vez nunca voltavam. Com isso, o time constatou que só 20% dos que entravam na plataforma viravam usuários frequentes. O passo seguinte foi fazer uma análise de correlação: buscar, dentro de um grupo, condutas similares e não exibidas por usuários de outras coortes. A análise do grupo de retenção elevada, que entrava pelo menos sete vezes por mês, revelou que essas pessoas costumavam seguir vários outros usuários (por volta de 30). Algumas seguiam muito mais, mas 30 parecia ser o "tipping point": a partir desse número, os usuários voltavam ao site.

No entanto, Elman e a equipe não pararam aí. Sabiam que, como reza o mantra da estatística, correlação não significa causalidade. Àquela altura, eles podiam simplesmente tentar aumentar o número de pessoas que os usuários seguiam, o que talvez até trouxesse resultados razoáveis. Mas quem disse que o puro desejo de seguir um número considerável de pessoas era a razão pela qual o usuário se convertia em frequente ao atingir a marca dos 30? Na dúvida, a equipe esmiuçou ainda mais os dados e achou outra correlação: a conversão de uma pessoa em usuário ativo tinha a ver também com quantas daqueles 30 ou mais a seguiam de volta. A probabilidade de que a pessoa virasse um usuário frequente do Twitter não subia quanto mais gente a seguisse de volta, como seria o esperado. Aqueles que, de fato, se tornavam usuários assíduos eram os que passavam a ser seguidos por apenas um terço das pessoas que eles mesmos seguiam. E por que isso acontecia? Para achar a resposta, foi preciso entrevistar os usuários. O que a equipe descobriu foi que, se muito mais que um terço das pessoas que o usuário seguia também o seguisse, o Twitter parecia apenas mais uma das opções de rede social. Já se menos de um terço das pessoas que o usuário seguia o seguisse de volta, o Twitter lembrava um site de notícias, e já havia muitos por aí. O valor singular do Twitter como fonte de informações sobre o mundo da pessoa só ficava claro quando se atingia aquela proporção de um a dois terços.

A equipe também fez entrevistas para entender o comportamento de outra coorte específica: usuários que tinham entrado em "coma", ou seja, sumido por um tempo e, de repente, voltado e se tornado ativos. Ao falar com essa turma por telefone, a equipe descobriu exatamente o porquê: quando tinham começado a usar a plataforma, essas pessoas achavam que o Twitter só servia para tuitar, para difundir mensagens, sobretudo com fins promocionais. Como não tinham interesse nisso, caíram fora. Foi então que algum conhecido comentou que estava seguindo, por exemplo, uma celebridade ou alguém respeitado na profissão ou na comunidade da pessoa. Naquele instante, o "refugiado" percebia o valor do Twitter como instrumento para se conectar e se informar com os outros. A conclusão era clara: o número de pessoas que seguiam um usuário e eram seguidas por ele constituía a principal alavanca para o crescimento da rede – informação que a equipe usou para calibrar o mecanismo de sugestão de pessoas que um usuário deveria seguir.[19]

Como mostra o exemplo do Twitter, identificar sua equação de crescimento e as principais métricas a melhorar – e instituir os mecanismos certos de tracking, coleta de dados e compartilhamento de informações (reporting), incluindo o feedback de clientes – para descobrir e monitorar suas principais alavancas de crescimento é o primeiro e importantíssimo passo para ter bons resultados com o growth hacking. Agora, você está pronto para colocar seu motor de crescimento em ação. É hora de apresentar o processo detalhado que criamos para definir quais as melhores ideias a testar; fazer testes do modo mais eficiente possível; conduzir uma reunião de crescimento altamente disciplinada; e aprender com os resultados para evoluir com base nessas descobertas e acelerar seu motor de crescimento.

*CAPÍTULO QUATRO*

## Testando em ritmo acelerado

Aprender depressa para aprender mais é a meta – e o grande benefício – do processo de testes em ritmo acelerado do growth hacking.

Que empresa cresce mais? A que aprende mais rápido. É muito simples: quanto mais experimentos são feitos, mais se aprende. Esse alto volume é o ideal porque, na maioria dos casos, o resultado não é o esperado. Alguns testes são inconclusivos: os resultados até sugerem que a ideia é boa, mas não são contundentes o bastante para respaldar a mudança testada. Outros trazem pequenas vitórias. Poucos levam a saltos espetaculares. Para ter algum ganho, grande ou pequeno, é preciso apostar alto.

Vale lembrar que, no growth hacking, um grande sucesso costuma ser resultado de pequenas vitórias acumuladas ao longo do tempo. Cada lição aprendida cria um desempenho e ideias melhores que, quando testadas, produzem mais vitórias e acabam transformando esses pequenos avanços em uma grande vantagem competitiva.

Peep Laja, renomado especialista na otimização de taxas de conversão – a ciência de converter mais visitantes de um site ou aplicativo em clientes –, observa que um aumento mensal de 5% na taxa de conversão gera um avanço acumulado de 80% ao final de um ano. Se sua empresa estiver atraindo visitantes com anúncios em sites de busca, esse aumento na conversão cortaria pela metade o custo com publicidade por cliente. O mesmo princípio vale para outras áreas da organização. Aliás, pequenos aumentos na retenção podem ter um efeito ainda maior. Um grupo de pesquisadores da Bain & Company e da Harvard Business School descobriu que um aumento de 5% na retenção faz o lucro subir entre 25% e 95%, pois, ainda que o aumento seja pequeno, o crescimento da receita se acumula durante toda a permanência do cliente.[1]

Este capítulo vai mostrar como fazer testes em ritmo acelerado para produzir ganhos dessa natureza e de efeito cumulativo.

### O RITMO ACELERA COM O TEMPO

O volume e o ritmo dos testes que uma equipe de growth hacking pode fazer dependem muito do porte da empresa e dos recursos disponíveis. Os melhores times de crescimento costumam fazer entre 20 e 30 testes por semana e, em alguns casos, até mais. Uma startup em fase inicial talvez consiga fazer um ou dois semanalmente. Startups em estágio mais avançado e companhias grandes e já estabelecidas podem partir com volumes bem maiores. Seja qual for o porte da organização ou equipe, para maximizar o número de experimentos e os ganhos obtidos, é fundamental ter um processo rigoroso, que permita a criação de um fluxo de boas ideias e sua correta priorização. Isso permite realizar testes de maneira contínua com o máximo de velocidade possível, sem descuidar da execução, ou produzir resultados inválidos, ou ainda perder tempo com brainstormings e discussões infindáveis sobre a ideia a ser testada.

Nossa orientação é que a equipe comece devagar e acelere o ritmo à medida que tiver domínio do processo. Tentar fazer testes demais logo no início pode levar a uma execução desastrosa, deixar o time confuso e, caso as metas não sejam batidas, afetar seu moral. Realizar testes malprojetados mais atrapalha do que ajuda. Assim como ninguém participa de uma prova de triatlo sem treinar bastante antes, não é recomendável começar um processo de growth hacking em ritmo acelerado – é pedir para dar errado.

Criamos um ciclo com quatro fases e uma série de ferramentas simples, mas de alto impacto, para garantir que um time de crescimento opere como uma máquina de testes acelerada, bem-preparada e calibrada. É o que veremos a seguir.

*CAPÍTULO QUATRO*

## O Ciclo do growth hacking

Vamos recordar as etapas do processo: análise de dados e busca de insights, geração de ideias, priorização de experimentos, execução de testes e, então, retorno à etapa da análise para examinar os resultados e decidir que medidas tomar, tudo em um ciclo contínuo. Seja qual for o produto ou aspecto a ser testado, o ciclo deve ser concluído em intervalos regulares, de preferência de uma ou duas semanas (na GrowthHackers, é de uma semana). O ciclo é administrado em uma reunião semanal de uma hora, na qual o time de crescimento avalia os resultados e define quais testes serão feitos na semana seguinte.

**Ciclo do growth hacking**

Análise → Ideação → Priorização → Teste → Análise

Para demonstrar o funcionamento do processo do início ao fim, usaremos o caso hipotético de um time de crescimento de uma tradicional rede de supermercados. Esse processo pode ser utilizado por qualquer equipe ou empresa e para qualquer produto ou projeto: softwares, lojas virtuais, produtos de mídia, depósitos de material de construção, blogs ou até uma campanha isolada de publicidade ou relações públicas. Vamos descrever o que cada membro da equipe deve fazer em cada uma das etapas e também sugerir um modelo de pauta que mostra exatamente como conduzir a reunião de crescimento.

### Preparando para decolar

Antes de iniciar o ciclo, é preciso reunir a equipe e explicar como o processo vai acontecer. O líder de crescimento determina o papel que cada um exercerá, dos pontos de vista individual e de equipe, para respaldar o trabalho de todo o time e explica os métodos para gerar e priorizar ideias, que apresentaremos neste capítulo. Na sequência, pede ao analista de dados que apresente os resultados de uma análise inicial. Isso feito, elenca as principais alavancas de crescimento, qual será a métrica NSM, a área de foco e as metas da equipe. O time, então, define qual a meta de volume e ritmo dos testes que serão realizados em cada semana, ou seja, quantos testes é factível projetar e executar semanalmente. Em geral, analistas de dados e engenheiros têm know-how suficiente para fazer essa primeira avaliação, que sofrerá, naturalmente, ajustes à medida que o processo avançar.

Digamos que o time de crescimento de nossa hipotética rede de supermercados tenha sido incumbida de aumentar o volume de vendas por meio do novo aplicativo mobile. Lançado há alguns meses com uma grande campanha de marketing tradicional, a novidade atraiu um bom público inicial, alcançando a marca de 100 mil downloads. Entretanto, as compras pelo novo aplicativo ainda estão baixas. Em vez de promover outra grande campanha de aquisição de clientes, a empresa decide experimentar o growth hacking.

O pessoal que desenvolveu o aplicativo fez um bom trabalho. O app tem recursos de análise capazes de gerar informações extremamente úteis sobre o comportamento dos clientes durante o uso do aplicativo. Essa equipe também testou a novidade com potenciais usuários durante a fase de desenvolvimento e o feedback deles indicou que o produto é bom. Há um monte de recursos ba-

## CAPÍTULO QUATRO

canas, como busca e disponibilidade de produtos, recomendações, receitas saudáveis e opção de compra com um clique de todos os ingredientes para prepará-las, além de uma calculadora de calorias que apresenta rapidamente ao consumidor o perfil calórico de um ingrediente em particular ou de uma refeição completa. Os criadores do aplicativo também apostaram na ideia de que o público gostaria de um recurso para filtrar a busca por alimentos sem glúten, kosher e orgânicos. Resumindo, o aplicativo é impressionante. Não dá para entender por que não está gerando mais vendas.

Para descobrir os motivos dos parcos resultados das vendas, a empresa contrata uma experiente líder de crescimento. A primeira providência dela é montar um time com pessoas dos departamentos de marketing, engenharia, produto e data science. Isso feito, a equipe tem de descobrir qual é o momento aha dos usuários ativos do aplicativo e o que diferencia essa turma do restante do público. Digamos que a investigação inicial tenha mostrado que o momento aha é a conveniência em fazer compras de supermercado pelo celular e receber as compras em casa no dia seguinte. Para a primeira reunião, a líder do time e os especialistas em marketing e dados trabalham na definição da equação de crescimento do aplicativo e chegam à seguinte conclusão:

NÚMERO DE INSTALAÇÕES × NÚMERO DE USUÁRIOS ATIVOS POR MÊS × NÚMERO DE COMPRADORES × VALOR MÉDIO DO PEDIDO × TAXA DE COMPRA RECORRENTE = VOLUME DE CRESCIMENTO

Eles determinam que a métrica NSM deve ser a receita mensal por cliente, porque o objetivo final é vender mais. A equipe não quer se limitar a levar mais pessoas a usar o aplicativo, e sim criar uma ampla base de consumidores frequentes, que façam compras substanciais e de maneira regular. Com o momento aha identificado, o data tracking ativado, as principais métricas definidas e a equipe montada, é hora de iniciar o processo de growth hacking em ritmo acelerado.

Na primeira reunião de crescimento, não há decisões sobre os testes que serão feitos. Os membros da equipe têm de reservar essa semana depois da reunião inicial para gerar e ponderar ideias de testes a serem feitos no primeiro ciclo. Tais ideias serão discutidas e selecionadas na reunião de crescimento da semana seguinte. Continuaremos com a equipe do aplicativo da rede de supermercados ao longo deste capítulo para visualizar que ideias a equipe terá e como, exatamente, deve transcorrer o processo de testes.

### Fase 1: análise

Nessa etapa, a líder de crescimento e o analista de dados examinam os dados gerados pelos usuários iniciais e tentam identificar grupos com características distintas, começando por separar os usuários frequentes daqueles que nunca ou quase nunca utilizam o app depois de baixá-lo. Para começar a identificar as oportunidades de crescimento, eles fazem as seguintes perguntas:

Como se comportam os melhores clientes?
- Que funcionalidades ou recursos usam?
- Que telas do aplicativo visitam?
- Com que frequência abrem o aplicativo?
- O que compram?
- Qual o valor médio de seus pedidos?
- Em que dias e horários fazem compras?

Quais as caraterísticas dos melhores clientes?
- Como se deu sua aquisição: por meio de publicidade, e-mail promocional para a base de clientes da empresa ou outra forma?
- Que aparelho usam?
- Qual é seu perfil demográfico, incluindo idade, renda e outras informações?
- Onde moram?
- Qual sua proximidade de um supermercado da rede ou de outras lojas?
- Que outros aplicativos utilizam?

Que situações levam usuários a sair do aplicativo?
- Que telas do aplicativo têm a maior taxa de saída?
- Há alguma falha ou bug impedindo os usuários de realizar uma ação específica?

## CAPÍTULO QUATRO

- Como são os preços no aplicativo em comparação com os de outros serviços?
- Que ações esses usuários (os que saem do aplicativo) não fazem, mas os usuários que compram fazem?
- Que caminho percorrem no aplicativo e quanto tempo passam no app antes de sair dele?

Enquanto o analista de dados está processando essas informações, o especialista em marketing do time faz uma série de pesquisas e entrevistas com usuários com os seguintes objetivos: levantar informações demográficas e psicográficas sobre essas pessoas; descobrir seus hábitos de consumo, tanto no meio digital como no físico; e, por fim, saber quais são seus aplicativos favoritos e o uso que fazem de dispositivos móveis.

Os resultados da análise de dados e as respostas às pesquisas e entrevistas são sintetizados em relatórios pelo analista de dados e pelo especialista em marketing e distribuídos para toda a equipe antes da primeira reunião de crescimento, marcada para dali a uma semana. Antes da reunião, a líder de crescimento faz um resumo das informações levantadas até o momento, sublinhando vários traços interessantes que diferenciam usuários que compram regularmente pelo aplicativo daqueles que nunca compraram ou só compraram em uma ou duas ocasiões.

O primeiro dado é que o segmento de consumidores frequentes gasta um valor médio acima de US$ 50, pouco mais que o valor mínimo para a entrega grátis. Além disso, um grande número desses clientes assíduos compra, em cada pedido, várias unidades do mesmo item, em um claro sinal de que o artigo é de primeira necessidade. Por último, a maioria dos usuários mais ativos chega ao aplicativo pela versão mobile do site do supermercado.

Com base nessa análise, a equipe tem várias ideias para crescer e está pronta para a primeira reunião, na qual vai discutir os resultados até ali, avaliar as primeiras ideias a explorar e traçar uma rota para começar a testar novos meios de aumento da receita, com a realização de uma primeira leva de testes com os usuários.

FASE 2: IDEAÇÃO

Ideias são o combustível do crescimento, e é necessário todo um pipeline cheio delas para gerar um fluxo contínuo. O renomado químico Linus Pauling dizia que, "para ter uma boa ideia, é preciso ter muitas". Daí uma ideação sem limites ser fundamental para o processo de growth hacking. Isso não significa que na hora de testar as ideias não haverá restrições, pois os testes têm de ser rigorosamente priorizados. No entanto, é preciso incentivar o time de crescimento a dar asas à imaginação e sugerir toda ideia que vier à cabeça. Isso vai garantir o volume necessário para que se encontre um diamante bruto aqui, outro ali.

Em nosso exemplo, nos primeiros quatro dias após a reunião, todos os membros da equipe deveriam apresentar o maior número possível de ideias de hacks para aumentar a receita com os usuários do aplicativo. Nessa hora, nada de autocensura: nenhuma ideia é absurda demais para ser sugerida. Embora cada integrante do time seja responsável por sugerir ideias ligadas a sua área de especialização, é permitido apresentar ideias em outras áreas. O designer de experiência do usuário pode, por exemplo, propor mudanças no layout das telas; o especialista em marketing, pensar em formas distintas para incentivar os usuários a fazer a primeira compra; e os engenheiros, dar ideias para aumentar a velocidade do aplicativo.

O líder de crescimento precisa instituir um sistema de gestão de projetos para coordenar as sugestões e a gestão das ideias, bem como o tracking e a apresentação dos resultados. É bom lembrar que a colaboração multifuncional e o compartilhamento de informações são pilares do growth hacking, daí ser fundamental que todos na equipe tenham acesso ao crescente banco de ideias e possam contribuir para ele a qualquer tempo. Na GrowthHackers, criamos um software próprio para essa finalidade, o Projects. Qualquer pessoa autorizada a usar o programa pode apresentar ideias e monitorar, comentar e avaliar os experimentos e seus resultados. Há uma série de softwares de projetos que podem ser utilizados para facilitar a gestão dos experimentos e a comunicação entre os membros da equipe em relação ao status de cada teste.

## CAPÍTULO QUATRO

Para ser incluída no pipeline de ideias, uma sugestão deve obedecer a um formato padronizado. Essa padronização é importante para a equipe conseguir avaliar prontamente qualquer ideia, sem ter de fazer muitas perguntas. Em vez de sugestões vagas como "Nosso formulário de sign-up é muito complicado; precisamos facilitar o cadastro", cada sugestão tem de explicar com clareza que mudança testar, o raciocínio que leva a crer que tal mudança pode melhorar os resultados e a explicação de como medir os resultados.

Para mostrar qual o estilo certo de apresentação de ideias, voltemos à equipe do aplicativo mobile da rede de supermercados. As ideias geradas naquela primeira semana entre a primeira e a segunda reunião da equipe provavelmente têm relação com vários métodos para gerar mais receita. Certas ideias podem ter como objetivo convencer as pessoas que baixaram o aplicativo, mas ainda não compraram, a fazer a primeira compra. Outros hacks talvez sejam direcionados a quem já comprou usando o aplicativo, para tentar fazer com que comprem com mais frequência ou aumentar o valor médio de compras subsequentes. Ou, então, a equipe pode testar iniciativas para fazer com que um número ainda maior de pessoas que visitam o site da empresa usem o aplicativo, pois os dados mostraram que os melhores clientes são aqueles que chegam ao aplicativo depois de acessar o site.

Digamos que o gerente de produto da equipe do aplicativo tenha a ideia de criar uma lista de compras, um recurso que salve a relação de coisas que o usuário comprou anteriormente para que seja mais fácil voltar a pedi-las. A ideia deve ser apresentada no seguinte formato:

> NOME DA IDEIA: descobrimos que a discussão fica mais fácil e eficiente quando cada ideia recebe um nome. Para garantir concisão e clareza, na GrowthHackers há um limite de 50 caracteres. Nesse exemplo, vamos chamar a ideia do recurso de "Lista de compras".
>
> DESCRIÇÃO DA IDEIA: para entender como deve ser a descrição de uma ideia, o melhor a fazer é pensar em um resumo

executivo. É preciso definir o quem, o quê, o onde, o quando, o porquê e o como da ideia. *Quem* é o alvo? Todos os visitantes, somente novos usuários, usuários recorrentes ou usuários oriundos de uma fonte específica de tráfego? O *que* vai ser criado? Um novo texto de marketing ou um novo recurso? *Onde* o novo texto ou o novo recurso vai aparecer? Na tela inicial do aplicativo ou em outro lugar? *Quando* vai aparecer durante o uso pelo cliente? Na landing page, quando o visitante chega ao site? Além disso, a descrição deve incluir o *porquê* – a lógica por trás da ideia – e o *como* – uma recomendação do tipo de teste a ser feito, como um teste A/B, um novo recurso ou uma nova campanha publicitária.

No caso da lista de compras, a descrição feita pelo gerente de produto poderia ser mais ou menos assim:

Facilitar a visualização de itens comprados anteriormente e a repetição do pedido vai aumentar o número de pessoas que compram de novo e, possivelmente, a frequência de compras. Deixar mais conveniente o processo de repetir compras deve aumentar essa atividade. O recurso de lista de compras, a ser incluído na navegação do aplicativo e oferecido a todos os usuários, vai facilitar a vida deles na hora de salvar artigos favoritos e voltar a pedi-los. O recurso deve ser testado com um grupo inicial de usuários antes de ser disponibilizado para todos.

HIPÓTESE: como em qualquer outro tipo de experimento, a hipótese deve ter um enunciado simples de causa e efeito esperados. Mais uma vez, é preciso ser específico. Dizer "O número de pessoas que voltam a abrir o aplicativo e usá-lo para comprar não é suficiente; devemos incentivar essa atividade" é, simplesmente, constatar o problema e indicar um rumo geral para melhorar. Em vez disso, uma hipótese poderia ser: "Se for mais fácil para o consumidor visualizar os itens que comprou antes e voltar a pedi-los, o número de pessoas que voltam a comprar aumentará 20%".

Algumas equipes optam por indicar na hipótese o avanço que esperam obter. A vantagem disso é deixar bem claro o que seria considerado um sucesso. Se o time estiver esperando um ganho de 40% e só conseguir 5%, haverá muito trabalho pela frente. De outro lado, prever os resultados de um teste é, quando muito, uma ciência inexata e, portanto, certas equipes nem se dão ao trabalho de fazê-lo. Na GrowthHackers, indicamos um avanço esperado, que é calculado com base em experimentos similares anteriores, em dados de benchmarking disponíveis online e em estimativas aproximadas da quantidade de pessoas que provavelmente verão o experimento e do impacto esperado em sua conduta atual.

MÉTRICAS A SEREM LEVANTADAS: é preciso especificar que métricas serão monitoradas para avaliar o resultado do teste. A maioria dos experimentos deve incluir mais de uma métrica, pois às vezes, quando um indicador melhora, outros pioram. Digamos que uma equipe esteja testando um novo formulário de sign-up na landing page; um resultado possível é que, ao facilitar o processo, o novo layout aumente o número de novos cadastros, mas que esse novo público seja menos engajado que o anterior, por não ter entendido exatamente o que estaria ganhando ao se cadastrar – o que, no final, pode ser um grande obstáculo ao crescimento.

Para saber o que monitorar, é preciso identificar que métricas serão afetadas pelo experimento na ponta "downstream". No caso da lista de compras, as métricas a monitorar são o número de clientes que usam a lista de compras, o número de itens incluídos em cada lista, o número de compras recorrentes, a frequência com que a pessoa volta a comprar e o valor médio de cada pedido. Essas métricas ajudarão o time de crescimento a avaliar o teste e seu impacto nos indicadores que importam. O escopo da mensuração abrange o número de pessoas que usam o novo recurso e, ainda, o impacto do recurso no comportamento de consumo desses usuários, o que indicará à equipe se o experimento melhorou a principal métrica – a receita por consumidor – e se a hipótese inicial era válida ou não, incluindo se aumentou a taxa de pedidos recorrentes de usuários do aplicativo que experimentaram o recurso.

### Uma ideia no software projects

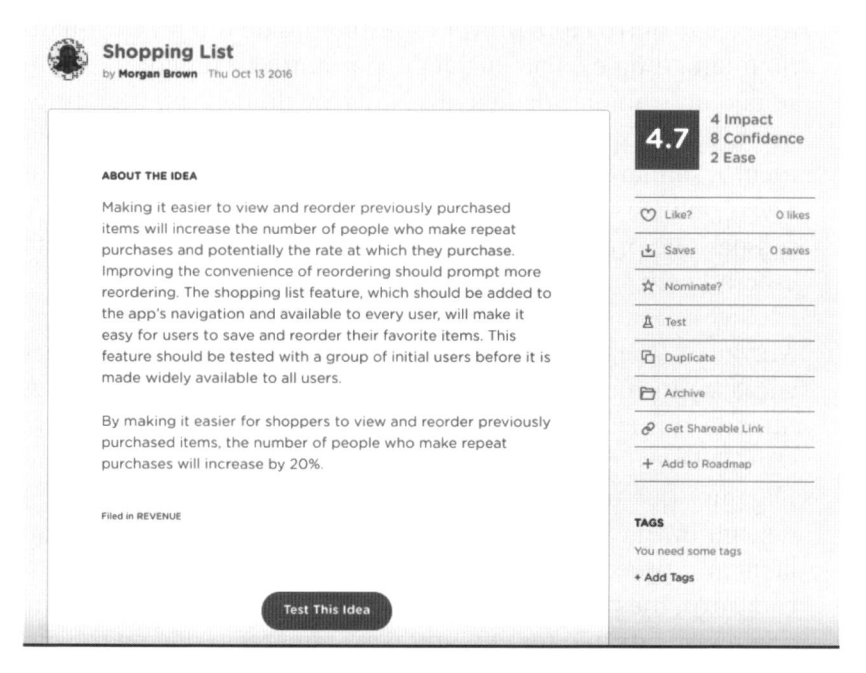

**Shopping List**
by Morgan Brown  Thu Oct 13 2016

**4.7**
4 Impact
8 Confidence
2 Ease

**ABOUT THE IDEA**

Making it easier to view and reorder previously purchased items will increase the number of people who make repeat purchases and potentially the rate at which they purchase. Improving the convenience of reordering should prompt more reordering. The shopping list feature, which should be added to the app's navigation and available to every user, will make it easy for users to save and reorder their favorite items. This feature should be tested with a group of initial users before it is made widely available to all users.

By making it easier for shoppers to view and reorder previously purchased items, the number of people who make repeat purchases will increase by 20%.

Filed in REVENUE

- ♡ Like?    0 likes
- ⬇ Saves    0 saves
- ☆ Nominate?
- ⚗ Test
- ⎘ Duplicate
- 🗂 Archive
- 🔗 Get Shareable Link
- + Add to Roadmap

**TAGS**
You need some tags
+ Add Tags

**Test This Idea**

---

Vale lembrar que, quanto mais ideias entrarem no pipeline, maior a chance de sair dali algo de bom que promova o crescimento. Na próxima fase do ciclo, será hora de instituir um processo para filtrar as ideias geradas e decidir o que testar imediatamente, mais tarde ou nunca.

Uma última consideração: já que a meta aqui é gerar o máximo de ideias possível, o melhor mesmo é que, ao final, as ideias venham não só do time de crescimento, mas de profissionais de toda a empresa. A equipe de vendas talvez tenha uma informação importantíssima sobre as queixas dos clientes ou o marketing pode ter descoberto uma nova plataforma para testar iniciativas de aquisição. E, embora no começo a meta seja tirar proveito da criatividade de quem trabalha na empresa, com o tempo seria bom pensar em pedir ideias a fornecedores e parceiros externos. Quem vê de fora pode dar sugestões muito boas e ajudar a equipe a parar de agir com noções preconcebidas sobre o que

## CAPÍTULO QUATRO

deveria ou não ser testado. É possível, por exemplo, que uma pessoa que trabalhou com um negócio parecido ao seu saiba de uma tática que deu resultados muito bons em outra empresa. Pedir ideias a clientes – sobretudo aos mais entusiasmados – também pode ser bastante esclarecedor. Em geral, esse pedido é bem-vindo e o cliente talvez até conheça mais o produto que a própria equipe.

Na GrowthHackers, o processo de ideação ficou, no início, restrito aos membros do time de crescimento. Entretanto, vimos que isso levava a testes muito parecidos. Decidimos, então, pedir ideias a outros colegas. No começo, cometemos o erro de não avisar quais eram as alavancas de crescimento nem que métricas estávamos buscando, o que levou a respostas vagas como "Vocês precisam de ajuda com o quê?" ou "Se pensar em algo, eu aviso". Quando deixamos claro o que desejávamos, houve uma enxurrada de ótimas ideias. O resultado foi tão bom que abrimos o processo de ideação a investidores e assessores e, a certa altura, a membros de confiança da comunidade de growth hackers.

Primeiro, recebemos ideias por e-mail e ajustamos nós mesmos o formato para incluí-las no pipeline. Depois que criamos o software Projects, todos que convidamos foram autorizados a acessar o programa para apresentar suas ideias.

E, verdade seja dita, algumas das melhores ideias que a equipe já testou vieram de fora. Um dos membros mais ativos da comunidade, por exemplo, propôs que fizéssemos uma sessão de perguntas e respostas no site com profissionais renomados da área de growth hacking, o que, de lá para cá, virou um importante gerador de tráfego e engajamento no site. Já um conselheiro nosso sugeriu táticas de SEO que tinham dado certo no site dele e que também melhoraram bastante nossa posição nos rankings de busca do Google. E estamos citando apenas duas das dezenas de ideias que vieram de fora da equipe e que deram certo.

O último passo antes da apresentação formal é dar uma nota à ideia para ajudar o restante da equipe a compará-la com outras ideias a serem testadas e definir prioridades na terceira fase. Veremos como é o sistema de pontuação e como usá-lo para classificar e escolher hacks na próxima etapa.

FASE 3: PRIORIZAÇÃO

Antes de entrarem no pool de hacks a serem considerados para teste, as ideias precisam receber uma nota por quem as apresenta. Isso ajuda a equipe a criar um ranking e definir que ideias testar e quando.

Na GrowthHackers, para organizar as ideias geradas no processo de ideação do ciclo, Sean desenvolveu o *ICE score system*, sistema de pontuação em que "ICE" se refere a impacto, confiança e *ease* (facilidade, em inglês). Vejamos como ele funciona.

### *ICE Score*

Ao dar uma ideia, seu autor a avalia em uma escala de 0 a 10 em cada um dos seguintes quesitos: potencial impacto da ideia, grau de confiança em sua efetividade e facilidade em executá-la. Em seguida, calcula a média dessas notas para atribuir uma pontuação única à ideia. O banco de ideias é organizado segundo essa pontuação, e o time de crescimento começa a testar as ideias com a nota mais elevada na área de foco que escolheu. Se no momento o foco da equipe for melhorar a retenção, por exemplo, uma ideia de aquisição de clientes altamente cotada será preterida por uma ideia voltada para a retenção de usuários, ainda que a pontuação desta última seja menor.

A seguir, damos um exemplo do formato de ranking que fazemos, usando a classificação das ideias da equipe do aplicativo da rede de supermercados. Esse ranking pode ser montado em uma planilha ou em um programa de gestão de projetos. É possível ver como a nota atribuída a cada ideia deixou claro quais são as duas melhores a testar primeiro. Ainda que a nota final das ideias nem sempre seja o fator decisivo na hora de definir se serão testadas e em que ordem – pois a equipe, depois de debater o assunto na reunião, pode decidir que há razões para optar por uma ideia com nota inferior –, o ranking é um excelente ponto de partida.

É verdade que dar uma nota às próprias ideias pode ser complicado, já que a tarefa envolve uma dose de subjetividade e a tentativa de prever o futuro. No entanto, com experiência e prática, você logo aprenderá a usar dados, resultados de testes anteriores

## CAPÍTULO QUATRO

| Ideia | Impacto | Confiança | Facilidade | Média |
|---|---|---|---|---|
| *Criar uma lista de compras para melhorar pedidos recorrentes* | 4 | 8 | 2 | 4,67 |
| *Desconto de US$ 10 na primeira compra* | 7 | 4 | 8 | 6,33 |
| *Aumentar a visibilidade da entrega grátis para pedidos acima de US$ 50* | 6 | 7 | 6 | 6,33 |
| *Melhorar o mecanismo de recomendação* | 4 | 6 | 3 | 4,33 |

e benchmarks do setor para estimar o valor de uma ideia. Além disso, seu "faro" para o potencial retorno de uma ideia tende a melhorar à medida que mais e mais ideias são testadas e você vai vendo os resultados que produzem. Com tudo, é importante entender bem o que significa exatamente cada um desses três critérios e como avaliá-los. É o que veremos agora.

IMPACTO: é a expectativa do efeito positivo que a ideia terá na métrica definida pela equipe – que, no caso do aplicativo da rede de supermercados, é a receita por usuário. Se estiver pensando que só ideias de altíssimo impacto merecem ser apresentadas, lembre-se de que a equipe precisa chegar a uma mescla de experimentos de impacto potencialmente alto, que em geral vão dar mais trabalho, e testes mais fáceis de realizar, mas que também tenham uma boa chance, ainda que não espetacular, de produzir resultados relevantes. O objetivo é privilegiar o maior número possível de testes de alto impacto, porém, se alguns forem levar semanas ou meses só na fase de preparativos, é bom tentar encaixar testes mais simples na agenda – daí a facilidade do teste também ser um componente do índice ICE.

Confiança: essa nota indica até que ponto o autor acredita que sua ideia vai produzir o impacto esperado. Deve se basear não só em conjecturas, mas em alguma evidência, proveniente da análise de dados, do exame de benchmarks do setor, de cases publicados ou de lições aprendidas de experimentos anteriores.

Se o teste for a repetição de um experimento anterior que tenha sido bem-sucedido – prática boa e popularmente conhecida na comunidade de growth hacking como dobrar a aposta (doubling down) –, a confiança será maior. Digamos que um formulário de captura de e-mail que oferecia a versão demo, gratuita, de um produto em uma landing page anunciada no Facebook tenha gerado um monte de novos e-mails. Sua ideia, agora, é testar a mesma landing page em outras fontes, como o Google. No primeiro teste, sua confiança pode ter sido relativamente baixa – nota 4, digamos –, pois você acreditava que o formulário de sign-up acabaria desencorajando os interessados. No novo teste, contudo, é possível aumentar a nota para 8, em razão do sucesso do primeiro. Se você souber que outra equipe, em sua empresa ou fora dela, já teve sucesso com o mesmo teste, a confiança também será maior.

Facilidade: a facilidade é o indicador do tempo e recursos exigidos para realizar o experimento. Ideias como reformular radicalmente a experiência de novos usuários ou o carrinho de compras no processo de checkout podem ter alto impacto, mas, em geral, não são fáceis e exigem semanas ou até meses de trabalho. O índice de facilidade ajuda o time de crescimento a manter os pés no chão na hora de encarar ideias ambiciosas e a identificar coisas mais simples e fáceis de testar ao longo do processo de growth hacking.

Antes da reunião da equipe, o líder de crescimento deve conferir as notas iniciais para ver se algum problema passou despercebi-

## CAPÍTULO QUATRO

do pelos autores das ideias, podendo sugerir que uma pontuação seja alterada com base em sua experiência prévia ou consultando outros membros do time. É importante que equipe não perca tempo tentando dar as notas "certas". A finalidade da pontuação é proporcionar uma priorização relativa, e as notas nunca serão perfeitas. Uma reunião do time de crescimento pode rapidamente fracassar se o pessoal empacar na definição do potencial impacto de um teste, por exemplo. O ranking de notas deve ser usado como uma baliza, não como o princípio e o fim da priorização de testes. Se uma nota gerar dúvidas ou preocupação, o líder de crescimento deve se valer do próprio critério e fazer a equipe continuar avançando.

Obviamente, esse sistema de classificação não é infalível e, volta e meia, um teste apresentará resultados inesperados. Às vezes, um experimento com uma classificação ruim será o mais bem-sucedido. Certa vez, na GrowthHackers, fizemos um teste bem simples: mudar a posição de um formulário de cadastro de e-mail para receber nossa newsletter semanal, a *Top Posts*. A princípio, o formulário aparecia no rodapé da homepage, pois acreditávamos que as pessoas gostariam de avaliar o conteúdo do site – ou seja, dar uma geral no feed da página inicial – antes de decidir se queriam ou não receber mais conteúdo. Foi então que Morgan teve a singela ideia de deslocar o convite do rodapé para o topo da página e aumentar a visibilidade. Para ser bem sincero, nem ele estava convencido do impacto que a mudança teria e, por isso, deu nota 4 (de um total de 10) à ideia. No entanto, decidimos testá-la mesmo assim, pois tinha nota 9 no quesito facilidade, pois a equipe de engenharia havia informado que seria relativamente fácil executá-la, e 8 no quesito confiança, porque Morgan achava que a maior visibilidade aumentaria a captura de e-mails. O resultado foi impressionante. Para surpresa de todos, o volume de sign-ups subiu 700%, muito mais do que nossa modesta expectativa sobre o impacto do teste no crescimento.

Não contamos essa história para louvar a capacidade de Morgan de ter boas ideias – ele já sugeriu muita roubada –, mas para mostrar que nosso palpite sobre uma ideia não é infalível e que não é bom sair descartando ideias só por não terem uma nota alta.

Embora usemos o sistema ICE, a comunidade de growth hacking já criou vários outros para classificar ideias. Bryan Eisenberg, considerado o pai da otimização da conversão, recomenda o dele, o sistema TIR (sigla em inglês de *time*, *impact* e *resources*, ou tempo, impacto e recursos).² Outro é o PIE (de *potential*, *importance* e *ease*, ou potencial, importância e facilidade).³ E muitas equipes desenvolvem um sistema próprio, feito para suas necessidades específicas. Embora os detalhes possam variar, todo método de ranking tem o mesmo objetivo: a classificação quantitativa de ideias para ajudar a determinar o que, dentre todas as alternativas, deve ser testado antes.

Mesmo depois de concluir o processo de classificação e de reduzir a lista de ideias àquelas que você sabe que quer experimentar, é provável que ainda haja mais ideias do que seria possível testar na semana seguinte. Além disso, algumas vão exigir um preparo que não pode ser feito em uma semana – ideias que exigem diversos códigos novos ou muito trabalho de design. Nesses casos, o certo é estipular uma data e deixar a ideia a cargo de quem estará mais envolvido nos preparativos para o teste. Se a ideia envolver programação, por exemplo, o engenheiro de software e o gerente de produto têm de dar uma estimativa de prazo ao time de crescimento; se implicar o teste de um novo canal de aquisição de clientes, o especialista em marketing será responsável por indicar o prazo.

Toda ideia que não puder ser tirada do papel durante a semana corrente deve permanecer no pipeline de testes. Talvez seja bom agendar algumas para a semana seguinte e voltar a analisar outras mais adiante. O fundamental é que a equipe priorize o que vai fazer para canalizar o tempo e os recursos a seu dispor para as necessidades mais prementes da empresa na área de foco determinada pelo líder de crescimento.

Para vermos como se dá o processo de seleção, voltemos à equipe do aplicativo da rede de supermercados, cuja meta, como sabemos, é aumentar a receita por usuário. Da lista de ideias sugeridas (reproduzida novamente a seguir), digamos que o time decida testar a de desconto na primeira compra e a de aumentar a visibilidade da entrega grátis, por terem nota alta nos quesitos impacto e facilidade de execução.

## CAPÍTULO QUATRO

| Ideia | Impacto | Confiança | Facilidade | Média |
|---|---|---|---|---|
| *Criar uma lista de compras para melhorar pedidos recorrentes* | 4 | 8 | 2 | 4,67 |
| *Desconto de US$ 10 na primeira compra* | 7 | 4 | 8 | 6,33 |
| *Aumentar a visibilidade da entrega grátis para pedidos acima de US$ 50* | 6 | 7 | 6 | 6,33 |
| *Melhorar o mecanismo de recomendação* | 4 | 6 | 3 | 4,33 |

É bem provável que o especialista em marketing da equipe fique encarregado de administrar a promoção da primeira compra e que o designer de produto cuide do teste da entrega grátis.

Suponhamos que o time também conclua que vale a pena testar a ideia da lista de compras. Já que criar esse recurso é uma tarefa bastante complexa, o líder de crescimento pede ao gerente de produto que pergunte à equipe de produto quando seria possível encaixar a tarefa na agenda. Quando receber a resposta, a equipe de crescimento vai definir um cronograma para o teste.

Nosso conselho é que a seleção de experimentos seja um processo colaborativo. Um dia antes da reunião, o líder de crescimento deve avisar ao time que é hora de conferir o pipeline de ideias e indicar os testes que, a seu ver, são os mais promissores (uma lista que pode incluir não só ideias novas, mas aquelas que já estejam no pipeline). Esses votos vão determinar que ideias serão discutidas na reunião de crescimento, quando a equipe chegará a uma decisão coletiva sobre que experimentos fazer e quando. Os votos podem ser por e-mail ou, se o sistema usado permitir, alguma forma de seleção no pipeline. No sistema Projects, da GrowthHackers, votar significa dar uma "estrela" a uma ideia, que com isso é colocada em uma lista avaliada pelo líder de crescimento e debatida na reunião. Para limitar o volume de ideias que serão discutidas, estipulamos que cada membro da equipe pode indicar no máximo três ideias por semana. As "finalistas" serão apresentadas e examinadas na reunião de crescimento, quando a equipe definirá que ideias serão testadas em seguida. A próxima seção mostra como isso é feito.

### FASE 4: TESTE

Uma vez definidos que testes serão feitos no ciclo da semana seguinte, as respectivas ideias passam para o que chamamos de fila Up Next. Essa fila pode ser uma simples planilha, se o controle for manual, ou uma lista de tarefas especial, caso a equipe esteja usando um programa de gestão de projetos. Agora é hora de os responsáveis pelos testes trabalharem com outros membros do time de crescimento e/ou com colegas dos departamentos que precisam dar alguma contribuição para preparar e executar os testes.

É aí que a colaboração entre distintas áreas realmente entra em cena. Voltando ao exemplo do aplicativo da rede de supermercados, o especialista em marketing da equipe pode buscar a ajuda do pessoal de design gráfico e e-mail para criar tanto a parte visual como o texto da promoção do desconto na primeira compra e, também, trabalhar com o analista de dados para definir o grupo de controle – o conjunto de usuários que não será incluído no experimento – e o de teste e garantir que o tracking dos resultados seja feito corretamente.

Quando o teste estiver pronto para entrar no ar, o líder de crescimento deve notificar a empresa toda de que o experimento será lançado, para evitar surpresas às outras equipes que lidam com o produto. Se houver algum entrave à execução de um teste (por exemplo, se os engenheiros estiverem ocupados com outro projeto importante e só forem ter tempo para trabalhar no hack de crescimento dali a semanas), o membro da equipe responsável deve informar o líder de crescimento imediatamente, para que este considere substituí-lo por outros testes na fila.

# CAPÍTULO QUATRO

*Regras gerais para testes*
Para cada teste realizado, outro deixa de ser feito. Logo, é importante pensar bem na hora de escolher a ideia e tirá-la do papel. Com um teste malfeito, a equipe perde tempo e a oportunidade de aprender, sem contar que dados equivocados podem tirar o time do caminho correto. É fundamental, portanto, que todo experimento seja projetado para gerar resultados estatisticamente válidos. Deve haver normas bem claras para garantir a confiabilidade dos resultados, e cabe ao analista de dados da equipe aplicá-las a todo teste que está sendo realizado. Embora este livro não discuta os pormenores da concepção de testes, apresentamos duas regras gerais que consideramos particularmente úteis.

Use um nível de confiança estatística de 99%: algumas ferramentas definem automaticamente o nível de confiança do teste; outras deixam que o usuário o estipule. São comuns os níveis de 95% e 99%. Embora a diferença de quatro pontos percentuais possa parecer pequena, do ponto de vista estatístico é grande. Um nível de confiança de 95% significa que um resultado "positivo" pode, ainda assim, ser negativo em 5% das vezes, ou seja, de 20 testes que deram positivo, 1 pode ser negativo. Já com 99% de confiança, o total de falsos positivos cai para 1 a cada 100, o que é um resultado muito mais válido. Na dúvida, portanto, adote um nível de confiança de 99%. Com isso, é menor o risco de tocar adiante uma ideia com base no resultado falsamente positivo de um teste.

O controle sempre vence: quando o resultado de um teste é claramente negativo, a equipe em geral não tem dificuldade para aceitar o fato uma vez analisados os dados. É mais difícil chegar a um acordo quando os resultados não são nem claramente positivos, nem negativos, sobretudo se o teste consumiu muito tempo e energia. Como ninguém gosta de ver esforço jogado fora, é bem possível que a equipe queira insistir no teste por mais tempo do que seria economicamente sensato na esperança de que a tendência atual mude com uma amostra maior. Embora a tentação seja compreensível, quando o resultado é inconclusivo, o melhor a fazer é manter a versão original, ou de controle, pois, ainda que os resultados sejam inconclusivos, há o risco de que a nova variante seja pior no longo prazo, e isso que pode custar caro. Logo, em caso de "empate", vence o controle.[4]

### DE VOLTA À FASE 1: ANÁLISE E APRENDIZADO

A análise dos resultados do teste deve ser feita pelo analista da equipe ou pelo líder de crescimento, caso este tenha o devido know-how. É preciso sintetizar os resultados em um documento que contenha:

- Nome e descrição do teste, incluindo variantes utilizadas e público-alvo (por exemplo, foi feito em um canal de marketing específico, só para usuários da versão mobile, só para clientes pagantes?).
- Tipo de teste: foi um teste de um recurso do produto, um texto novo em uma página do site ou uma tela do aplicativo mobile, um teste criativo ou de aplicação de uma nova tática de marketing?
- Recursos afetados: essa lista pode incluir screenshots de onde o teste foi feito no site ou na tela do aplicativo ou o material criativo do teste de uma propaganda específica, em outdoor, TV ou rádio.
- Métricas cruciais: que métricas se tentou melhorar com o teste?
- Duração do teste, com datas de início e fim (incluindo o dia da semana).
- Hipótese do teste e resultados, abrangendo o ICE original, o tamanho da amostra, o nível de confiança estatístico e o poder estatístico.
- Possíveis interferências, como época do ano em que o teste foi realizado ou existência de outras promoções que possam ter distorcido o comportamento de visitantes.
- Conclusões.

Esse relatório deve ser enviado aos membros do time de crescimento em um e-mail que dê, ainda, uma breve sinopse do que foi descoberto. Precisa, também, ser incluído em um banco de dados com as súmulas de todos os testes, que chamamos de banco de conhecimento. Pode ser algo simples, como uma pasta em um

## CAPÍTULO QUATRO

servidor à qual todos da equipe tenham acesso ou uma página no wiki ou na intranet da empresa. No software Projects, da GrowthHackers, o banco de conhecimento é uma área especial do programa com um recurso que indica se o resultado foi positivo, negativo ou inconclusivo. Seja lá como forem guardados esses relatórios, o fundamental é que seja fácil encontrar os resultados de um teste para que se possa consultá-los e considerar variações e também para garantir que não seja repetido – o que é muito fácil quando se está testando em ritmo acelerado.

Além de criar um banco de conhecimento, muitas equipes comunicam regularmente os resultados à organização inteira – ou, se for mais condizente, ao departamento – para que todo mundo saiba a quantas anda o processo de crescimento. A cultura e as normas de sua empresa vão ditar que estilo de comunicação é melhor em seu caso. Confira algumas ideias possíveis:

- Criar uma lista de contatos cujos integrantes recebam regularmente um e-mail com informações sobre os testes bem-sucedidos e o impacto nos negócios. Fizemos isso na Inman, incluindo 20 pessoas que mostraram interesse em receber essas informações. Certas empresas mandam um e-mail enumerando todos os testes feitos, independentemente de o resultado ter sido positivo, negativo ou inconclusivo.
- Se a equipe usa um programa de mensagens instantâneas (como o Slack), uma possibilidade é criar um canal ou grupo só para a divulgação de resultados de testes e discussões sobre o assunto. Na Inman, temos um canal exclusivo em nosso Slack para falar de novos testes que estão sendo lançados e dos resultados – positivos e negativos – de testes concluídos recentemente.
- Publicar resultados de testes em dashboards. Se a empresa não tiver um painel desses, imprimir os resultados e exibi-los em áreas comuns é uma forma eficaz e barata de divulgar as informações.

### REUNIÃO DE CRESCIMENTO

Já que grande parte do processo aqui descrito tem seu ritmo ditado pela cadência da reunião de crescimento, é útil ter um modelo para a condução dessa reunião. Sugerimos que seja feita uma vez por semana, mas, dependendo do tempo que a equipe puder dedicar ao processo, uma periodicidade quinzenal será melhor. O objetivo da reunião é examinar rigorosamente a lista de ideias finalistas e definir o plano de testes. É crucial que a reunião não seja usada para brainstorming, que deve ocorrer bem antes do processo que acabamos de descrever. Talvez seja bom a equipe fazer também outras reuniões de brainstorming – uma vez por mês, por exemplo.

O protocolo a seguir é o que adotamos na GrowthHackers – para nós, muito eficaz. Embora tenha sido projetado para ser usado por qualquer equipe ou empresa, seja qual for seu porte, você pode adaptá-lo às particularidades e necessidades específicas de seu time.

A reunião de crescimento é feita toda terça-feira. Assim, os membros da equipe têm um dia no começo da semana para finalizar os preparativos. Na segunda, eles conferem o progresso de testes em andamento para verificar se algum pode ser concluído ou para reunir dados a fim de atualizar a equipe durante a reunião. O líder de crescimento faz uma avaliação da atividade da semana anterior, o que abrange:

- cotejar o número de testes iniciados com a meta de velocidade da equipe;
- conferir se o analista de dados atualizou todas as principais métricas que estão sendo monitoradas para informar a equipe sobre seu progresso, o que pode incluir a distribuição de relatórios;
- reunir dados sobre quaisquer testes que tenham sido concluídos;
- analisar os resultados e fazer um resumo das lições aprendidas com os experimentos e seus efeitos, tanto positivos como negativos, sobre o crescimento;
- compilar essas informações e incluí-las na pauta da reunião, que serve como um documento vivo e é distribuída ao time antecipadamente. Em certas equipes, a pauta é um arquivo lançado na nuvem (no Google Docs ou no Dropbox). Já outras usam um wiki interno em um programa como o Google Sites ou o Confluence ou a intranet da empresa.

*CAPÍTULO QUATRO*

No dia da reunião, que deve durar uma hora, o time de crescimento obedece à pauta-padrão apresentada a seguir. O líder é responsável tanto por manter os participantes focados na pauta como pela condução da reunião de maneira mais geral.

15 minutos: conferir métricas e atualizar a área de foco

O líder de crescimento analisa os últimos dados referentes à NSM e aos outros indicadores importantes, como o progresso em metas de crescimento de curto prazo na área de foco da equipe. A equipe do aplicativo da rede de supermercados, por exemplo, pode avaliar a receita média por usuário na semana e o número de usuários que compraram algo. Isso ajuda todos a entender se as coisas estão avançando bem ou não, o que está dando certo e o que poderia melhorar.

Além disso, o líder de crescimento destaca as seguintes informações:

Principais fatores positivos: melhoras em métricas em decorrência de testes ou de algum fator desvinculado da atividade da equipe, como o aumento de compras recorrentes devido à implementação da ideia da lista de compras no aplicativo ou a chegada de novos usuários graças a uma promoção feita nas lojas pela equipe de marketing.

Principais fatores negativos: queda na performance e exame de problemas que estão impedindo o crescimento, como declínio mensurável do número de pessoas que usam o aplicativo ou da frequência de compras ou, ainda, se uma campanha de marketing para promover o aplicativo foi adiada ou deixou a desejar.

Área de foco do crescimento: em que área da experiência do usuário ou alavanca de crescimento a equipe está focada? O time precisa trabalhar por algum objetivo de curto prazo? Se o foco permanecer o mesmo, é uma simples questão de confirmá-lo. Se for mudar – passando, digamos, da aquisição de usuários para a retenção ou a monetização –, é preciso discutir a nova área de foco e a justificativa para a mudança. Também devem se destacadas ações de curto prazo que contribuam para essas metas, como levar certa parcela de usuários do aplicativo a salvar itens na lista de compras.

### 10 minutos: analisar a atividade de testes da semana anterior

O exame dos resultados de iniciativas da semana anterior inclui:

Ritmo: número de testes lançados na semana anterior e comparação com a meta da equipe.

Quantidade de testes up next não lançados na semana anterior: o objetivo dessa discussão é explicar por que esses testes foram adiados.

### 15 minutos: identificar as principais lições aprendidas com os experimentos analisados

O líder de crescimento e o analista de dados, juntamente com o responsável por algum teste em particular (como o gerente de produto encarregado do desenvolvimento de um novo recurso), examinam os resultados preliminares dos testes lançados, bem como os resultados conclusivos de experimentos já submetidos a uma análise completa. Tiram dúvidas (se houver), recebem sugestões para aprofundar a análise e codificam a avaliação do teste pela equipe para decidir se novas ações são necessárias ou não.

### 15 minutos: escolher testes de crescimento para o novo ciclo

Os membros do time discutem as candidatas para a próxima bateria de testes. O líder de crescimento pede a cada um deles uma rápida descrição das ideias que elegeu. Em seguida, há um breve debate dos méritos de cada teste. Embora a meta seja chegar a um consenso, se não houver acordo, o líder bate o martelo. Para cada teste, destaca-se, então, um "dono", que será responsável por seu lançamento. Essa escolha é feita pelo líder com base na experiência de cada integrante da equipe. Por exemplo, se o teste for de um recurso novo no produto, o responsável será o gerente de produto;

*CAPÍTULO QUATRO*

já o vídeo de uma nova campanha publicitária ficará a cargo do especialista em marketing. Caso seja decidido que vale a pena testar uma ideia, mas que provavelmente não haverá tempo de lançar o experimento no ciclo da semana seguinte, o teste é adiado para outra data, a ser definida quando as equipes relevantes informarem quanto tempo vão tomar nos devidos preparativos.

5 MINUTOS: ANALISAR O CRESCIMENTO DO PIPELINE DE IDEIAS

O líder de crescimento informa o número de ideias que estão na fila esperando para serem consideradas ou testadas. Se esse volume tiver caído, ele deve incentivar o time a dar mais ideias na semana seguinte. Reconhecer quem mais contribuiu para o pipeline na semana anterior é uma ótima forma de motivar todos a continuar sugerindo ideias.

### CRESCIMENTO EM SEMANAS

A velocidade com que o processo de growth hacking pode gerar resultados relevantes é impressionante. Às vezes, uma ideia embrionária pode virar um motor de crescimento com apenas duas semanas de trabalho no hack, incluindo o tempo gasto na análise preliminar de dados e na primeira reunião da equipe.

No caso do aplicativo da rede de supermercados, suponhamos que dois dos experimentos feitos na semana inaugural de testes tiveram resultados conclusivos, um deles justificando uma melhoria importante no aplicativo, que pode ser concebida e implementada quase imediatamente. Digamos que o número de visitantes que pela primeira vez usaram o aplicativo para comprar subiu cerca de 15% por causa do desconto de US$ 10 na primeira compra. Esse bom resultado leva a equipe a estender o desconto na primeira compra a todos os novos usuários do aplicativo. A alta de 15% na conversão se mantém, trazendo milhares de dólares em novas receitas.

O sucesso desse simples experimento pode levar o time a outra descoberta importante, que, por sua vez, faria surgir outro bom hack a testar. Ao analisar detidamente os resultados, a equipe percebe que o valor médio gasto na primeira compra pela nova safra de usuários é menor do que a média geral e resolve, por exemplo, fazer alguns testes para aumentar o valor gasto por esses usuários iniciais. Então, inclui no pipeline a ideia de oferecer um desconto progressivo a quem está comprando pela primeira vez: quanto maior a compra, maior o desconto.

Uma das maravilhas do growth hacking é que até um resultado negativo pode produzir lições importantes em um intervalo de tempo absurdamente curto. Digamos que o outro experimento teve zero resultado: aumentar a visibilidade da entrega grátis para compras acima de US$ 50 não fez subir o volume comprado. O time pode concluir que US$ 50 é um valor muito alto e decidir fazer, já na semana seguinte, um teste com US$ 40. Se esse valor tampouco produzir um aumento relevante no tamanho de pedidos e a equipe insistir no teste, talvez descubra na semana subsequente que baixar o mínimo para US$ 35 surte efeito. Ou seja, em apenas duas semanas a mais já teria descoberto uma segunda maneira de dar um empurrão importante no crescimento do aplicativo.

Agora que você montou o quebra-cabeça dos dados, organizou a equipe e entendeu bem o processo, vai conhecer o guia do growth hacking. Na segunda parte do livro, vamos dedicar um capítulo inteiro a cada uma das principais alavancas de crescimento – aquisição, ativação, retenção e monetização de usuários – e apresentar estratégias e hacks que um time de crescimento pode usar para conseguir resultados melhores em todas as áreas. Também daremos mais exemplos de grandes equipes de crescimento, mostrando como descobriram e resolveram problemas para produzir grandes vitórias. E continuaremos acompanhando o progresso da equipe do aplicativo da rede de supermercados, para conduzir você por todas as etapas da aplicação do growth hacking em cada área.

parte 2

# O GUIA DO GROWTH HACKING

*CAPÍTULO CINCO*

# Hacking para a aquisição

Conquistar mais clientes é, sem dúvida, importante para qualquer companhia. No entanto, se para isso a empresa gasta mais do que espera ganhar, diríamos que há um problema. O número de organizações que cometem o erro de gastar valores absurdos para atrair potenciais clientes é incrível, e tudo indica que a coisa só tende a piorar: o gasto com publicidade digital nos Estados Unidos dobrou de 2010 para cá[1] e, pelo menos lá, no Canadá e na Europa Ocidental, o crescimento do público online está se arrefecendo. Isso significa que essas empresas estão gastando mais (e continuarão a gastar) para atingir um público potencial menor.[2]

Antes que Sean e a equipe do Dropbox criassem o programa de indicação, a companhia gastava quase US$ 400 para adquirir um novo usuário e cobrava apenas US$ 99 ao ano pela assinatura premium do serviço. Drew Houston viu que essa razão custo-benefício era insustentável. Infelizmente, nem toda empresa chega a essa conclusão a tempo. Vejamos o caso do site de flash sales Fab, que chegou a ser chamado de "a Amazon do design" e festejado como o novo unicórnio do Vale do Silício. Sua base de clientes vinha crescendo a um ritmo vertiginoso; o único problema era que, para conseguir essa expansão, a empresa gastava US$ 40 milhões ao ano com publicidade e aquisição de clientes, o que representava mais de 35% da receita.[3] Obviamente, o efeito desse gasto absurdo chegou logo: a startup quebrou de maneira drástica e foi vendida a preço de banana.

No entanto, gastar somas vultosas – em certos casos, milhões de dólares – para adquirir clientes nem sempre é um erro. Uma desenvolvedora de software B2B pode ter de investir bastante no início para montar uma equipe de vendas grande o suficiente para conquistar clientes. Em uma situação do tipo "o vencedor leva tudo", na qual uma única empresa tende a dominar o mercado (em geral, quando efeitos de rede são cruciais, a exemplo do LinkedIn e do WhatsApp), investir pesado logo no início para conquistar território rapidamente e chegar à liderança pode ser uma estratégia vencedora. Se o mercado for disputado ombro a ombro com um forte concorrente, como o Uber com o Lyft, talvez não haja saída senão gastar fortunas em campanhas de aquisição – supondo, é claro, que a organização tenha como bancar a despesa e um bom plano para recuperar o investimento mais à frente.

Não há uma regra geral que determine quanto uma companhia deve gastar na aquisição de clientes; vai depender de variáveis relacionadas ao modelo de negócio, à competitividade da empresa e seu estágio de crescimento. Uma organização madura com muito dinheiro em caixa pode, obviamente, bancar estratégias de aquisição de clientes mais caras, como publicidade em televisão e impressa. Já uma startup com poucos recursos precisa lançar mão de métodos mais alternativos, de menor alcance, mas que custam bem menos. Buscar a melhor relação custo-benefício na aquisição de clientes é sempre sensato, e toda empresa deveria batalhar para gerar um efeito boca a boca robusto, que contribuísse para a redução do custo de aquisição. O processo de growth hacking foi desenvolvido para ajudar as organizações a descobrir modos mais econômicos de adquirir novos clientes e otimizar essas iniciativas para acelerar o crescimento.

Uma vez formado o time de crescimento, definidas as principais alavancas para o crescimento e assegurado que seu produto é um must-have, é hora de começar a aplicar o processo de growth hacking, começando pela primeira etapa do funil de crescimento: a aquisição de clientes. Sugerimos anteriormente que não era bom iniciar uma investida maciça nessa aquisição antes de garantir o product/market fit, ou seja, antes de confirmar não só que seu produto é bom, mas que o mercado-alvo o

## CAPÍTULO CINCO

deseja (no caso do modelo de efeitos de rede, a campanha de aquisição de usuários, em geral, é paralela ao desenvolvimento do produto).

A primeira fase do trabalho de escalar a aquisição de clientes vai ser dedicada a garantir outros dois tipos de ajuste, ou "fit": o language/market fit, que consiste em apresentar as vantagens do produto com uma mensagem que cative o público-alvo, e o *channel/product fit*, que é a escolha dos canais de marketing adequados – publicidade paga em buscadores, marketing viral, marketing de conteúdo – para que o produto chegue a esse público.

Neste capítulo, mostraremos como usar o processo de growth hacking para fazer testes rápidos que o ajudem a identificar o meio mais eficaz e econômico de atingir e engajar seu mercado-alvo e conseguir esses dois ajustes. Primeiro, discutiremos como adequar a mensagem de marketing não só para comunicar melhor o valor do produto ou serviço, mas para deixar bem claro por que ele é especial. Em seguida, explicaremos como definir os canais mais relevantes e como utilizá-los para potencializar o crescimento. Por fim, detalharemos como criar hacks para adquirir clientes por meio de mecanismos virais incorporados ao produto, como os programas de indicação.

### CRIE UMA MENSAGEM CONVINCENTE

A expressão "language/market fit" foi criada por James Currier para indicar se o texto usado para descrever e vender um produto faz sentido para os potenciais usuários e os leva a experimentar o produto. Estamos falando de todos os textos utilizados nas ações de marketing – e-mails, mensagens, notificações, publicidade impressa e digital – e da mensagem embutida no próprio produto quando ele é exclusivamente digital – não só o apelo e a proposta de valor na landing page, mas também o texto criado para cada função, tela ou página do produto. Quando o assunto é conquistar clientes, isso vale para todas as empresas, de tecnologia ou não, porque hoje todo produto demanda uma presença online. Com os usuários chegando até você por uma infinidade de canais distintos, a primeira página que eles veem pode não ser a que você planejou para esse primeiro contato.[4]

Não importa como um potencial cliente descobre seu produto – por anúncio, mídia, comentário, boca a boca –, o primeiro texto que ele vê deve transmitir a mensagem certa, e rápido. Aliás, bem mais depressa do que em um passado recente: estudos mostram que o limiar de atenção médio de uma pessoa (quanto tempo se mantém concentrada em uma informação na internet) é, hoje, de aproximadamente oito segundos, em comparação a doze segundos em 2000.[5] Com tão pouco tempo para impressionar o público, é fundamental que ele entenda quase instantaneamente como seu produto pode ajudá-lo. Isso significa que a linguagem usada deve ter um vínculo *direto e persuasivo* com uma necessidade ou um desejo do indivíduo para – em oito segundos ou menos! – convencê-lo a descobrir por que prestigiar sua ideia. Em outras palavras, é preciso criar uma mensagem que transmita de maneira concisa qual a grande vantagem do produto – o momento aha – e que responda à primeira pergunta que todo consumidor se faz: "Como esse produto vai melhorar minha vida?".

Um dos melhores exemplos de uma mensagem que acertou em cheio foi a que Steve Jobs usou para apresentar o primeiro iPod. Quando o produto foi lançado, em 2001, o mercado estava cheio de aparelhos de MP3. Para Jobs, teria sido fácil simplesmente dizer por que o iPod era diferente e melhor. Mas não: genial que era, passou longe da mensagem então usada para descrever aparelhos de MP3 e seus recursos. Com um slogan direto e instigante – "1.000 songs in your pocket" (Mil músicas no seu bolso) –, mudou totalmente o modo como as pessoas viam um aparelho de MP3. Jobs não perdeu tempo tentando diferenciar o iPod pelo preço ou outras vantagens, pois sabia que, para o usuário, o core value – o momento mágico, o aha – era poder levar a discoteca inteira de lá para cá sem muito trabalho. Naturalmente, nem todos têm a mente privilegiada de Jobs, porém, com a estratégia certa para testar ideias, é possível avançar rumo a esse ideal.

Para a maioria de nós, meros mortais, criar uma mensagem cativante é difícil. A resposta do ser humano é muito subjetiva e subconsciente: palavras que para alguns dizem muito podem não dizer nada a outros e, dependendo da pessoa, até soar desagradáveis. O marketing quebra a cabeça para criar uma boa chamada (tagline) ou um bom texto publicitário, e, mesmo assim, a maioria das mensagens tem zero efeito. Daí motes famosos como "It's the real thing" (Coca-Cola) ou "Just do it" (Nike) serem tão impressionantes: apesar da incrível simplicidade – não há nada particularmente peculiar ou poético neles –, são impactantes e memoráveis. Por que repercutem tanto? Publicitários e acadêmicos poderiam responder com mil teses, embora o mais provável seja que nunca haverá consenso. É que bolar um texto de marketing não é uma ciência exata, e por isso o growth hacking busca trazer o rigor da experimentação científica ao processo criativo. Isso significa que não é preciso ser um gênio como Jobs para conseguir o language/market fit; o processo de growth hacking vai ajudá-lo a chegar lá.

Outra razão para o processo acelerado de growth hacking ser perfeito para esse desafio é que usar testes A/B para experimentar textos diferentes é muito fácil. Com programas como o Optimizely e o Visual Website Optimizer, é simples trocar e testar mensagens: basta inserir, no site ou aplicativo, um trecho de código que exibe aleatoriamente diferentes versões a visitantes, monitorando e comparando a resposta que cada texto produz. A maioria dos sistemas de e-mail marketing, incluindo o Salesforce Marketing Cloud e o MailChimp, permite o fácil teste de distintas versões do texto de um e-mail, como o campo de assunto ou o call to action. Em plataformas de publicidade digital, caso do Facebook e do Google, também dá para testar variações de anúncios. Nenhum desses serviços exige conhecimento técnico. No entanto, se a empresa tiver engenheiros na casa, é possível criar um sistema exclusivo. Foi o que fez o Upworthy, site especializado em conteúdo viral.

Hoje um dos maiores sites de mídia do mundo, o Upworthy cresceu a um ritmo vertiginoso graças, em grande parte, à determinação de buscar o language/market fit para todo texto que publica. O dom deles é relançar conteúdo que já circula na internet com títulos tão primorosos que o texto imediatamente viraliza. Não que seus editores sejam os mais brilhantes ou criativos do mundo; a sacada deles é não deixar a criatividade por conta própria. Em vez disso, usam hacks. O processo de escolha de um título começa com alguém da equipe redigindo pelo menos 25 versões possíveis para cada texto. Desses 25, um curador escolhe um punhado de favoritos e, então, o editor-executivo autoriza o teste de alguns. A metodologia de teste não poderia ser mais simples. As únicas ferramentas exigidas são Facebook, Bitly (serviço grátis que gera URLs rastreáveis para conteúdo digital) e um cronômetro comum.

Primeiro, o site pega dois títulos promissores para um mesmo texto e cria uma URL Bitly para cada um. Em seguida, segmenta seus fãs no Facebook até achar duas cidades com perfil demográfico e população equiparáveis e compartilha um dos links Bitly com cada grupo. Isso feito, aciona o cronômetro e espera, computando o número de cliques e de compartilhamentos. Quando o tempo acaba, o título com o maior número de cliques e compartilhamentos vence. Além do empurrão viral que isso dá ao texto, os resultados engrossam um crescente banco de palavras e expressões de alto impacto que todo redator pode usar para criar títulos dali em diante. Já que "um título bom pode ser a diferença entre mil e 1 milhão de pessoas lendo", segundo o fundador do site, Eli Pariser, o trabalho extra vale a pena.[6]

Esse método de otimização de mensagens serve não só para textos de notícias, como também para aplicativos de celular ou sites de e-commerce. E não pense que é preciso ter uma equipe experiente de marketing capaz de produzir dezenas de taglines potencialmente virais. Na hora de bolar textos para testes, o time de crescimento pode recorrer a várias fontes para encontrar palavras e frases que tenham boas chances de repercutir bem. Uma saída é usar o vocabulário que os clientes estão usando para descrever o produto e suas vantagens em redes sociais e em resenhas na internet. Outra é se inspirar em comentários de pesquisas com clientes que possam ter sido feitas para determinar se o produto é must-have. Até pegar o telefone, ligar para os clientes e simplesmente perguntar como descrevem o produto a amigos ou colegas e o valor que ele lhes propicia permite descobrir um vocabulário ou mensagens que podem ser bastante eficazes. Também pode ser esclarecedor falar com o pessoal de atendimento ao cliente, ler transcrições de ligações recebidas pelo call center e analisar fóruns de discussão sobre o produto na internet para ter uma ideia da linguagem que o público utiliza.

## CAPÍTULO CINCO

**COMECE PEQUENO**

Quando o assunto é a mensagem, uma mudança mínima pode gerar um impacto descomunal na conquista de clientes, razão pela qual o processo de experimentação mais eficiente é aquele que permite o teste acelerado de várias iterações de um texto. Vejamos como o Tickle, startup criada por James Currier em 1999, marcou dois golaços com o teste de pequenas mudanças na descrição de seu serviço de compartilhamento de fotos. Quando o texto original da homepage – "Store your photos online" (Guarde suas fotos online) – teve uma resposta "anêmica", Currier pensou que era porque os usuários não achavam que um repositório de imagens fosse algo digno de ser compartilhado com os amigos. Então, Currier e sua equipe testaram uma pequena mudança no texto, que virou "Share your photos online" (Compartilhe suas fotos online). Fazer o teste não demorou quase nada e os resultados foram imediatos e incríveis. A troca de uma palavra mudou completamente a percepção dos usuários sobre o produto e como deveriam usá-lo. Do nada, passaram a fazer uploads e a compartilhar fotos como loucos. Em seis meses, o Tickle havia adicionado 53 milhões de usuários ao serviço.

Pouco depois, o mesmo time repetiu o feito com um aplicativo de encontros. Na versão original, o mote do app era "Find a date" (Consiga um encontro). A coisa, porém, não engatava. De novo, a equipe considerou que talvez fosse melhor posicionar o aplicativo como um produto social, a ser usado não só para achar um par romântico, mas como um canal para conectar uma pessoa solteira a outras por meio de redes de amigos. A equipe mudou a tagline para "Help people find a date" (Ajude as pessoas a conseguir um encontro). Dito e feito: os usuários começaram a convidar seus amigos a baixar o aplicativo – aliás, até amigos casados, pois, na hora de achar alguém para namorar, toda ajuda é válida. Só com essa mudança, o serviço conquistou 29 milhões de usuários em apenas oito meses.[7]

Portanto, ao planejar os primeiros hacks a serem testados, o ponto de partida deve ser a mensagem.

### A MENSAGEM CERTA AJUDA A MELHORAR O PRODUTO, NÃO SÓ O BRANDING

Às vezes, uma alteração na mensagem levará a mudanças adicionais não só no texto, mas no branding de maneira geral e talvez até na natureza do produto em si. Essa é uma das razões pelas quais o time de crescimento deve ter, além de gente de marketing, desenvolvedores de produtos e engenheiros, e para que a troca de dados entre eles seja ampla e irrestrita. Embora mudar um punhado de palavras em um anúncio ou em uma página da internet possa dar resultados maravilhosos, como no caso do Tickle, é igualmente possível que o impacto seja nulo. Então, será preciso investigar mais para testar mudanças mais contundentes. Nesse processo, pode ser que se descubra que é necessário reformular radicalmente o posicionamento do produto. Não é o fim do mundo: lembre que muitos produtos espetaculares só decolaram depois de uma mudança radical. O Febreze, da Procter & Gamble, é um deles. Era um produto revolucionário, bom de verdade: uma substância química que não disfarçava o mau cheiro, mas o eliminava. Naturalmente, quando lançou a novidade, a P&G vendeu esse atributo exclusivo singular na mensagem do produto: "Febreze cleans bad smells out of fabrics for good" (O Febreze elimina de vez o mau cheiro dos tecidos).[8] No entanto, as vendas não engataram até que a empresa descobriu, graças a pesquisas de mercado que incluíam vídeos mostrando consumidores utilizando o produto, que era melhor posicioná-lo como algo que completava a rotina de limpeza, deixando um aroma agradável no ambiente depois da faxina.[9] O que a P&G fez foi adicionar uma fragrância e reposicionar o Febreze com uma campanha publicitária pesada, mostrando como o público adorava seu aroma e usando textos que vendiam uma "sensação de frescor" como o consumidor jamais tivera.[10]

Fundadora da Nasty Gal, marca de moda feminina que logo no início virou queridinha das millennials, Sophia Amoruso conta como foi crucial descobrir o discurso de melhor repercussão não só para conquistar mais clientes, mas para desenvolver toda a identidade da marca. Quando abriu o negócio, que começou com a venda de roupas de segunda mão no eBay, ela passava horas na internet tentando achar as melhores descrições de artigos similares. Para ter ideias e descobrir tendências, pesquisava as palavras mais usadas em buscadores e então as usava como inspiração para sua marca. Em uma reportagem na revista *New York* sobre o sucesso de Amoruso, a jornalista Molly Young escreveu: "[os termos] *manga morcego*, *lamê* e [estilo] *lenhador* bombaram em 2007; *tachas*, [formas] *arquitetônicas* e *origami*, em 2008", e, de posse dessa informação, a empresária vasculhou brechós para revender peças no eBay. Amaruso criou uma marca singular, sempre antenada, que combinava perfeitamente com jovens fashionistas.[11] Em seu livro *#GIRLBOSS*, ela lembra que "a cada semana ia ficando mais rápida, mais ligada e mais consciente do que as mulheres queriam". Palavras que provocavam a melhor reação entre as consumidoras a levaram a concluir que a missão da marca era empoderar a mulher, melhorar sua imagem pessoal e levantar sua autoestima. Graças a isso, a Nasty Gal se destacou e cresceu de maneira espetacular. Infelizmente, a empresa não conseguiu sustentar o crescimento que Amoruso produziu lá no início e, depois de uma série de decisões equivocadas, pediu concordata no final de 2016.

### ACHAR O CANAL IDEAL E GERIR O PORTFÓLIO SÃO COISAS DIFERENTES

Para investir no mercado acionário, especialistas são unânimes em dizer que é melhor distribuir seus fundos entre empresas e setores distintos. Já na hora de definir canais para o marketing e a distribuição de seu produto (que, no meio digital, costumam ser um só), essa não é a estratégia mais adequada. É muito comum quem está vendendo algo cometer o equívoco de acreditar que o uso de vários canais para diversificar o esforço é melhor para o crescimento. Com isso, acaba espalhando demais os recursos e não se concentra o suficiente em otimizar um ou dois canais que provavelmente serão mais eficazes. Na maioria das vezes, o melhor é concentrar a artilharia em menos alvos – ou, como disse o cofundador e CEO do Google, Larry Page, usar "mais madeira em menos flechas". Cofundador do PayPal e da Palantir e primeiro investidor externo do Facebook, Peter Thiel costuma dizer a empreendedores de startups que "um único canal provavelmente será o ideal. A maioria das empresas não consegue fazer um único canal de distribuição funcionar. A distribuição ruim – não o produto – é a principal razão do insucesso. Se conseguir fazer um canal de distribuição funcionar, você terá um grande negócio. Se tentar vários e não emplacar nenhum, será o fim".[12]

Além disso, muitas empresas cometem o erro de seguir a manada, de usar os mesmos canais que todo mundo está usando, como anúncios pagos no Google ou publicidade no Facebook, em vez de experimentar alternativas que possam surtir mais efeito para seu produto específico e custar menos. É compreensível; encontrar os canais certos pode ser uma tarefa difícil, não só porque é complicado saber, sem testar muito, que canais serão os melhores para seu negócio específico, mas também por causa da profusão de canais à disposição hoje em dia. Usar o processo de growth hacking para fazer experimentos permite que a empresa descubra um ou dois canais ótimos relativamente rápido, de preferência antes dos concorrentes.

### REDUZA AS ALTERNATIVAS

Há duas fases para determinar quais os melhores canais em seu caso: *descoberta* e *otimização*. Na fase da descoberta, o time de crescimento deve provar uma série de alternativas – o que não significa testar tudo quanto é canal aleatoriamente para ver o que funciona. É preciso fazer um levantamento extenso de canais, priorizá-los em uma lista e selecionar alguns para experimentação. Quando tiver encontrado um ou dois canais que combinam com seu produto, é hora de avançar para a segunda fase, a da otimização. Aqui, a ideia é maximizar tanto a relação custo-benefício como o alcance dos canais à medida que o negócio vai crescendo. Antes, porém, vejamos como funciona a priorização.

O primeiro passo é identificar todos os canais que, em seu caso específico, valem a pena considerar. Alguns serão obviamente inadequados e podem ser rapidamente eliminados: se estiver vendendo software para empresas, por exemplo, publicidade em

## CAPÍTULO CINCO

sites populares de entretenimento não faz sentido; o melhor, nesse caso, é se concentrar em canais dirigidos a profissionais de gestão, como publicações de negócios. Para impor certa ordem ao universo cada vez maior de opções, especialistas em crescimento como Justin Mares, Gabriel Weinberg, Andrew Chen e James Currier tiveram a brilhante ideia de separar canais importantes em três grandes categorias: *virais/boca a boca*, *orgânicos* e *pagos*. Utilizamos essa classificação para elaborar a tabela de opções (representativa, mas não exaustiva) a seguir.

### TRÊS CATEGORIAS DE CANAIS

| Virais/boca a boca | Orgânicos | Pagos |
|---|---|---|
| Redes sociais (Facebook, Pinterest, Snapchat) | Otimização em buscadores (SEO) | Publicidade offline (TV, impressa, outdoors) |
| Widgets incorporados | Otimização em buscadores (SEO) | Publicidade online (Google AdWords, Facebook, YouTube) |
| Programas de indicação de amigos | Marketing de conteúdo | Publicidade em afiliadas |
| Vídeos online | Otimização em lojas de apps | Campanhas com influenciadores |
| Engajamento da comunidade | Aplicativos grátis | Rádio |
| Concursos e sorteios | E-mail marketing | Retargeting |
| Integração a plataformas | Criação de comunidades | Ad networks |
| Crowdfunding | Parcerias estratégicas | Patrocínio (blogs, podcasts) |
| Game, quiz | Conteúdo de terceiros | Publicidade nativa |
|  | Merchandising em sites |  |

Naturalmente, há várias estratégias possíveis em cada um desses canais. No caso do marketing de conteúdo, por exemplo, Pushkar Gaikwad, membro da GrowthHackers, relacionou algumas das opções, que não param de aumentar:

*Hacking para a aquisição*

### PRINCIPAIS MODALIDADES DE MARKETING DE CONTEÚDO

| | | |
|---|---|---|
| Estudos de caso | Instruções de uso | Comunicados de imprensa |
| Infográficos | Relatórios especiais | Artigos |
| PDFs e e-books | Fóruns online | Resenhas |
| Vídeos | Apresentações em PowerPoint | Imagens e fotos |
| Entrevistas | Listas | Sites tira-dúvidas |
| Pinterest | Instagram | Facebook |
| Snapchat | Tumblr | Pulse, do LinkedIn |
| Twitter | Listas de negócios locais | Podcasts |
| Série *Ask Me Anything* | Quiz | Aplicativos grátis |
| Posts no Medium | BuzzFeed | Depoimentos |

Relacionar todas as opções disponíveis para cada canal e discutir seus prós e contras seria impossível aqui, por questão de espaço. Na internet, no entanto, há muitas informações detalhadas sobre as melhores práticas para cada alternativa dessas, fornecidas por diversos especialistas, além dos mencionados. Nossa intenção é mostrar que explorá-las deve ser o primeiro passo no processo de priorização. Isso feito, é preciso escolher algumas delas para fazer testes eficientes usando o método que apresentamos a seguir.

#### FAÇA O PRIMEIRO CORTE

Em geral, é possível fazer uma triagem inicial de acordo com as características específicas do modelo de negócio. Uma empresa que vende para outras empresas (ou seja, se o modelo é B2B) precisa, em geral, de uma equipe de vendas e pessoal de apoio a vendas (para ganhar tração), presença em feiras (para que a equipe de vendas possa travar contato com potenciais clientes) e uma estratégia de marketing de conteúdo (para ajudar a estabelecer o know-how da empresa); portanto, marketing de conteúdo, feiras e vendas provavelmente estarão entre os canais mais eficazes para atingir o público-alvo. No modelo de negócio de um e-commerce,

*CAPÍTULO CINCO*

é necessário atrair o máximo de potenciais consumidores para o site e, portanto, anúncios em buscadores e SEO obviamente são canais essenciais. Já uma plataforma como o eBay e o Uber precisa dividir esforços entre canais para atrair tanto fornecedores como compradores (ou passageiros).

Isso não significa que cada modelo de negócio deva se limitar estritamente aos canais mais óbvios, sobretudo à medida que vai crescendo. Uma empresa de comércio eletrônico em expansão, por exemplo, pode descobrir que criar uma comunidade – um canal viral – também é uma boa alavanca de crescimento; é só pensar na compra, pela Amazon, da Goodreads, comunidade de amantes de livros. Já uma rede social que foi pioneira em uma nova arena e atraiu investimento pesado, como o Instagram e o Snapchat, pode decidir investir em publicidade na TV, no rádio e na mídia impressa para consolidar o domínio desse território em vez de se limitar a mecanismos virais. Primeiro, no entanto, você precisa otimizar os canais com a melhor relação custo-benefício em seu caso.

O passo seguinte para reduzir a lista de opções é considerar características e comportamentos dos usuários, o que significa descobrir o que *já* estão fazendo, incluindo que buscas realizam no Google, onde compram e que redes sociais usam. Seu produto, por exemplo, satisfaz alguma necessidade ou resolve algum problema que as pessoas estão tentando satisfazer ou solucionar no momento? Se a resposta for sim, canais que as pessoas têm utilizado para achar respostas (como buscadores) são uma boa aposta. Se não puder determinar se há um bom volume de gente querendo (ou procurando) o que você oferece, é preciso criar awareness de outras maneiras. Foi o que fez o Dropbox. Quando o serviço foi criado, programas para ajudar o público a compartilhar e armazenar arquivos na internet eram novidade; não havia muitas pessoas buscando no Google uma solução igual à que o Dropbox oferecia – ou seja, anúncios pagos em buscadores teriam eficácia limitada. O programa de indicações resolveu esse problema. Se você souber que seu público-alvo é grande comprador de determinado produto que é complementar ao seu, outra solução pode ser cobranding ou promoção cruzada.

*Hacking para a aquisição*

Aatif Awan, vice-presidente de crescimento e produtos internacionais do LinkedIn, que ajudou a levar a empresa de 100 milhões de usuários para mais de 400 milhões, criou o quadro a seguir, com os tipos de comportamento do usuários por tipo. Útil e prático, pode servir de guia para a tomada dessas decisões.[13]

| Comportamento do usuário | Canais a explorar |
|---|---|
| *As pessoas estão fazendo pesquisa em buscadores para achar alguma solução?* | *Otimização em buscadores (SEO) ou marketing (SEM)* |
| *Usuários atuais falam de seu produto com conhecidos (boca a boca)?* | *Programas de viralização ou indicações* |
| *Um número maior de usuários melhora a experiência?* | *Viralização* |
| *Seu público-alvo já usa outras plataformas?* | *Integrações e parcerias* |
| *O valor vitalício de usuários é elevado?* | *Aquisição paga* |

Quando seu time de crescimento tiver percorrido o caminho aqui traçado para escolher alguns canais a serem testados, é hora de propor uma série específica de estratégias para cada canal e definir a ordem dos testes.

### EXPERIMENTE PARA CHEGAR AO CHANNEL/PRODUCT FIT

O método de priorização que sugerimos é baseado em outro, criado por Brian Balfour, ex-líder de crescimento da HubSpot. Ele criou um esquema simples para classificar canais de acordo com seis fatores:

- Custo: quanto você espera gastar para fazer o experimento em questão.
- Segmentação: grau de dificuldade de atingir o público-alvo e quão específico dá para ser na definição de quem verá o teste.
- Controle: grau de controle sobre o experimento. É possível me-

# CAPÍTULO CINCO

xer no teste depois de iniciado? E interrompê-lo ou ajustá-lo sem grandes dificuldades se os resultados forem ruins?
- Tempo de preparo: quanto tempo a equipe levará para iniciar o experimento. Gravar um anúncio de TV, por exemplo, exige muito mais tempo do que veicular um anúncio no Facebook.
- Tempo de saída: em quanto tempo o experimento produzirá resultados uma vez iniciado. Testes de otimização em buscadores ou redes sociais, por exemplo, podem ter tempos de saída mais longos do que um anúncio no rádio.
- Escala: qual o tamanho do público que o experimento pode alcançar. A TV tem uma escala muito maior do que publicidade em blogs temáticos.[14]

Balfour sugere atribuir uma nota – alta, média ou baixa – a todo canal em cada um dos quesitos, como na tabela a seguir. Segundo ele, a nota do canal em cada quesito desses será maior ou menor dependendo do produto ou empresa em questão. Se, por exemplo, as palavras-chave que você quiser usar em uma campanha de SEM (Search Engine Marketing) forem muito disputadas, será preciso pagar mais por elas, o que significa que o SEM terá um custo relativamente alto em seu caso – maior do que para alguém cujo produto é novo o bastante para que ainda não haja muita concorrência. Se seu produto for voltado para um grupo muito específico de pessoas agrupadas em redes – universitários do sexo masculino, digamos –, o fator segmentação será bem-cotado para campanhas virais. Já se estiver vendendo um produto para o público em geral, a segmentação pode ser complicada e, portanto, receber nota baixa.

### PRIORIZAR CANAIS DE DISTRIBUIÇÃO

| | Custo | Segmentação | Controle | Tempo de preparo | Tempo de saída | Escala |
|---|---|---|---|---|---|---|
| SEM | alto | alto | alto | baixo | baixo | baixo |
| SEO | | | | | | |
| Viral | | | | | | |
| Vendas | | | | | | |

*Hacking para a aquisição*

Com base no método de Brian, criamos um processo de priorização para testes de canais. Cada canal que o time de crescimento sugere ser testado é classificado em uma escala de 1 a 10, sendo 10 a melhor nota possível e 1 a pior (repare que custo, tempo de preparo e tempo de saída recebem nota maior, não menor, já que tanto custo baixo como tempos de preparo e saída menores obviamente são melhores). Em seguida, simplesmente tiramos a média das notas, inserimos os números na tabela e priorizamos os testes de acordo com a pontuação. Eis um exemplo da grade que usamos para o ranking.

|        | Custo | Segmentação | Controle | Tempo de preparo | Tempo de saída | Escala | Média |
|--------|-------|-------------|----------|------------------|----------------|--------|-------|
| SEO    | 7     | 2           | 2        | 4                | 2              | 9      | 5,33  |
| E-mail | 5     | 8           | 8        | 6                | 8              | 8      | 7,17  |
| Social |       |             |          |                  |                |        |       |
| TV     |       |             |          |                  |                |        |       |

Para mostrar como esse método funciona, vamos voltar à equipe responsável pelo aplicativo mobile da rede de supermercados que acompanhamos nos capítulos anteriores e ver como usou o esquema tanto para priorizar como otimizar a primeira rodada de testes de canais.

Você deve lembrar que, para incentivar a adoção inicial, a empresa, que tem dinheiro para gastar, fez uma campanha pesada de publicidade no rádio e na mídia impressa. De cara, 100 mil pessoas fizeram o download. No entanto, como nem todos que baixaram o aplicativo estavam comprando, o time de crescimento pivotou para gerar mais receita por usuário, em vez de ficar atraindo mais consumidores potenciais. Digamos que a equipe tenha conseguido melhorar a receita média trazida por usuário

## CAPÍTULO CINCO

ativo do aplicativo e que agora voltou a se concentrar na aquisição de mais usuários, com a missão (como sempre deveria ser) de encontrar canais mais rentáveis.

Primeiro, é feita outra análise dos dados de usuários. Obviamente, o time nunca parou de monitorar esses dados e ficou de olho nos indicadores mais importantes. Contudo, sempre que o foco é deslocado para uma nova alavanca de crescimento, é importante analisar os dados dessa nova perspectiva em busca de insights relevantes para a nova missão. Lembremos que a equipe descobriu que muitos dos melhores clientes chegaram ao aplicativo depois de visitar o site do supermercado. Como isso continua valendo, o time decide se concentrar em meios orgânicos de tirar mais partido do site, que é um canal crucial. Além disso, resolve provar novos canais para abrir o raio de prospecção e atrair usuários que não visitem regularmente o site, como feito lá no começo, no lançamento. Já que anúncios no Facebook e no Google são alternativas óbvias, a equipe faz um levantamento para ver quantos usuários da base atual utilizam essas plataformas e que volume de usuários similares essa publicidade poderia atingir. Ao descobrir que a maioria de seus usuários é bastante ativa nas duas, o time investiga mais, vasculhando informações do setor para saber onde, exatamente, seus potenciais clientes estão passando seu tempo online e que tipo de campanha publicitária os concorrentes fizeram no Google e no Facebook, quanto gastaram e que resultado tiveram.

Munida dessa informação, a equipe deduz que usar o Google AdWords pode não ser muito recomendável, pois ninguém busca artigos de supermercado na internet de modo geral, e sim em sites de supermercados. Já o Facebook permite uma segmentação por grupos demográficos e interesses bem específicos. Como tem rios de dados demográficos sobre seus consumidores, o time decide colocar anúncios no Facebook na grade de priorização.

A equipe também resolve fazer mais pesquisas de mercado, buscando o feedback dos usuários tanto no site como no aplicativo e fazendo entrevistas com parte dos clientes atuais. Dos consumidores que entraram no site, o time quer saber se baixaram o aplicativo e, se não, o porquê; àqueles que já usam o app, o pessoal pergunta o que faria com que indicassem o aplicativo aos amigos. Com base nessa sondagem, a equipe descobre que um número considerável de visitantes do site desconheciam o aplicativo ou, se o conheciam, preferiam comprar pelo site e não viam por que usá-lo. Boa parte dos usuários disse que o recomendaria a outras pessoas, ainda mais se tivesse um desconto na próxima compra ou recebesse um vale.

O time pensa nos seguintes hacks, todos a considerar:

Orgânico
- Melhorar o merchandising do aplicativo no site.
- Enviar um e-mail a clientes assíduos que possuem o cartão de fidelidade, mas não baixaram o aplicativo, para anunciar os benefícios de comprar com o app.
- Criar uma página de promoção do aplicativo a ser exibida sempre que alguém entrar no site pelo celular.

Pago
- Publicar no Facebook anúncios para baixar o aplicativo.
- Veicular anúncios no rádio com base no sucesso registrado na campanha inicial de lançamento.
- Fazer retargeting de visitantes do site com anúncios para baixar o aplicativo (ou seja, fazer campanha na internet voltada só para quem já tiver entrado no site).

Viral
- Criar um programa de indicação para quem já usa o aplicativo, dando descontos adicionais ao usuário que recomendá-lo a amigos.

Que ideia testar primeiro? Todas contam com fortes argumentos a seu favor, tendo em vista a sondagem dos usuários, e todas já produziram excelentes resultados para muitas empresas. Imprimir objetividade à priorização é difícil, pois cada membro da equipe puxa a brasa para as próprias ideias. É aqui que o sistema de pontuação se prova útil. Quem sugere algo dá uma nota inicial à própria ideia – nota que, na reunião de crescimento, será usada

## CAPÍTULO CINCO

pela equipe como um guia para definir que ideias testar primeiro. O líder de crescimento deve agir como moderador em caso de divergências sobre a nota de cada ideia. Lembremos, de novo, que a nota não é um fim em si, mas uma baliza, um de vários dados a serem computados na decisão.

Suponhamos que as notas tenham sido as seguintes:

|  | Custo | Segmentação | Controle | Tempo de preparo | Tempo de saída | Escala | Média |
|---|---|---|---|---|---|---|---|
| Anúncios no Facebook | 6 | 9 | 9 | 9 | 9 | 6 | 8,0 |
| Merchandising no site | 10 | 10 | 10 | 9 | 9 | 3 | 8,5 |
| Anúncios no rádio | 4 | 7 | 2 | 6 | 2 | 9 | 5,0 |
| E-mail a titulares do cartão fidelidade | 10 | 10 | 10 | 7 | 7 | 3 | 7,8 |
| Retargeting de visitantes | 6 | 9 | 9 | 9 | 9 | 4 | 7,7 |
| Página para instalar o aplicativo | 9 | 10 | 5 | 3 | 7 | 3 | 6,2 |
| Programa de indicação de amigos | 5 | 4 | 2 | 3 | 2 | 6 | 3,7 |

É fácil ver que muitas ideias têm clara vantagem. As melhores apostas para melhorar imediatamente a aquisição estão em dois canais orgânicos – melhorar o merchandising do aplicativo no site e enviar um e-mail a titulares do cartão de fidelidade sugerindo que baixem o aplicativo – e em dois canais pagos – anúncios no Facebook e retargeting de visitantes do site, voltando a insistir para que instalem o app.

E quanto às demais ideias? Ao examinar as notas na reunião de crescimento semanal, a equipe discute o valor de testar um programa de indicação, já que as respostas à pesquisa sugerem que o resultado pode ser bastante bom. No entanto, a pontuação total é baixa, em parte porque o tempo para lançar o experimento e obter resultados é relativamente longo. O time decide incluir a ideia no roteiro de desenvolvimento com a meta de lançar o programa em oito semanas.

A campanha no rádio também é relegada ao pipeline; sua pontuação é baixa porque, apesar da vantagem da segmentação demográfica relativamente boa que essa publicidade permite e do fato de que a propaganda no rádio feita pela empresa foi bastante eficaz lá no começo, a equipe não conseguiria fazer uma análise detalhada dos resultados do mesmo jeito que seria possível com a publicidade no Facebook e com uma campanha de retargeting. Além disso, uma campanha no rádio é relativamente cara e exige bastante tempo e esforço para ser lançada. No caso do pop-up incentivando o usuário do site a baixar o aplicativo, a equipe teme isso possa ter efeito negativo em sua posição em rankings de buscas e causar irritação. Contudo, como tem uma pontuação bastante alta, a ideia vai para o topo do pipeline.

### OTIMIZE SEUS EXPERIMENTOS

Avancemos no tempo. Com a primeira leva de experimentos, a equipe descobre que a publicidade no Facebook surte especial efeito em dois de seis grupos demográficos eleitos: o de mães de primeira viagem e o de pessoas na casa dos 20 anos em duas cidades específicas; os dados mostraram jovens com salário anual de US$ 75 mil ou mais que chegaram ao aplicativo pelos anúncios baixavam e instalavam o app a uma taxa especialmente alta. A campanha de retargeting deu resultados decepcionantes, levando o time de crescimento a concluir que terá de ser revista e a decidir otimizar a publicidade no Facebook, testando outros anúncios: alguns voltados especificamente para novas mamães, em escala nacional; outros para jovens com salário anual de mais de US$ 75 mil nas 20 maiores cidades dos Estados Unidos.

## CAPÍTULO CINCO

No caso dos testes com canais orgânicos, a campanha para membros do programa de fidelidade foi um sucesso: quase 4% dos que receberam o e-mail baixaram o aplicativo. Já a nova promoção no site produziu um resultado curioso: muitos cliques, mas um volume decepcionante de downloads do app. O time decide, então, priorizar a otimização e a expansão da campanha com titulares do cartão de fidelidade e testar novas otimizações para convencer quem clicava na promoção no site a realmente instalar o aplicativo.

O processo ajudou a equipe a rapidamente identificar duas iniciativas promocionais muito promissoras e a definir uma rota para continuar experimentando e identificando boas abordagens para a aquisição de novos clientes.

### Continue experimentando coisas novas

Com a proliferação de canais para chegar ao usuário, cresce também o número de estratégias possíveis para alavancar esses canais e, com isso, atrair mais pessoas para o produto. A fase de ideação do processo de growth hacking deve produzir uma fonte de ideias para a empresa tirar o máximo proveito dos canais mais promissores. A tendência recente de lançar programas digitais gratuitos é um ótimo exemplo de como estratégias para otimizar canais existentes – no caso, o marketing de conteúdo – não param de evoluir. Vejamos o exemplo do Market Grader, programa gratuito do HubSpot que, com a mera inserção de uma URL, permite ao usuário descobrir automaticamente que aspectos de um site estão funcionando e quais é preciso melhorar. Essa e muitas outras ferramentas do gênero possibilitam que a empresa seja ouvida apesar dos ruídos de conteúdos grátis (blogs, white papers, infográficos, tutoriais em vídeo) que hoje saturam a internet. Além de chamar a atenção, elas podem ser "perenes", ou seja, exigir pouca manutenção para seguir atraindo novos clientes, às vezes por anos a fio. Outras estratégias novas incluem criar comunidades, como a do GrowthHackers.com, ou embarcar logo em uma dessas plataformas que surgem a toda hora e bombam – um novo Snapchat, digamos – para ter a vantagem conferida aos primeiros usuários.

Assim, ainda que a empresa tenha descoberto um canal estabelecido ou uma série de estratégias que funcionam, é preciso estar sempre de olho em novidades que mereçam ser testadas. Aliás, é justamente porque há muitas novidades à disposição – tanto em canais como em estratégias específicas de aquisição – que o método de growth hacking é tão eficiente e eficaz; a abordagem baseada em dados, priorização e experimentos ajuda o time a desbravar esse vasto mar de opções e a focar de maneira inteligente sua energia e sua verba de marketing.

Buscar novos canais será ainda mais importante à medida que o crescimento for engrenando. Primeiro porque, em qualquer canal, é praticamente inevitável topar com um teto natural, além do qual simplesmente será impossível conquistar um número suficiente de clientes para que o canal continue valendo a pena. Um anúncio mostrado sempre ao mesmo público no Facebook, por exemplo, a certa altura deixará de surtir efeito, fazendo a taxa de cliques despencar e o custo disparar. O mesmo vale para promoções voltadas para membros do programa de fidelidade: se insistir demais, seus e-mails vão começar a ir direto para a pasta de spam. Quando se atinge essa capacidade máxima, é preciso buscar outros canais para conseguir um crescimento adicional.

Como já dissemos, o time de crescimento deve periodicamente deslocar o foco para a fase seguinte do funil do cliente, passando da aquisição para a ativação e, depois, para a retenção. Faremos o mesmo no próximo capítulo, ao tratarmos da ativação. Antes, porém, é importante dar uma boa olhada no tema da aquisição viral de usuários, que hoje está intimamente ligado ao processo de growth hacking. Aliás, o objetivo do growth hacking já foi descrito, erroneamente, como o de criar "loops virais" – ou seja, mecanismos como programas de indicação – para atrair usuários. Esses mecanismos podem, sim, ser maravilhosos (como no caso do Dropbox), mas há uma série de equívocos sobre como criá-los e sobre o efeito que podem ter no crescimento.

Antes de passar à fase seguinte e mostrar como ativar a nova base de clientes que você está conquistando, vamos falar sobre as várias modalidades de loop viral, comparar o mito com a realida-

## CAPÍTULO CINCO

de e mostrar como testá-las para que tragam os melhores resultados para sua empresa.

### CRIE LOOPS COM O CLIENTE

O rápido sucesso de hacks que se valeram do loop viral – como a chamada que o Hotmail usou no pé das mensagens para incentivar quem recebia o e-mail a criar uma conta no serviço ou o programa do Dropbox que dava espaço de armazenamento grátis a quem indicasse amigos – pode dar a impressão de que levar o usuário a fazer propaganda de seu produto é bem mais fácil do que realmente é. Um dos mitos sobre o loop viral é que basta criar o incentivo e deixar que o boca a boca faça o trabalho de aquisição. A realidade é bem menos idílica. É importante entender que nem todos os loops virais são iguais e que criar um loop eficaz é muito mais fácil para certos produtos do que para outros. É fácil para um produto como o Venmo, um meio de pagamento mobile que o PayPal comprou – pois um aplicativo usado para a transferência de dinheiro entre pessoas de sua rede tem lá sua vantagem: quem não vai baixá-lo para receber ou fazer pagamentos? Para a maioria dos demais inventos, no entanto, convencer o usuário a mandar e a aceitar um convite é bem mais difícil. Em geral, provocar algo parecido à verdadeira viralização exige muito teste no começo e muita otimização na sequência.[15] Infelizmente, não há fórmula mágica. O que há são métodos para achar estratégias que funcionem em seu caso.

Aqui, é importante lembrar uma lição fundamental do capítulo 2: se seu produto não é must-have – se não tem um valor inquestionável, se não cria um momento aha –, nenhuma estratégia de loop viral conseguirá ajudá-lo. Lembra que falamos do Upworthy, da capacidade seu pessoal de viralizar o conteúdo com títulos geniais? Pois grande parte do sucesso do site está em reconhecer que o conteúdo em si é igualmente importante para a viralização. "Não temos pudor em fisgar as pessoas se elas vão gostar do conteúdo", diz seu fundador, Eli Pariser. "Se não gostarem, não vão compartilhar. A viralização é um equilíbrio (…) de forma e conteúdo."[16] Moral da história: embora achar a mensagem certa para atrair as pessoas seja crucial, o produto precisa ter valor de verdade para que haja crescimento viral.

*Hacking para a aquisição*

Outro motivo de muita confusão sobre o crescimento viral é o significado do termo. Para começar, é importante distinguir uma forma de viralização da outra. Uma delas é o tradicional *boca a boca*; a outra, a *viralização integrada*, um recurso que, incorporado ao produto, serve para que usuários atraiam outros. É perfeitamente possível que o crescimento de um produto se deva a ambas e, como já dissemos, até algo que parece ter crescido graças à viralização integrada – o maior exemplo é o Facebook – na verdade também teve um belo empurrão do boca a boca. Lembremos que Chamath Palihapitiya orientou o time de crescimento do Facebook a se concentrar em criar um produto espetacular e a nem pensar em instrumentalizar a viralização lá no início. O que nos traz a algo crucial: na hora de instrumentalizar a viralização, é importante seguir o mesmo princípio adotado na criação do produto, ou seja, tornar a experiência de compartilhar o produto com outros um must-have ou, no mínimo, o mais fácil e agradável possível. O link no pé das mensagens do Hotmail, por exemplo, era a síntese de uma boa experiência do usuário: com um clique e um breve cadastro, a pessoa abria uma conta de e-mail grátis. No Dropbox, Sean trabalhou intensamente com a equipe para simplificar o programa de indicação, desde criar um bom visual para ele até facilitar o envio e a aceitação de convites. Em suma, mais do que fácil, o design do programa tornou o ato de convidar amigos legal. Nos dois casos, os loops virais deram tão certo que as pessoas não só aderiram, como se sentiram bem com a experiência e falaram maravilhas dela a quem quisesse ouvir.

Outro erro comum sobre o crescimento viral decorre da definição típica de produto viral que circula na comunidade de growth hacking. Segundo ela, para ser verdadeiramente viral, o produto deve ter um *coeficiente viral* (ou *fator K*) maior que 1. Isso significa que cada usuário conquistado traz um ou mais usuários novos para o produto. Só que atingir esse grau de viralização é extremamente raro e, ainda que isso ocorra, em geral dura pouco. Para entender quão irreal é a meta, vejamos rapidamente como calcular o coeficiente viral. Fique tranquilo, pois é uma equação muito simples:[17]

## CAPÍTULO CINCO

Coeficiente Viral (K) = convites enviados por clientes × porcentagem de convidados que aceitam o convite

Digamos que uma empresa com 25 mil usuários lance um programa de indicação e que 25% deles resolvam participar do programa. Esse grupo convida, em média, cinco pessoas e, em média, 10% dos convidados aceitam o convite. Isso significaria angariar 3.125 usuários novos, um crescimento de 50% com uma única investida no loop viral. Um resultado desses em qualquer iniciativa de marketing configuraria um tremendo sucesso, só que o coeficiente viral desse programa de indicação seria de 5 × 10% = 0,5, muito longe do 1 que caracterizaria a verdadeira viralização.

Mas chega de tecnicalidades sobre o que é ou não crescimento viral. A moral da história não é que o time de crescimento não deve tentar deflagrar um crescimento viral; é, antes, que precisa ser mais prático na hora de avaliar o potencial viral. Sugerimos que ele tente criar uma série de loops de engajamento viral para o produto em questão, tomando o cuidado, no entanto, de definir e comunicar expectativas realistas durante o processo, tanto para a equipe como para a gerência.

Em vez de ficar se estressando com o coeficiente viral (que, conforme mostramos, é fugaz e não computa fatores determinantes do crescimento viral), é melhor usar uma fórmula simplérrima elaborada por Sean Parker, cofundador do Napster e ex-presidente do Facebook, para determinar o grau de viralização que seu produto provavelmente conseguirá. Lá no começo, ele ensinou ao pessoal da rede social que a viralização de qualquer produto é controlada por três fatores – *payload*, *taxa de conversão* e *frequ*ência –, que podem ser representados em uma regra bem simples:

Viralização = payload × taxa de conversão × frequência

O payload é o número de pessoas a quem o usuário provavelmente vai mandar a promoção (ou link, widget etc.) em determinado momento. No caso do Hotmail, a maioria das pessoas enviava e-mails para um único destinatário; um número bem menor, para pequenos grupos; e pouquíssimas, para uma longa lista de destinatários. Então, o payload do link do Hotmail para abertura da conta de e-mail era baixo. O segundo fator é a taxa de conversão do convite, bastante alta no caso do Hotmail, pois à época e-mail grátis era uma novidade interessante. O último fator é a frequência com que as pessoas serão expostas aos convites (ou seja, com que frequência os e-mails serão enviados). Para o Hotmail, era alta, uma vez que a maioria das pessoas mandava e-mails para amigos, familiares e colegas de trabalho com bastante frequência. Logo, apesar do payload baixo, a taxa de conversão e a frequência elevadas tornaram o link do Hotmail extremamente viral. Portanto, na hora de criar um loop viral, tenha como meta otimizar as três variáveis para gerar crescimento.

Quando você começa a considerar que tipo de loop viral vai testar, tem de tomar um monte de decisões importantes. A primeira é como distribuir os convites. Nos melhores loops virais, o convite é resultado natural do uso do produto, como no caso do Hotmail, cujos usuários não tiveram de fazer nada além de mandar um e-mail; o convite para abrir uma conta estava incorporado ao próprio e-mail, de modo que a indicação foi totalmente passiva. Pedir esse favor aos usuários nem sempre é possível; em geral, deve-se dar algum incentivo. Aqui, a melhor saída é criar um *incentivo duplo*, ou seja, tanto o remetente como o destinatário ganham algo. Se o payload for alto, talvez não seja preciso um incentivo tão forte para conseguir bons resultados, pois, ainda que a parcela de interessados seja pequena, o acréscimo será bom. Já se o payload for baixo, provavelmente será necessário um incentivo melhor, para ambas as partes, para elevar a taxa e a frequência de conversão.[18]

Um erro comum cometido por empresas na hora de otimizar um loop é tentar aumentar o número de pessoas convidadas a baixar ou a experimentar algo de tal modo que acabam irritando não só os usuários, como também aqueles que foram indicados. Quem, sem querer, já mandou um convite para baixar um aplicativo a sua lista inteira de contatos sabe quanto isso é desagradável. Manobras para levar um usuário a fazer algo que normalmente não faria são conhecidas entre especialistas em experiência do usuário como "dark patterns" e, embora essas interfaces do mal possam surtir efeito no curto prazo, a antipatia que despertam no usuário dura muito e emperra o crescimento no longo prazo. A publicidade negativa e a animosidade que uma armadilha dessas provoca podem ser suficientes para arruinar o melhor dos produtos. Já vimos isso acontecer.

Eis uma série de melhores práticas a experimentar para criar loops que o ajudem a evitar essas ciladas.

### CONSIDERE O POTENCIAL DE EXPLORAR EFEITOS DE REDE

Os melhores loops são aqueles em que a pessoa quer ajudar a recrutar mais usuários porque isso vai melhorar sua própria experiência com o produto, como no caso do Facebook ou do LinkedIn. É por isso que um produto com efeitos de rede tem uma grande vantagem natural no crescimento viral; quanto mais pessoas passarem a usá-lo, melhor ele fica, e, por isso, todos estão dispostos a chamar os outros a entrar na onda. Redes sociais e aplicativos de mensagens são exemplos óbvios. O mesmo vale para grandes plataformas como eBay e Etsy, que fazem a ponte direta entre compradores e vendedores: mais pessoas usando a plataforma significa mais clientes para mim como vendedor e um sortimento maior para mim como comprador.

Certos produtos simplesmente não têm essa característica. O aplicativo mobile da rede de supermercados é um deles: sugerir o app ao vizinho não vai melhorar em nada sua experiência como usuário, por exemplo. Entretanto, ainda que não seja óbvio à primeira vista, muitas empresas têm, sim, algum potencial de efeito de rede que podem e devem explorar. Vejamos o Dropbox. Quanto mais arquivos eu subir na nuvem, maior a probabilidade de sugerir o serviço a outras pessoas para podermos colaborar, e, quanto mais gente que conheço usa o Dropbox, mais fácil é compartilhar arquivos.

É por isso que descobrir como seus clientes usam o produto e onde daria para criar e otimizar potenciais loops é fundamental para usar efeitos de rede e crescer de maneira viral.

Uma empresa que fez isso foi a Eventbrite, plataforma para organizadores de eventos que fica com parte do montante arrecadado com a venda de ingressos pelo site. Em um lance inteligente, ela criou um loop viral ao incentivar quem compra ingressos a compartilhar com os amigos que está indo a um evento. É, obviamente, um jeito de atrair mais gente e vender mais ingressos, mas também é bom para quem compra, pois, quanto mais amigos forem a um evento ao qual a pessoa vai, melhor a experiência para ela (dependendo dos amigos, claro). Esse loop ainda contribuiu para que a Eventbrite atraísse mais promotores de eventos, porque a empresa conseguiu usar esse compartilhamento para ajudar organizadores a vender mais ingressos. Segundo a Eventbrite, cada compartilhamento de um evento produz US$ 3,23 em receita adicional para os organizadores.[19]

### CRIE UM INCENTIVO QUE TENHA SINERGIA COM O CORE VALUE DO PRODUTO

Se a empresa não tiver um incentivo a compartilhar que seja inerente à experiência do usuário, talvez seja preciso criá-lo, em geral com alguma forma de recompensa. No entanto, é fundamental que toda recompensa que o usuário receba por indicar o produto aos outros tenha a ver com o core value (valor central) deste. Se, por exemplo, o aplicativo da rede de supermercados premiar com flores quem indica pelo menos três pessoas, certos consumidores podem até gostar do mimo, mas para muitos outros vai parecer estranho, nada a ver com o que esperariam de um supermercado. Já se a rede fosse passar a vender flores também, esse presente claramente estaria alinhado com o produto promovido. Falamos antes do language/market fit e do product/channel fit. Aqui, seria uma espécie de product/incentive fit.

Foi essa a grande sacada do programa de indicação do Dropbox. A ideia do produto era permitir não só o armazenamento de arquivos, mas seu fácil compartilhamento com outros. Logo, convencer mais pessoas a usar o Dropbox estava em total sintonia com o interesse dos usuários, e conseguir mais espaço de armazenamento grátis também era um incentivo totalmente alinhado com o core value do produto. Uma boa regra geral é: seja lá o que estiver vendendo – um serviço, um produto físico, alguma informação ou conteúdo –, o valor de seu incentivo deve estar o mais alinhado possível com isso.

*CAPÍTULO CINCO*

Um incentivo monetário também pode funcionar. Contudo, para que surta efeito, é importante que esteja ligado ao core value do produto. O Airbnb dá US$ 25 a quem convida alguém para a plataforma e a quem é convidado, crédito a ser usado em uma reserva futura na plataforma. Aqui, usar uma mensagem vinculada ao produto ou à marca importa; para o Airbnb, a mensagem é incentivar a pessoa a viver o lugar que visita como se fosse de lá.

No caso do aplicativo da rede de supermercados, criar um programa de indicação no qual cada pessoa que usa o app tem um desconto de US$ 10 na próxima compra faz sentido. A desvantagem de oferecer dinheiro, ainda que na forma de desconto, é que é muito fácil calcular seu valor em relação àquilo que você deve fazer para recebê-lo, e isso pode tornar difícil incentivar alguém a agir se a soma não for alta. Compare a oferta de US$ 10 com a de 250 megabytes de espaço grátis no Dropbox. Quanto vale esse espaço? É difícil, como usuário, definir o valor – a *sensação* é que é elevado –, mas, para o Dropbox, o custo incremental é excepcionalmente baixo.

### O CONVITE PARA COMPARTILHAR DEVE SER INTEGRADO À EXPERIÊNCIA DO USUÁRIO, NÃO UM APÊNDICE

É preciso muito cuidado na hora de pedir ao usuário que compartilhe algo com os outros. Embora um pedido invasivo possa ser irritante e considerado inconveniente, a ideia é, sim, que o usuário veja o pedido. A melhor maneira de resolver esse dilema é integrar o prompt do modo mais natural possível à experiência do usuário. Muitas empresas criam um programa de indicação do produto no último minuto (outra razão pela qual gerentes de produto, designers e engenheiros devem participar das atividades do time de crescimento, para poder levar isso tudo em conta na hora de desenvolver o produto inicial) e deixam esse programa em páginas do site ou telas do aplicativo que raras vezes alguém abre; infelizmente, com essa baixa visibilidade, é quase certo que nunca haverá massa crítica para deflagrar o loop viral. Melhor seria inserir o prompt em áreas de maior tráfego ou na tela inicial. Na ScoreBig, plataforma de venda de ingressos para eventos ao vivo, na qual Morgan trabalhou, a equipe viu um salto enorme no número de convites enviados a amigos quando integrou o programa de indicação à experiência do novo usuário. Antes, só dava para acessar o programa por um link escondido em um canto no alto da homepage do site.

Se você começar a prestar atenção a esse detalhe nos sites que visitar e nos aplicativos que usar, rapidamente verá quem faz isso bem e quem não faz. Assim que cria um perfil no LinkedIn, a pessoa é incentivada a verificar com quem está conectada e a importar os contatos de e-mail para expandir sua rede. O Uber dá bastante destaque a um incentivo para o usuário convidar amigos para a plataforma: diretamente na tela que detalha a situação da corrida atual. Se olharmos bem, veremos que a maioria das empresas que registraram algum crescimento pelo boca a boca fez de tudo e mais um pouco para tornar seus mecanismos de loop viral bem visíveis e, ao mesmo tempo, interessantes e intuitivos para o cliente.

### GARANTA UMA BOA EXPERIÊNCIA PARA QUEM CHEGA POR INDICAÇÃO

Outro erro comum é não otimizar a experiência de quem chega ao produto ou serviço por indicação de outro usuário. Pedir imediatamente à pessoa que crie uma conta no serviço antes que saiba do que se trata o site e qual a vantagem de ter uma conta ali é um exemplo.

Compare isso com a sensacional experiência criada pelo Airbnb para quem acessa o site indicado por alguém. Primeiro, o convite traz o nome e a foto da pessoa que o indicou, juntamente com uma mensagem especial sobre o incentivo, que no momento em que escrevíamos este livro era: "Seu amigo 'fulano' deu um crédito de US$ 25 para sua primeira reserva no Airbnb, a melhor maneira de viajar. Não esqueça de agradecer!". O call to action é altamente visível e simples: uma grande caixa com o texto "Peça seu crédito". O benefício aqui é duplo: quem é indicado ficará mais inclinado não só a responder, como também a indicar alguém, pois agora sabe que não vai importunar os amigos com um convite inútil ou inconveniente.

## CAPÍTULO CINCO

### EXPERIMENTE, SEMPRE

É bom lembrar que a maioria dos "sucessos instantâneos" exigiu testes extensos e que o sucesso com loops virais não é diferente. As brilhantes estratégias apresentadas neste capítulo não surgiram do nada, e sim de uma boa quantidade de testes e de otimização que trouxeram surpresas de sobra para os times de crescimento em questão. No Dropbox, Sean e a equipe se surpreenderam ao descobrir que, se o convite para compartilhar um arquivo também oferecesse a vantagem de ter um espaço para armazenamento na nuvem, a taxa de conversão na verdade caía! Já quando a página de boas-vindas a quem chegava ali por indicação frisava como o serviço facilitava a colaboração e o compartilhamento de arquivos, a taxa de conversão subia. Por quê? É que aquele pessoal indicado ainda não tinha sentido o desejo de ter espaço de armazenamento na nuvem, porém a maravilha de poder compartilhar arquivos com tanta facilidade não só com quem tinha indicado o serviço, como com muito mais gente, tinha apelo imediato. Olhando hoje, faz sentido, mas dificilmente o time de crescimento teria descoberto esse detalhe se não tivesse feito experimentos.

O LinkedIn ficou igualmente surpreso ao descobrir que seu programa de indicação surtia mais efeito se o usuário fosse incentivado a enviar mais convites do que o prompt original sugeria, só que não muito mais. A princípio, o prompt sugeria que a pessoa convidasse duas outras. Então, em vez de deixar a coisa aí, a equipe experimentou pedir aos usuários que chamassem um pouco mais de gente. Quando, contudo, esse número chegou a seis, a resposta começou a piorar. No final, o time concluiu que o ideal seria recomendar que um usuário convidasse quatro pessoas para a rede.[20]

Moral da história? Muitos dos melhores hacks nascem de descobertas imprevistas. Os métodos que apresentamos neste capítulo foram feitos para ajudar você a encontrá-los – de maneira estratégica, eficiente e barata.

Agora que sabemos como atrair novos usuários, veremos em detalhe como garantir que se tornem ativos uma vez que tenham sido conquistados.

CAPÍTULO SEIS

# Hacking para a ativação

Depois de todo o esforço para atrair potenciais clientes, como fazer para que usem de verdade seu produto – ou, no vocabulário do growth hacking, como ativá-los? Infelizmente, muitas empresas apanham aqui. Basta dizer que 98% do tráfego de um site não leva à ativação e que a maioria dos aplicativos mobile perde até 80% dos usuários três dias após o download.[1]

Melhorar a ativação significa, no fundo, levar um número maior de novos usuários a viver o momento aha: quanto mais pessoas perceberem que o produto é must-have, maior o número daquelas que seguirão com a empresa. O processo de growth hacking inclui um rigoroso método para revelar o que vem impedindo o usuário de viver essa experiência aha e para testar hacks que aumentem a ativação. Aqui, de novo, não há fórmula mágica; essas iniciativas vão depender do produto, e toda ideia a ser testada deve ser fundamentada na análise de seus dados específicos. A boa notícia é que o processo de growth hacking tem um guia para ajudar você a chegar lá.

Neste capítulo, vamos primeiro apresentar três medidas cruciais que todo time de crescimento deve tomar para identificar e realizar experimentos de ativação de alto impacto. Em seguida, falaremos sobre as melhores práticas para aumentar a ativação, as quais já surtiram bastante efeito em empresas de crescimento acelerado. Por último, trataremos de uma das estratégias mais eficazes, e também das mais ousadas, nessa área: o uso de "triggers" – gatilhos ou prompts que incentivam o usuário a usar um produto novamente. Veremos em detalhe o complexo desafio de criar triggers que funcionem.

### Mapeie o caminho que leva ao aha

O primeiro passo do hacking para a ativação é identificar, na jornada do cliente, todo e qualquer passo na trajetória rumo ao momento aha. Partimos do princípio de que você já descobriu, no processo de tornar o produto must-have, qual é esse momento mágico. Para ver como criar um mapa de pontos ao longo desse caminho, voltemos ao aplicativo da rede de supermercados. Como dissemos lá no capítulo 3, a equipe concluiu que a experiência aha do usuário é constatar que ele pode usar o app para fazer compras de supermercado de maneira fácil e rápida de qualquer lugar, em qualquer tempinho livre entre um compromisso e outro, ou simplesmente quando se lembra de algo de que precisa em meio à correria do dia a dia.

O passo seguinte para o time é enumerar tudo o que um novo usuário tem de fazer para viver essa experiência: baixar o aplicativo, encontrar o que quer comprar, adicionar o item ao carrinho de compras, preencher um formulário com nome, endereço para entrega e informações do cartão de crédito para criar uma conta e, isso feito, efetuar a compra propriamente dita. E, para que a experiência realmente seja must-have, ele precisa receber o pedido completo em casa, como esperado.

Só de ler essa trajetória é possível pensar em muitas coisas que levariam o usuário a perder o interesse ou a paciência e fechar o aplicativo antes de finalizar a compra. Vai ver que o aplicativo é lento demais, que encontrar o que está procurando é complicado, que criar uma conta dá muito trabalho. No growth hacking, no entanto, é fundamental não ir tirando conclusões precipitadas sobre o comportamento do usuário. O mais correto, nesse processo, é avaliar dados concretos sobre esse comportamento e, com base no que foi observado, consultar o usuário para focar os testes em mudanças que terão o maior impacto potencial. Ainda que você *acredite* que sabe quais são os entraves à ativação, a realidade pode ser outra, bastante surpreendente.

Uma vez identificados todos os passos que levam ao momento aha, a primeira medida para descobrir que obstáculos o cliente está encontrando e o que faz com que desista é calcular a taxa de conversão em cada um dos passos da jornada rumo ao momento aha, ou seja, a porcentagem de visitantes que dá cada passo desses na trajetória.

### CRIE UM RELATÓRIO DE FUNIL

Um dos melhores meios de medir taxas de conversão é com um *relatório de funil*, um instrumento que mostra que porcentagem das pessoas que visualizam seu produto está concluindo cada uma das principais etapas da jornada do cliente – e, quando é o caso, em que ponto estão abandonando essa trajetória. Vejamos um relatório hipotético bem básico criado pela empresa de analytics Kissmetrics, mostrando um drop-off (abandono) bastante comum entre a primeira visita e o cadastro.

## RELATÓRIO BÁSICO DE FUNIL
### 1º DE ABRIL DE 2015 – 30 DE ABRIL DE 2015

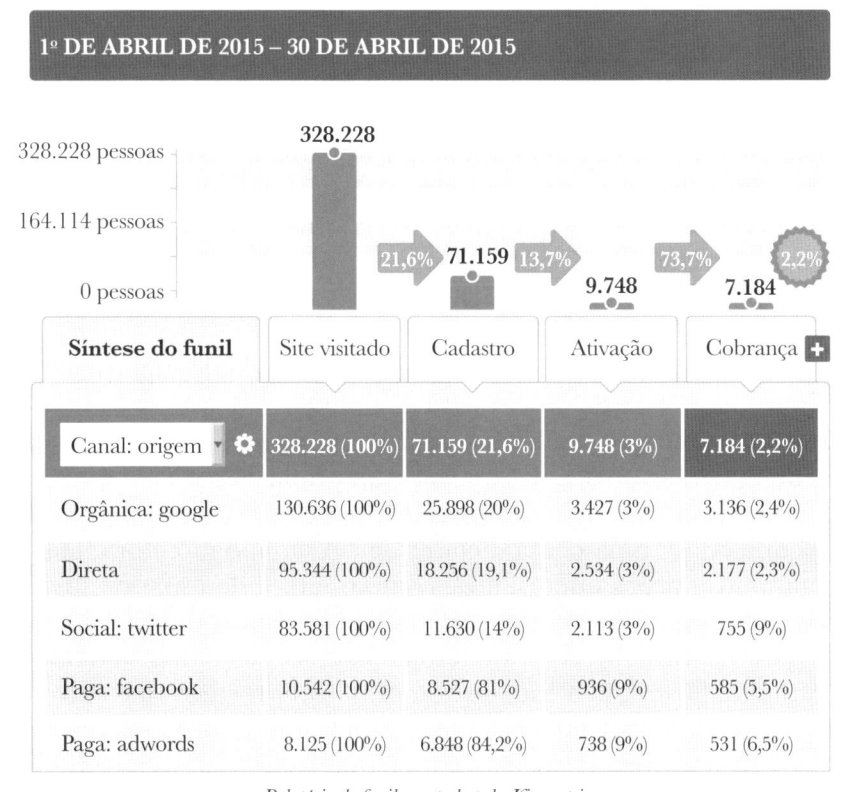

| Síntese do funil | Site visitado | Cadastro | Ativação | Cobrança |
|---|---|---|---|---|
| Canal: origem | 328.228 (100%) | 71.159 (21,6%) | 9.748 (3%) | 7.184 (2,2%) |
| Orgânica: google | 130.636 (100%) | 25.898 (20%) | 3.427 (3%) | 3.136 (2,4%) |
| Direta | 95.344 (100%) | 18.256 (19,1%) | 2.534 (3%) | 2.177 (2,3%) |
| Social: twitter | 83.581 (100%) | 11.630 (14%) | 2.113 (3%) | 755 (9%) |
| Paga: facebook | 10.542 (100%) | 8.527 (81%) | 936 (9%) | 585 (5,5%) |
| Paga: adwords | 8.125 (100%) | 6.848 (84,2%) | 738 (9%) | 531 (6,5%) |

*Relatório de funil montado pela Kissmetrics*

Naturalmente, os passos para os quais você vai calcular essas porcentagens vão depender do produto; nesse caso hipotético, foram visita inicial, cadastro, ativação e cobrança. Para outras empresas – o Uber, digamos –, o relatório de funil pode exibir o percentual de pessoas que baixam o aplicativo, o das que o abrem, o das que criam uma conta, o das que pedem um carro, o das que avaliam o motorista e por aí vai. Em outras, esses passos podem incluir convidar amigos, baixar um white paper, assistir a um vídeo ou visitar uma loja de varejo. A ideia é que, seja qual for o produto, todos os passos essenciais da jornada do cliente até o momento da ativação sejam monitorados.

Além de acompanhar a taxa de conversão em momentos cruciais da jornada, o relatório deve classificar visitantes segundo a rota ou canal usado para chegar ao produto: buscas no Google, AdWords, Facebook, Twitter, banners em sites, indicação de clientes etc. Diferenças surpreendentes na taxa de ativação por canal podem levar a descobertas importantíssimas, capazes de fazê-lo retroceder para testar de novo alguns dos canais de aquisição selecionados conforme as instruções do capítulo anterior. De posse desses dados, você vai buscar diferenças entre os clientes ativos, os que foram ativados, mas sumiram, e os que nunca foram ativados (bounced). Em suma, esse relatório dá uma visão detalhada dos obstáculos encontrados por clientes trazidos por distintos canais, o que pode ser usado para melhorar a taxa de conversão de novos clientes em usuários ativos.

Vejamos como a equipe do aplicativo da rede de supermercados age nessa fase do processo. O analista de dados monta um relatório de funil que calcula a porcentagem de pessoas que baixam e abrem o aplicativo, a das que buscam produtos para comprar, a das que adicionam itens ao carrinho de compras e, por último, a das que criam uma conta e compram. A equipe monitora, também, outras ações importantes, como o índice de usuários ativados por uma oferta ou promoção especial, como o desconto de US$ 10 na primeira compra, testado lá no começo. Digamos que o time tenha criado a lista de compras – um recurso que entrou na fila de desenvolvimento e que foi lançado há uns dois meses. Nesse caso, é preciso calcular, ainda, que parcela das pessoas está

# CAPÍTULO SEIS

adicionando itens a essa lista e que porcentagem delas realmente está comprando esses produtos.

Criar um relatório de funil de ativação pode ser simples se a equipe tiver seguido as instruções do capítulo 3 para definir corretamente as métricas e instituir maneiras de monitorá-las. Programas de analytics como Kissmetrics, Mixpanel, Google Analytics e Adobe Omniture SiteCatalyst permitem a criação desses funis com base em eventos específicos e trazem um monte de ferramentas de visualização e monitoramento do funil úteis e criativas. A coisa pode ser mais complicada em certos casos, sobretudo se, para criar o funil de ativação, for necessário combinar várias fontes de dados. No entanto, um especialista em dados saberá identificar fontes relevantes a consultar e como criar o relatório mesmo que os dados estejam dispersos (outro motivo para incluir um analista de dados no time de crescimento!).

Ao sentar para analisar os dados, a equipe faz um punhado de constatações curiosas. Descobre, por exemplo, que um grande número de usuários está colocando itens no carrinho de compras, mas saindo do aplicativo antes de fornecer os dados do cartão de crédito. Vê, também, que um número importante de pessoas não está buscando muitos itens e que os clientes mais ativos na primeira semana depois de baixar o aplicativo conferiram um volume considerável de itens na primeira visita. Por último, observa que uma grande parcela de usuários que colocam produtos na lista acaba efetivando a compra e que muitos deles voltam a comprar posteriormente.

Esses dados deixam claro que um dos principais obstáculos é a experiência do checkout. Logo, seria bom considerar experimentos para facilitar esse processo, talvez testando um novo formulário de pagamento, mais fácil ou mais rápido de preencher. Já que novos usuários não estão buscando muita coisa no aplicativo, o time também deveria considerar testes para incentivar os primeiros visitantes a navegar mais – por exemplo, facilitando a busca de itens na tela inicial do aplicativo, dando destaque a produtos em promoção ou alardeando mais certas seções do aplicativo (uma tela com os "produtos mais populares", digamos).

Opção não falta para a equipe. No entanto, antes de começar a testar essas ideias, há mais um passo no levantamento de dados:

sair a campo, ou seja, fazer um punhado de pesquisas e entrevistas para tentar descobrir as razões do comportamento revelado pelos dados. Isso vai ajudar o time a fechar o foco e a bolar e testar os hacks de maior potencial.

A equipe de crescimento da Qualaroo, empresa de pesquisa online criada por Sean, seguiu esse processo na busca de ideias de hacks para aumentar a ativação. Ao analisar a fundo os dados de usuários – para detectar diferenças na experiência de quem usava a versão grátis e depois assinava o serviço e na de quem testava o produto, mas, no final, não comprava –, vimos que a maioria dos usuários que acabavam comprando tinha obtido pelo menos 50 respostas em pesquisas feitas no período de teste do serviço. Como sabíamos que o momento aha para o cliente era conseguir um feedback acionável com as pesquisas, determinamos que 50 respostas era o ponto após o qual o valor do serviço ficava patente.

Para aumentar a probabilidade de que usuários no período de teste obtivessem pelo menos 50 respostas em uma pesquisa, realizamos vários experimentos, incluindo uma série de iniciativas para orientar o cliente – disparar um e-mail com um novo texto e criar tutoriais em vídeo – sobre o melhor tipo de pesquisa a fazer para buscar informações sobre temas específicos e sugestões sobre onde fazê-la. Também mudamos a lista de pesquisas recomendadas a novos usuários, que passou a conter sondagens de uso mais geral e maior taxa de resposta, como pesquisas de Net Promoter Score. Por último, eu, Sean, instruí o time de sucesso do cliente a ser proativo no contato com visitantes para dar dicas sobre a implementação de pesquisas. Juntos, esses experimentos produziram um aumento radical na taxa de ativação de clientes, mesmo com o preço do produto sendo triplicado!

### Pesquisas: o certo e o errado

Ao visitar um site ou usar um aplicativo, você provavelmente já viu surgir uma janelinha com uma pesquisa bem quando estava procurando algo ou prestes a comprar alguma coisa. Essa pesquisa, embora possa ser um instrumento de sondagem muito bom para um growth hacker, costuma ser motivo de irritação para o usuário. Para que traga informações úteis e não seja uma amolação, a pesquisa deve ser curtíssima e só aparecer sob duas condições: (1) quando a atividade da pessoa indicar confusão (digamos, passar tempo demais em uma página ou sair da tela do aplicativo ou da página do site); ou (2) logo depois de o usuário realizar uma ação que muitos outros *não* estão realizando, como criar uma conta ou comprar algo. Essa duas condições também podem fornecer informações valiosas sobre por que aquele cliente decidiu – ou não – dar o passo seguinte.

Sugerimos fazer no máximo duas perguntas, que podem ser abertas ou de múltipla escolha. Preferimos as de resposta aberta, pois não limitam as pessoas a suas suposições sobre os problemas que os usuários estariam tendo. Deixar que respondam o que quiserem pode surpreendê-lo. Um exemplo: a equipe do aplicativo da rede de supermercados talvez achasse que as pessoas não estavam comprando porque o formulário de pagamento era complexo demais. Uma pesquisa pode revelar, contudo, que um fator mais importante era que a pessoa não sabia ao certo se teria de pagar pela entrega ou tinha esquecido o código a inserir para receber o desconto na primeira compra. É o tipo de informação qualitativa que não se obtém só com dados quantitativos – daí ser tão importante ouvir os clientes nesse processo.

Para conseguir essa informação, é preciso perguntar diretamente aos clientes, por e-mail ou telefone – isso, naturalmente, se você tiver as informações de contato deles.

Se a pessoa entrou na página do site ou no aplicativo, mas saiu sem dar nenhuma informação de contato, é possível fazer uma pesquisa aparecer quando os padrões de navegação indicarem que ela está prestes a sair da página ou fechar uma tela (empresas como Bounce Exchange, Qualaroo e Qualtrics têm ferramentas para isso). Você ficaria surpreso com a quantidade de pessoas que se dão ao trabalho de responder a essas pesquisas antes de ir embora (e, quanto mais breves forem, maior a taxa de resposta). Aqui, a ideia é descobrir o que as impediu de seguir adiante. Use perguntas como:

• Por que você não fez o cadastro?
• Por que você não finalizou o pedido?

- Caso não tenha comprado nada hoje, qual foi a razão?
- Que informação faltou para que você fizesse seu cadastro hoje?

Ainda que soe paradoxal, algumas das melhores informações sobre as razões pelas quais as pessoas estão desistindo do produto em determinada etapa virão das que *não* desistiram. Ao investigar por que tantos usuários que abriram o aplicativo da rede de supermercados não compraram nada, por exemplo, a equipe deveria ouvir quem *concluiu* a compra. Afinal, esses consumidores também terão tropeçado nos mesmos obstáculos que fizeram outras pessoas desistirem de comprar e poderão revelar por que, mesmo assim, resolveram seguir em frente. Uma ideia seria exibir uma breve pesquisa na tela de confirmação do pedido perguntando ao cliente, por exemplo, se alguma coisa quase o impediu de finalizar seu pedido. Descobrimos que perguntas sobre uma "coisa" específica produzem um alto volume de respostas – e muito reveladoras. É claro que as perguntas feitas vão depender do ponto específico de drop-off que você está investigando. Outras possibilidades:

- O que você esperava encontrar nessa página?
- Essa página tem a informação que você estava procurando?
- Com que finalidade você entrou no site/abriu o aplicativo hoje?
- O que convenceu você a finalizar a compra hoje?
- Nessa tela, eu deveria ser capaz de...
- Há algum aspecto do processo de checkout que poderia melhorar?

Feito isso, a equipe da rede de supermercados terá tudo de que precisa – tanto dados concretos como comentários subjetivos de clientes – para avaliar um primeiro lote de ideias a testar. Suponhamos que decida priorizar duas ideias. Uma delas é tentar inserir automaticamente o código do desconto na primeira compra na página do checkout, já que a sondagem revelou que muitos clientes vão embora sem comprar por não lembrarem do código. É uma mudança que provavelmente vai melhorar os resultados, além de ser consideravelmente mais rápida e barata do que reformular completamente o carrinho de compras do aplicativo.

CAPÍTULO SEIS

Outra ideia é tentar exibir o recurso da lista de compras de maneira mais destacada na tela inicial do aplicativo após a instalação, já que os dados mostram que muitos daqueles que colocaram itens na lista acabaram concluindo a compra.

E, com isso, o time deslancha o processo. É bem provável que tenha de fazer muitos testes para cada ideia dessas – e para outras também – até conseguir otimizar a ativação. É bom sempre lembrar que, no growth hacking, não há bala de prata e até uma aposta que parecia garantida pode dar errado.

### A PERSISTÊNCIA SERÁ RECOMPENSADA

Para mostrar quão surpreendentes podem ser as descobertas que esse processo produz, vejamos uma leva de experimentos que o time de crescimento da HubSpot fez para incentivar a adoção do Sidekick, programa para que vendedores monitorem a eficácia de campanhas de e-mail. Na época, o Sidekick vivia um problema comum a muitas novidades: a adoção orgânica pelo boca a boca era forte, mas a ativação não engrenava. Para descobrir o porquê, a equipe primeiro analisou os dados para entender o que distinguia um usuário que comprava o programa depois de testá-lo daquele que instalava o Sidekick, mas depois desaparecia.

Para começar, o time dividiu os usuários em segmentos com características similares, incluindo particularidades como a fonte de tráfego (Google, Facebook etc.) que levara a pessoa até lá. Depois, analisou novos usuários por cargo, tipo de e-mail que enviavam, com que finalidade usavam o Sidekick (prospecção de clientes ou relações públicas, por exemplo) e que serviço de e-mail utilizavam (como Gmail ou Outlook). Uma das descobertas: a taxa de ativação de quem se cadastrava usando o e-mail do trabalho era mais alta. Logo, o primeiro passo foi tentar induzir as pessoas a usar o e-mail do trabalho em vez do particular (o mesmo aconteceu na Qualaroo, que ajustou o texto do formulário de cadastro para pedir que as pessoas dessem o e-mail do trabalho; quem tentava usar um e-mail que terminava em @gmail.com, @hotmail.com e afins nem conseguia se cadastrar).

Outra coisa que a equipe observou foi que a maioria daqueles que não viraram usuários assíduos não mandou mais que um

*Hacking para a ativação*

e-mail depois de instalar o aplicativo. Para descobrir o porquê, o time ouviu pessoas que tinham parado de usar o produto. Ao constatar que elas o abandonavam porque não sabiam como utilizá-lo, a equipe se surpreendeu, pois achava que era facílimo de entender e usar – a bem da verdade, uma vez instalado, o Sidekick fazia tudo sozinho, no background. Os dados, porém, diziam outra coisa. O time concluiu, então, que deveria testar maneiras de explicar melhor como usar o add-on.

Foram feitos vários testes: uma série de explicações na landing page que a pessoa via depois de instalar o aplicativo, vídeos mostrando como usá-lo e, ainda, uma amostra do relatório de respostas aos e-mails enviados pela pessoa. No entanto, nada melhorava a adoção. Ao todo, foram 11 experimentos distintos e nenhum surtiu efeito. Inconformada, a equipe percebeu que precisava analisar os dados novamente. Talvez a solução não fosse explicar melhor, e sim produzir o momento aha mais depressa. E se, em vez de conduzir a pessoa à landing page após a instalação, fosse exibida uma mensagem dizendo que o aplicativo fora instalado com sucesso e que o usuário já podia começar a enviar e-mails? A ideia deu certo: esse foi o trigger que fazia uma pessoa começar a usar o app e, logo depois, a perceber quão útil ele era. Adotada a mensagem, a taxa de ativação subiu drasticamente.

E não parou por aí. O time realizou mais 68 testes. Alguns deram certo, outros não e muitos trouxeram mais surpresas, mas todos renderam algum insight que fez a ativação subir consideravelmente – um exemplo perfeito de como deve ser o growth hacking.[2]

A lição, aqui, é que não há como saber de antemão que experimentos vão surtir o maior efeito. O melhor a fazer é manter a agilidade e seguir de olho nos dados, usando o que você for descobrindo para fazer novos testes e estar sempre pronto para provar coisas novas se algo não estiver produzindo o resultado esperado.

Embora haja, sim, uma lista básica de melhores práticas para aumentar a ativação – lista que apresentaremos em seguida –, encare-a menos como um guia a ser seguido e mais como exemplos e fonte de ideias na hora de considerar experimentos a provar. Todo produto é diferente e ninguém avança se só ficar tentando resolver problemas que, embora comuns, não são o que está impedindo a ativação no caso específico de seus clientes.

A moral da história é que não há atalhos. Contudo, se seguir os três passos que acabamos de descrever, você rapidamente terá ideias e insights que produzirão ganhos formidáveis na ativação. Só para lembrar, é preciso: mapear toda ação que leva um usuário ao momento aha; criar um relatório de funil que indique a taxa de conversão em cada uma dessas etapas e classifique os usuários pelo canal que usaram para chegar ao produto; e fazer pesquisas e entrevistas tanto com pessoas que abandonaram o processo em pontos de alta desistência como com usuários que seguiram em frente para entender as razões. Essa informação toda pode então ser usada para provar coisas novas, altamente dirigidas e de alto impacto, a fim de melhorar seus resultados.

Vejamos agora os obstáculos mais comuns à ativação e como criar experimentos de hacks para evitá-los.

### ELIMINE OS ATRITOS

No campo da experiência do usuário, *atrito*, ou *fricção*, é como se chama qualquer obstáculo irritante que impeça a pessoa de fazer o que está tentando fazer, como aquele anúncio que aparece no meio do artigo que você está lendo ou um CAPTCHA tão distorcido que, para decifrá-lo e conseguir mandar um formulário, são necessárias várias tentativas. No caso de um produto físico como uma cafeteira elétrica, pode ser um procedimento muito complicado programar o aparelho para fazer café em certo horário. A irritação causada pelo atrito é um fenômeno conhecido – quem nunca sentiu isso? O curioso é que, embora o percebamos nos produtos que usamos, em geral não detectamos fontes de atrito em coisas que ajudamos a criar ou a vender, talvez porque, como sabemos tão bem como funcionam, nosso cérebro simplesmente não enxerga os entraves. Quando um designer vê alguém se debatendo para usar um invento seu, é normal ficar surpreso com a dificuldade. Embora muito já se tenha dito sobre a necessidade de eliminar atritos da experiência do usuário com produtos digitais, eles continuam por aí: em processos de pagamento de sites que exigem que você crie uma conta antes de efetuar a compra, em pop-ups que pedem que você avalie um aplicativo sem nem ter tido tempo de usá-lo, em campos para digitar um código postal que não reconhecem o formato usado em seu país etc.

A cada barreira que é obrigado a saltar nesse percurso, o novo usuário pensa: "Vale a pena?". Se o valor de seu produto não for óbvio e convincente o bastante, até a menor das encheções pode espantá-lo – às vezes para sempre.

Sean criou uma fórmula simples para ajudar a manter a necessidade de eliminar atritos sempre presente:

DESEJO − ATRITO = TAXA DE CONVERSÃO

Como sugere a fórmula, quanto mais a pessoa desejar seu produto, mais atrito ela estará disposta a enfrentar nesse percurso. É por isso que aqueles fãs de primeira hora, os early adopters, são um presente dos céus para um produto novo ou incipiente, porque em geral estão dispostos a usá-lo – e até a pagar por ele – ainda que tenha sérias falhas. Morgan tem um endereço de dar inveja no Gmail porque, quando o serviço ainda estava na fase beta, ele participou de um leilão no eBay para conseguir um disputado convite para abrir uma conta no serviço e, com isso, ter o endereço de Gmail que ele queria. Gente com esse grau de desejo (que também pode ser considerado uma espécie de loucura) estará disposta a tolerar o inconveniente de falhas e aporrinhações, enquanto o resto não.

Para melhorar a ativação, ou você aumenta o desejo dos clientes, ou reduz o atrito que eles enfrentam – e tornar um produto mais desejável costuma ser bem mais difícil do que descobrir e eliminar fontes de atrito. É por isso que muitos times de crescimento de maior sucesso do mundo dedicam grande parte de sua energia a eliminar atritos.

Pense no relatório de seu funil de conversão como um mapa das fontes de atrito na jornada do cliente. Às vezes, basta olhar para os grandes pontos de drop-off nesse funil para começar a vislumbrar os obstáculos e a pensar em testes para eliminá-los ou minimizá-los. Um aplicativo que demora muito para ser baixado e um carrinho de compras falho são exemplos comuns, mas o ponto de atrito mais problemático talvez esteja no início da jornada do cliente, na experiência do novo usuário (NUX, na sigla em inglês).

### Otimize a NUX

A primeira regrinha para desenhar e otimizar a NUX é tratá-la como uma ocasião única e singular de contato com seu produto; como tal, pense na NUX como um produto em si. Isso significa que será preciso criar uma experiência especial, que convença o usuário a dialogar com o produto e a apreciar o que ele tem a oferecer. Uma grande vantagem de criar uma experiência à parte – ou seja, uma série separada de páginas ou telas no produto, caso este seja digital, ou no site da empresa ou da marca, se não for – é que, para a equipe de crescimento, fica mais fácil fazer testes na NUX, pois nenhuma dessas intervenções vai interferir na experiência de usuários atuais.

A segunda regra é que a primeira landing page da NUX deve cumprir três funções cruciais: *comunicar a relevância, mostrar o valor do produto* e *trazer um call to action claro*. Bryan Eisenberg, considerado por muitos o pai da otimização da conversão, chama esses três fatores de "trindade da conversão". Relevância significa se a página corresponde àquilo que o visitante pretendia e desejava, se serve para aquilo que ele buscava. Mostrar valor é responder de maneira imediata, clara e concisa à pergunta que todo visitante vai fazer: "O que eu ganho com isso?". Por último, o call to action indica o passo seguinte que a pessoa deve tomar – e precisa ser instigante. Embora tudo isso soe óbvio, a maioria das landing pages infelizmente não tem um ou outro desses elementos indispensáveis, se não todos.

Em geral, para otimizar essas páginas, é preciso provar muitas versões de texto, tanto os de taglines e calls to action como os que acompanha imagens e os que aparecem em subseções ou em lugares mais escondidos da página. Aqui, importa não só a mensagem, mas o layout. Ou seja, devem ser testados o tamanho, o posicionamento, a proporção entre texto e imagens. Também é importante verificar se a página fica melhor simplificada, com menos textos e/ou imagens, ou mais elaborada, com mais textos e/ou imagens de caráter explicativo.

Resumindo, todos os aspectos da NUX devem ser examinados com lupa para detectar se há algum problema. Ultimamente, duas estratégias vêm se mostrando particularmente úteis para eliminar atritos em atividades e produtos variadíssimos.

### SINGLE SIGN-ON

Testar maneiras de simplificar o processo de cadastro é crucial, pois reduzir a quantidade de informação que alguém precisa fornecer logo de cara pode aumentar bastante o número de pessoas que se cadastram. Hoje em dia isso é fácil, visto que plataformas como Facebook, Twitter, LinkedIn e Google possuem APIs simples de autenticação para desenvolvedores web e mobile que permitem que seus usuários façam login com contas que já têm – um recurso chamado "single sign-on" (SSO) ou login social. Na hora de reduzir o atrito no processo de cadastro, essa tecnologia pode ser um divisor de águas, uma vez que possibilitar a criação de uma conta com um único clique pode aumentar radicalmente a taxa de conversão – sobretudo no mobile, onde inserir dados costuma ser particularmente chato.

Embora seja mais usado por empresas que trabalham com produtos de consumo, o SSO também funciona para empresas B2B. Foi o que descobriu o time de crescimento da Kissmetrics ao adotar o "Fazer login com o Google" como o único call to action em sua homepage. Não havia opção para digitar e-mail e senha: era entrar com a conta do Google ou nada. E, aparentemente da noite para o dia, o volume de cadastrados subiu 59,4%, segundo um dos fundadores, Neil Patel.[3] Mas, como advertimos antes, o que funciona para um produto pode não funcionar para outros. Portanto, por mais tentadora que essa mudança seja, é preciso testá-la primeiro. Na Inman, quando a equipe de Morgan *eliminou* o SSO, a conversão subiu 24,8%. De novo, quando o assunto é hacks de crescimento, não há "tamanho único".

### INVERTER O FUNIL

Uma estratégia particularmente ousada para reduzir o atrito que impede um cliente de chegar rapidamente ao momento aha é *inverter o funil*: deixar o visitante começar a provar as maravilhas de seu produto *antes* de pedir que se cadastre. A Hello Bar, uma ferramenta para a exibição de mensagens curtas em uma barra no cabeçalho de sites, conseguiu um grande salto na ativação com essa estratégia. O que a empresa fez foi deixar o usuário primeiro criar uma mensagem com a Hello Bar. Só quando essa barra estava pronta para ser ativada – ou seja, depois de todo o tempo gasto pela pessoa para criar e personalizar o texto – é que se pedia que se cadastrasse. A ativação subiu 52,1%.[4]

A Stripe faz algo parecido: a empresa de pagamentos online libera imediatamente um trecho de código para que o cliente comece a usá-lo e só pede o login na conta quando uma transação envolve dinheiro. Isso leva um número maior de potenciais clientes a provar o produto – e a viver o momento aha – antes de criar uma conta. E é uma técnica igualmente boa para produtos físicos. A Warby Parker, marca de óculos estilosos, despacha a um potencial cliente – antes de qualquer compra – até cinco armações para ajudá-lo a decidir. Todas essas empresas mudaram a ordem de algum aspecto crítico do típico funil e, no processo, eliminaram o atrito.

### OTIMIZAÇÃO É UM VAIVÉM COM ATRITO

Ao tentar aumentar a ativação, muitas vezes é preciso criar algum atrito para fazer a pessoa dar o passo seguinte. Um ótimo exemplo de como atingir o delicado equilíbrio entre conduzir o cliente por um processo que leve à ativação e não lhe dar tanto trabalho que o afugente é uma série de experimentos que o Airbnb realizou ao constatar, com a análise dos dados, que a maioria dos visitantes que abriam uma conta no site fazia isso só no último momento, quando já estava pronta para efetuar a reserva. A equipe queria que os usuários logassem antes, quando estavam apenas conferindo a oferta no site, para poder colher informações sobre eles e sobre os lugares e imóveis que mais despertavam seu interesse. Assim, seria possível personalizar melhor os anúncios que as pessoas viam quando finalmente estivessem buscando com a intenção de fazer uma reserva, o que poderia aumentar o volume de reservas e a satisfação geral quando usassem o Airbnb.

A equipe começou com um teste bem simples e até meio tosco (ao definir que testes fazer e em que ordem, lembre-se de que é bom começar de leve!): incluiu uma barra bem destacada no pé da página com um pequeno texto explicando as vantagens de criar uma conta no site. Se o usuário ignorasse esse call to action, o site mostrava outro prompt parecido na página seguinte – e assim sucessivamente.

Os resultados do primeiro teste foram curiosos: houve um bom salto no número de visitantes que se cadastraram, mas também uma queda nas reservas. O prompt parecia estar causando um atrito que impedia certas pessoas de buscar e reservar um lugar. Uma análise mais profunda dos dados revelou, contudo, que o volume maior de sign-ups trazia muitos resultados positivos: mais convites para que mais usuários entrassem no site, mais imóveis adicionados a uma "lista de desejos" (ou seja, mais informações sobre o tipo de espaço que uma pessoa buscava). Então, o time decidiu experimentar maneiras de reduzir o atrito dos prompts para tentar encontrar a combinação ideal: mais sign-ups e mais reservas.

O foco foi otimizar o modo como os prompts eram exibidos, o que incluía seu formato e a frequência com que apareciam. Em um teste, o prompt passou a ser exibido a cada cinco páginas que a pessoa visitava, e não em todas. Com essa alteração na frequência, o volume de sign-ups caiu só 4%, mas o impacto negativo nas reservas desapareceu totalmente. Para incentivar o cadastro, a equipe também tentou incluir mais texto no call to action: adicionou o depoimento de um cliente satisfeito com o Airbnb e discorreu mais sobre o valor de abrir uma conta no site. Aqui, veio uma verdadeira surpresa: o texto adicional *derrubou* o volume de sign-ups – na opinião do time, porque acabava distraindo o usuário.[5] Esse é um exemplo de uma forma de atrito mais sutil: não chega a irritar a pessoa, mas ainda assim a impede de realizar a ação que você quer. E a única maneira de descobrir se esse tipo de fricção existe – e o efeito que está tendo na taxa de ativação – é fazendo experimentos.

A equipe do Airbnb provou muito mais coisas para otimizar essa experiência, testando todo o aspecto visual dos elementos nos prompts de cadastro, da cor da barra de sign-up na homepage ao formato dos botões no formulário de criação de conta. No final, achou a fórmula ideal para melhorar a taxa geral de cadastro e outras métricas importantes.

## CAPÍTULO SEIS

### O PODER DO ATRITO POSITIVO

Um dos grandes paradoxos da ativação é que nem todo atrito é ruim. Fazer a pessoa começar a usar seu produto o mais depressa possível, sem qualquer noção ou contexto, nem sempre é o melhor; às vezes, é bom criar algum *atrito positivo* para o usuário. É uma verdadeira arte, que implica programar passos exequíveis, e de preferência instigantes, na trajetória do visitante para ajudá-lo a entender o valor do produto e chegar ao momento aha com maior previsibilidade. Criadores de videogames são mestres nessa arte. Em seu caso, o desafio particular com um game novo é prender o jogador, que precisa assimilar regras e estratégias que em geral são bem complicadas (e nenhum usuário vai chegar ao momento aha, que é o prazer de jogar, se não souber como avançar no jogo). Para apresentar o game a um jogador de maneira irresistível, criadores de games usam lições da psicologia.

Uma delas foi apresentada pelo psicólogo Robert Cialdini no clássico *Influência: a psicologia da persuasão*. Examinando uma série de estudos, Cialdini constatou que, quando a pessoa pratica uma ação, por menor que seja e desde que a experiência não tenha sido desagradável, a probabilidade de que realize outra no futuro aumenta. A explicação, segundo ele, é que o indivíduo assume uma espécie de compromisso psicológico ao realizar a ação, e o ser humano tende a honrar um compromisso assumido com ações subsequentes, muitas vezes sem se importar se a nova ação é mais onerosa. Criadores de games sabiamente entenderam que, em vez de dar instruções sobre como jogar, era preciso fazer as pessoas se comprometerem: levá-las a começar a jogar aos poucos, facilitando a coisa no início para irem aprendendo e serem conquistadas.

Mais uma lição que os criadores de games usam é o consagrado princípio de condicionar a pessoa a agir de determinada maneira com recompensas. Outra é tirar proveito do enorme prazer que o ser humano sente quando está no estado conhecido como fluxo – ou "flow" –, teoria do psicólogo Mihaly Csikszentmihalyi segundo a qual a pessoa entra nesse estado ideal quando o que está fazendo é desafiante o suficiente para não deixá-la entediada, mas não a ponto de desmotivá-la. Uma pessoa em fluxo está tão envolvida no que está fazendo que não vê o tempo passar; três horas pintando um quadro, redigindo um ensaio ou criando um código para um aplicativo podem parecer muito menos. Quem já tentou fazer alguém parar de jogar um game só para ouvir repetidamente o pedido "Mais dez minutinhos! Mais dez minutinhos!" sabe a facilidade com que um jogador tende a entrar em estado de fluxo.

Criadores de games utilizaram todo esse conhecimento para criar uma NUX que vai iniciando a pessoa gentilmente no jogo, partindo de desafios simples que podem ser superados depressa e dando recompensas a cada obstáculo transposto – o que vai aclimatando o jogador ao ambiente do game e a suas regras. Em seguida, aumentam o grau do desafio e das recompensas em doses muito bem-calibradas (e testadas à exaustão) para que o jogo prenda o usuário e o leve a um estado de fluxo. E não é assim só com videogames. Criadores de vários outros gêneros de produtos digitais adotam estratégias semelhantes para projetar a NUX de modo a maximizar a taxa de ativação, levando o usuário a percorrer uma série de etapas que mostram como o produto funciona e, no final, produzem alguma recompensa. Para criar um perfil no Facebook, por exemplo, é preciso subir uma foto e fornecer um punhado de informações pessoais. O Facebook não pede isso apenas para colher informações valiosas para análise e venda de publicidade (embora essa seja, sim, uma das razões): está criando um compromisso (se a pessoa já se deu ao trabalho de escolher uma foto e criar um perfil, por que não seguir em frente?) e dando uma recompensa psicológica (a satisfação de ver o perfil na rede). E quem já passou horas criando um perfil sabe que há algo nessa atividade que conduz a um estado de fluxo incrivelmente satisfatório. No processo, o Facebook deixa a pessoa mais perto de descobrir o momento aha, pois o core value da rede social é permitir que ela encontre seus amigos, o que só vai ocorrer se mais e mais gente também criar seu perfil.

Quanto mais informações a pessoa insere em um produto, maior seu compromisso – graças a um fênomeno chamado de "stored value" (valor investido). Fornecer informações cria imediatamente um senso de propriedade no usuário, além da disposição e do compromisso de "investir" mais e preservar esse valor. Logo, embora prompts pedindo informações possam ser fonte

# CAPÍTULO SEIS

de atrito, se feitos corretamente – de um jeito gratificante e com ações que aumentem aos poucos o compromisso da pessoa –, podem ser um catalisador da ativação e do crescimento.

### CRIANDO UM FLUXO DE APRENDIZADO

Apesar de ser um prato cheio para atritos, a NUX também traz muitas oportunidades. Isso porque a primeira experiência de uma pessoa com um produto é, também, o momento em que ela está fazendo o esforço mais consciente para decifrá-lo. Josh Elman, o ex-diretor de crescimento do Twitter que apresentamos lá atrás, diz o seguinte sobre a NUX: "Essa é sua hora. Você nunca terá tanta atenção do usuário quanto agora para tentar mostrar para que serve realmente seu produto, para ajudá-lo a conhecer de verdade o produto". O time de Elman criou algo que ele batizou de *fluxo de aprendizado* para que o Twitter tirasse partido desse estado de atenção. O fluxo de aprendizado é a definição de Elman de uma NUX projetada não só para levar a pessoa a se cadastrar, mas para orientar esse novo usuário sobre o produto, seus benefícios e valor e, no processo, como usá-lo. Esse design da NUX aproveita toda a atenção e paciência que o novo usuário traz nesse primeiro contato para garantir que esteja pronto para a ativação ao final da visita. No caso do Twitter, isso envolvia não só a criação de uma conta, como também mostrar à pessoa para que servia o Twitter em primeiro lugar. O time criou um fluxo de aprendizado que explicava como o feed do Twitter funcionava, sugeria categorias (moda, esportes, notícias) e gente de destaque a seguir e só então pedia à pessoa que finalizasse o perfil. Ao final desse fluxo, o usuário tinha não apenas criado uma conta no serviço, mas personalizado o perfil e montado um feed cheio de coisas de seu interesse. De uma tacada, o Twitter fazia a pessoa se comprometer com o serviço, ter o momento aha e criar valor investido. Nada mal para uma única visita![6]

Como o Twitter era uma grande novidade, que exigia que as pessoas adotassem um novo hábito, orientá-las sobre o valor de seguir outras e como usar o serviço não era opcional. Já no caso de certos produtos, não é preciso explicar. Em sites de comércio eletrônico, por exemplo, as pessoas em geral só querem começar a procurar o que desejam o mais rápido possível e costumam ter uma boa ideia do que estão buscando, de modo que qualquer tentativa de fazê-las percorrer um processo orquestrado não será bem-vinda. Em outras categorias de produtos, é mais difícil decidir se o usuário deve ou não ser obrigado a percorrer uma série de etapas, pois, embora a pessoa consiga inferir até certo ponto como usar o produto, obter informações dela e explicar recursos do produto de *relevância específica para ela* pode levá-la a entender melhor seu valor. Obviamente, é preciso fazer testes para tomar essa decisão; aqui, o Pinterest é um bom exemplo.

Assim como o Twitter teve de explicar às pessoas o que exatamente era um "tuíte" e o que aquele inusitado processo de "tuitar" implicava, o Pinterest também precisou apresentar às pessoas o conceito de "pins" e mostrar como criá-los. O time de crescimento suou a camisa para orientar novos usuários: criou um fluxo de aprendizado no mobile com três telas que indicavam como descobrir conteúdo "pinado", como adicionar pins e como criar boards (murais para salvar e compartilhar pins). Depois de percorrer as três telas, o novo usuário recebia uma amostra do conteúdo mais popular no Pinterest e, a partir desse ponto, estava pronto para explorar a rede.

Sob todos os aspectos, era uma boa NUX. No entanto, como reza a cartilha do growth hacking, a equipe decidiu fazer testes para melhorá-la ainda mais. Reparou, por exemplo, que o conteúdo mais popular nem sempre era relevante para todo mundo e, então, testou uma experiência inicial mais personalizada no aplicativo mobile. O novo usuário passou a ver uma só tela, que pedia que escolhesse cinco temas que tinha interesse em seguir, como camping, natureza, casamentos, esportes motorizados e decoração. Feita essa escolha, o aplicativo mostrava um feed composto exclusivamente desse conteúdo, levando a pessoa a praticar como pinar e salvar imagens. A mudança produziu um aumento de 20% na taxa de ativação, um resultado espetacular.[7]

Se você decidir criar algum atrito positivo, outras duas estratégias vêm produzindo resultados muito bons: questionários e gamificação da NUX.

# CAPÍTULO SEIS

### A ARTE DO QUESTIONÁRIO

Neil Patel, especialista em growth hacking, destaca como é útil fazer um conjunto de perguntas ao usuário quando este chega ao site com a finalidade expressa de servi-lo melhor. É quase como um miniquestionário. Um ótimo exemplo citado por Patel é o formulário que a loja virtual de artigos de golfe Revolution Golf pede aos usuários que preencham durante o processo de cadastro e ao qual a empresa atribui o salto na ativação que a ajudou a atingir US$ 20 milhões em receita anual. São perguntas como sexo da pessoa, sua idade, distância média da tacada, pontuação média para 18 buracos e os maiores problemas com o swing. Quando testou um questionário parecido com uma companhia sua, a Hello Bar, Patel conseguiu aumentar em 281% o total de leads gerados.[8]

Sondar o cliente sobre seus interesses ou sobre problemas para os quais está buscando solução pode criar imediatamente uma espécie de compromisso, pois, enquanto responde às perguntas, ele está estabelecendo um vínculo pessoal mais profundo com a empresa e o produto. E isso sugere, ainda, que a empresa está interessada nele e em lhe prestar o melhor serviço possível. Como na estratégia de onboarding do Pinterest, que incluía mostrar pins de particular interesse para a pessoa, também é possível começar a personalizar a experiência do cliente com o produto nesse primeiro contato.

A estratégia dá resultados melhores se for claro para o cliente que a customização do produto segundo suas necessidades e desejos será uma vantagem para ele. Em um momento em que as pessoas mostram cada vez mais medo do big data (ou, como dizem alguns, do Big Brother), a personalização nem sempre é uma vantagem. Quando o público descobriu que o Google estava customizando resultados de buscas usando um complexo algoritmo que computava uma pá de informações sobre o histórico de buscas da pessoa, muita gente ficou revoltada e a empresa foi duramente criticada na imprensa.

Uma ressalva importante: não é recomendável exagerar na quantidade de perguntas. Patel sugere que não ultrapassem cinco, de múltipla escolha em vez de abertas, com no máximo quatro alternativas. Incluir imagens e recursos gráficos em geral aumenta a participação. E, como todo hack, esses miniquestionários devem ser submetidos a um rigoroso processo de experimentação.

### Prós e contras da gamificação

*Gamificação* significa, basicamente, oferecer alguma recompensa – uma vantagem ou um benefício exclusivo – ao cliente que realizar determinadas ações. A Adobe, por exemplo, usou a gamificação no hacking da ativação para aumentar o número de pessoas que, depois de um período de teste grátis, compravam o Adobe Photoshop. Para isso, lançou o LevelUp para Photoshop, uma NUX que transformava o chato tutorial de sempre em "missões" que o usuário da versão de teste tinha de cumprir, ajudando-o a descobrir os melhores recursos do software e a tirar o máximo proveito dele. Havia incentivos para que a missão fosse concluída e era possível passar para outros níveis se realizadas certas tarefas. A iniciativa quadruplicou o número de compras após o período de teste do produto.[9]

Quando traz um elemento bacana de desafio e diversão, além de oferecer alguma recompensa relevante, a gamificação pode ser um forte instrumento de ativação. Sem isso, contudo, pode ser um tiro no pé. Se uma recompensa não tiver nenhum valor ou pouca relevância para a vantagem central sentida pelos usuários (ou seja, se não houver um product/incentive fit), a estratégia pode soar como manipulação descarada ou simplesmente estapafúrdia. Foi o caso de uma iniciativa de gamificação que a loja virtual de calçados Zappos lançou para seu programa VIP. Na tentativa de criar um nível de consumidores de alta frequência, a empresa resolveu gamificar a experiência de compra. Como? Dando badges por ações como "favoritar" um modelo de sapatos e comprar vários pares. Só que os badges não tinham valor – não garantiam um desconto ou outros benefícios – e só confundiram os clientes, levando a Zappos a suspender a campanha.[10]

Brian Wong, fundador de uma empresa que ajuda aplicativos mobile a dar recompensas a usuários, a Kiip, diz que a gamificação deve ser vista como um cardápio de opções possíveis, e não um conjunto predefinido de estratégias que funcionam para toda empresa. É possível escolher algo muito sutil ou muito explícito; como sempre, é preciso testar para determinar o que será melhor

## CAPÍTULO SEIS

para seu produto e seus clientes. Wong sugere o foco em três grandes componentes de qualquer iniciativa de gamificação: oferecer recompensas relevantes; gerar surpresa e prazer ao variar como uma recompensa é obtida e apresentada; e dar alguma forma de gratificação instantânea. Além de garantir que a relevância da recompensa esteja clara e que realmente tenha valor para o usuário, há um punhado de regras gerais sobre que benefícios proporcionar. O LinkedIn gamifica de um jeito bem sutil, incluindo um medidor de progresso no perfil do usuário para indicar se o perfil está completo ou não e motivá-lo a incluir mais informações se for o caso. A recompensa, aqui, é a satisfação imediata de ver o perfil coompleto e receber a aprovação implícita de quem o visualiza. A Khan Academy, site de educação online, é mais explícita: dá pontos e prêmios à medida que a pessoa faz mais cursos, gerando surpresa e prazer pela conquista de novas metas. A escola toma, no entanto, o cuidado de não fazer disso o carro-chefe da experiência do usuário, pois sabe que essa recompensa explícita pode minar a recompensa intrínseca, que é a aquisição de competências oferecida pelo ensino.

No extremo mais explícito desse espectro estão programas de fidelidade usados por empresas de um leque que vai desde a Starbucks e companhias de cartões de crédito até restaurantes. Gabe Zichermann, especialista em gamificação, concluiu que as recompensas mais eficazes em um contexto gamificado têm a ver com prestígio, acesso, poder e coisas (por "coisas", entendam-se incentivos financeiros ou presentes físicos).[11] Um programa de cartão de crédito como o American Express Membership Rewards usa todos esses elementos: ascensão de categoria ao gastar mais, poder, acesso a eventos especiais e viagens e, obviamente, obtenção de coisas de graça com pontos acumulados. Já o Starbucks Rewards possui mais de 12 milhões de membros que usam um cartão pré-pago Starbucks ou o aplicativo mobile da empresa para ganhar "estrelas" cada vez que compram um café. As estrelas podem ser trocadas por mais bebidas e outros produtos na rede. Quanto mais estrelas a pessoa tem, melhor a recompensa que pode obter. Além disso, vai subindo de categoria e acumulando mais prestígio. O programa faz tanto sucesso que a Starbucks tem mais de US$ 1 bilhão em dinheiro de clientes em cartões pré-pagos e no aplicativo.[12]

## COMO FUNCIONA UM TRIGGER

A gamificação não funciona para toda situação. Já os triggers, ou gatilhos, são usados a torto e a direito. Entretanto, para que um trigger contribua para a ativação, precisa ser pensado muito bem. Um trigger é qualquer prompt ou mensagem que provoque uma resposta de quem o recebe. Os mais comuns são notificações de e-mail, notificações push de dispositivos móveis e, menos invasivos, calls to action em uma landing page. Não há como negar que o gatilho é uma das estratégias mais eficazes para aumentar o uso de um produto. Só que, para cada benefício possível, há uma série de potenciais desvantagens. Recebemos tantos triggers hoje em dia – notificações do Facebook avisando que um amigo curtiu uma foto, e-mails do LinkedIn com alguém pedindo para ser aceito em sua rede, alertas da Amazon sobre o paradeiro de encomendas – que é fácil a coisa passar de útil a irritante. Quem já não saiu do sério ao receber uma sucessão desesperada de mensagens clamando "Volte!!", "Tem certeza que não quer voltar?", "Queríamos tanto ver você de volta"!!!". Em geral, são mensagens de uma empresa cujo produto abandonamos há muito tempo, o que só aumenta a irritação, além de fazer a empresa parecer desesperada. Logo, é preciso pegar leve com triggers, testando a estratégia com muita cautela.

O poder de um trigger depende de dois grandes fatores: se motiva ou não o usuário a realizar a ação que você está querendo dele e se é fácil, para o usuário, agir no momento em que recebe o trigger. B. J. Fogg, que faz pesquisas sobre psicologia em Stanford, desenvolveu um modelo útil para a criação de gatilhos eficazes, apresentado na figura a seguir. A curva do gráfico representa o ponto além (ou aquém) do qual o usuário vai (ou não) realizar uma ação específica, o que depende da combinação de seu grau de motivação e daquilo que Fogg chama de capacidade de realizar a ação – basicamente, se é conveniente ou não fazê-la.[13]

Nir Eyal, autor do livro *Hooked: how to build habit-forming products*, explicar essa interação de fatores com um exemplo bem simples:

# CAPÍTULO SEIS

receber uma ligação no telefone. Duas coisas determinam se você vai atender: sua capacidade (se está perto do telefone e se tem tempo para falar) e seu interesse (saber quem está ligando, querer falar com essa pessoa ou, talvez, precisar de alguma informação dela). O gatilho, aqui, é o telefone tocando, obviamente. Se ouvi-lo tocar quando tiver disponibilidade e motivação, você atende.

Já que triggers podem ser muito invasivos, você deve ter bom senso para usar e testar o recurso. Para complicar, tem de respeitar os critérios ditados pela plataforma na qual pretende usá-lo. No caso de notificações push, por exemplo, os sistemas iOS, da Apple, e Android, do Google, têm regras distintas: no iOS, o usuário precisa autorizar previamente o envio de notificações; já no Android, essa autorização é automática. No caso de envio de e-mails há, ainda, normas estabelecidas por leis de proteção ao consumidor, como a lei CAN-SPAM nos Estados Unidos.

## MODELO FOGG DE COMPORTAMENTO

Modelo Fogg de comportamento

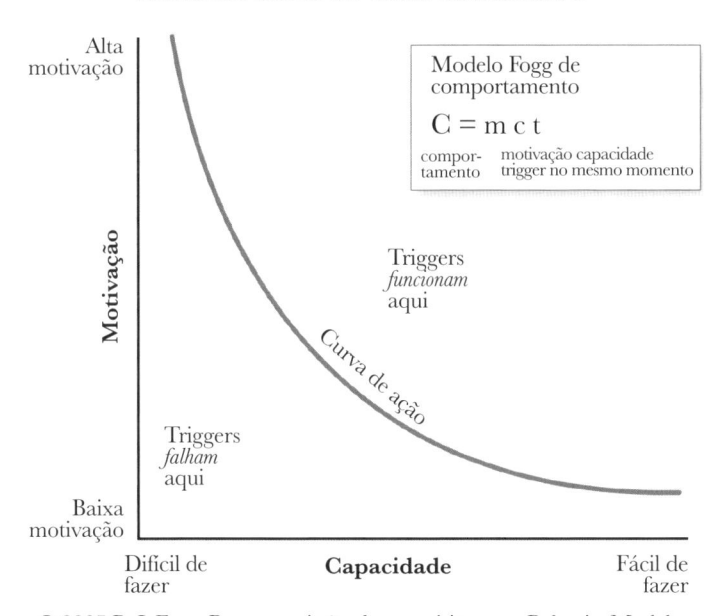

$C = m\,c\,t$

comportamento motivação capacidade trigger no mesmo momento

Triggers *funcionam* aqui

Curva de ação

Triggers *falham* aqui

Eixo vertical: Motivação (Baixa motivação → Alta motivação)
Eixo horizontal: Capacidade (Difícil de fazer → Fácil de fazer)

© 2007 B. J. Fogg. Para permissão de uso, visite www.BehaviorModel.org.

Por fim, quando o usuário precisa autorizar a notificação, o impacto do trigger vai depender de quantas pessoas aceitaram recebê-lo. Esse número varia de acordo com o produto e sua categoria. Segundo a Kahuna, empresa especializada em mensagens mobile, a autorização de notificações push vai de 80% na ponta superior (para aplicativos de transporte) a 39% na inferior (para aplicativos sociais).[14]

**AUTORIZAÇÃO DE NOTIFICAÇÕES PUSH NO IOS POR TIPO DE APLICATIVO**

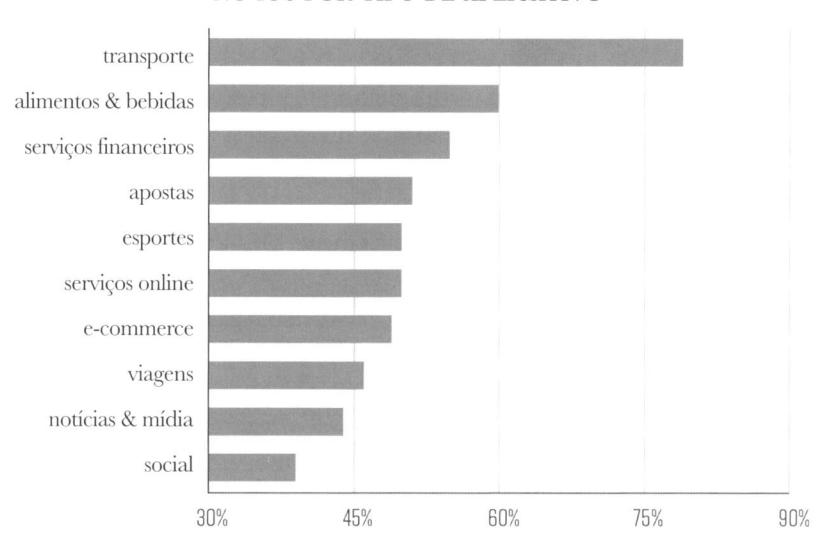

| Tipo de aplicativo | % |
|---|---|
| transporte | ~80% |
| alimentos & bebidas | ~60% |
| serviços financeiros | ~55% |
| apostas | ~51% |
| esportes | ~50% |
| serviços online | ~50% |
| e-commerce | ~48% |
| viagens | ~45% |
| notícias & mídia | ~43% |
| social | ~39% |

Fonte: Kahuna.

Um dos maiores erros é pedir ao visitante que aceite receber triggers – como notificações e e-mails – logo de cara, condicionando a abertura da conta ou o acesso ao produto a essa autorização. Isso pode afugentar a pessoa, que nesse momento talvez nem saiba por que desejaria receber essas mensagens. Além disso, muitas empresas abusam dos gatilhos para tentar melhorar as cifras de adoção do produto, o que pode até fazer com que os dados de ativação no curto

# CAPÍTULO SEIS

prazo pareçam bons, mas não ajuda a promover o uso no longo prazo (muitas vezes, de fato, o efeito no longo prazo é negativo, pois o público se cansa e desativa as notificações ou até desinstala o aplicativo).

Um princípio básico no uso de triggers é que toda notificação enviada ao usuário deve ter como função alertá-lo para uma oportunidade que tenha um claro valor para ele. No caso do aplicativo da rede de supermercadoa, a equipe pode enviar uma notificação quando um item que a pessoa salvou na lista de compras está com desconto, quando há uma promoção especial para entrega grátis ou para comemorar alguma data específica. Um gatilho desses fará sentido para o usuário, pois está ligado ao core value do aplicativo. Já enviar notificações toda semana sobre promoções ou recursos do produto que não são particularmente relevantes para a pessoa pode rapidamente irritá-la e levá-la a desativar as notificações ou simplesmente desinstalar o aplicativo.

Nos testes de triggers por meio de notificações push, é importante deixar um grupo de usuários de fora. Assim, é possível comparar não só o impacto de cada gatilho, mas também o efeito de não usar nenhum.[15]

Que triggers testar? Uma lista de alternativas bem comuns inclui:

- Criação de conta: incentivar quem baixou o aplicativo ou visitou o site de compras a criar uma conta.
- Mensagens de compra: oferecer desconto no curto prazo para motivar o usuário a realizar uma compra.
- Campanha de reativação: levar o usuário que há algum tempo não visita o site ou abre o aplicativo a voltar a fazê-lo.
- Anúncio de novos recursos: informar o usuário de atualizações no produto.
- Incentivos a usuários VIP: reconhecer o caráter especial de usuários assíduos do produto para intensificar afinidade e uso.
- Mudança de atividade ou status: notificar, por exemplo, a ação de um amigo ou a mudança de preço de um item do carrinho de compras.[16]

Naturalmente, qualquer um pode criar triggers para seu caso específico. Na hora de buscar ideias, é útil conhecer a classificação

*Hacking para a ativação*

de gatilhos elaborada por B. J. Fogg. São três categorias básicas, fundadas no grau de motivação e capacidade do usuário: o *trigger facilitador* leva quem tem alta motivação e baixa capacidade a agir; o *trigger sinalizador* ajuda a manter quem tem alta motivação e alta capacidade na direção certa e estimula a ação recorrente; e a *faísca* (spark) motiva quem tem alta capacidade e baixa motivação a agir. Muitas notificações por e-mail e mobile caem na categoria "faísca", mas não devem ser as únicas consideradas.[17]

A equipe do aplicativo da rede de supermercados, por exemplo, pode fazer um gatilho facilitador surgir quando o usuário está na página de checkout há certo tempo e ainda não finalizou a compra para perguntar se ele gostaria de pagar com o mesmo cartão de crédito usado anteriormente. Também é possível testar um trigger sinalizador, como uma mensagem na tela informando ao usuário quanto ele economizou com determinadas compras. Já uma faísca seria oferecer um desconto particularmente alto em um item favorito de um usuário que iniciou uma sessão, mas depois de certo tempo ainda não colocou nada no carrinho de compras, para tentar deflagrar a primeira – e crucial – compra.

Ao pensar em gatilhos para testar, os seis princípios da persuasão apresentados por Robert Cialdini no livro *Influência* são de inestimável ajuda. Citamos um deles anteriormente ao discutir sua tese de que, ao praticar uma ação, seja lá qual for, a pessoa fica mais inclinada a realizar essa ação novamente. Vejamos a seguir todos eles:

- Reciprocidade: é mais provável que a pessoa aja em retribuição a um favor, independentemente de qual foi e do que está sendo solicitado dela no presente.
- Compromisso e coerência: quem praticou uma ação provavelmente realizará outra, ainda que seja de dimensão e natureza distintas.
- Validação social: em momentos de incerteza, a pessoa vai ver o que os outros estão fazendo para tomar a própria decisão.
- Autoridade: o ser humano se inspira quem ocupa uma posição de autoridade para decidir o que fazer.

## CAPÍTULO SEIS

- Afinidade: a pessoa dá preferência a indivíduos ou empresas que despertam sua afinidade, e não aos que provocam aversão ou indiferença.
- Escassez: a pessoa vai agir se achar que não vai ter a oportunidade em questão no futuro.

Usando o princípio da reciprocidade, um gatilho poderia dar algo de cortesia ao usuário, como o download de um conteúdo ou frete grátis. Um ótimo exemplo é o Website Grader, da HubSpot. Já um bom uso do princípio do compromisso e da coerência vem da campanha de Barack Obama à presidência dos Estados Unidos. No site do candidato, o formulário que solicitava doações foi desmembrado em vários passos, em vez de aparecer inteiro em uma página; depois do primeiro passo, o eleitor ficava mais inclinado a dar os demais, o que fez o número de doações subir 5%, trazendo milhões de dólares a mais para a campanha.[18]

Um trigger pode se valer do princípio da autoridade mostrando que indivíduos ou empresas influentes já fizeram aquilo que o usuário está sendo instado a fazer – essa é, naturalmente, a lógica do endosso de celebridades. Outros exemplos de triggers desse tipo são exibir o logo de empresas conceituadas que usaram um serviço e dar o depoimento de gente respeitada, pois indicam ao visitante que empresas e pessoas que ele conhece e respeita tomaram uma decisão similar.

Muitos gatilhos usam o princípio da afinidade. Quando alguém é convidado por um amigo a criar uma conta no Airbnb, a plataforma manda uma mensagem dizendo quem foi. Já na Nasty Gal, Sophia Amoruso, a fundadora, usava as modelos supostamente mais populares entre o público para fotografar peças que precisavam de um empurrão nas vendas.

E quem já não recebeu uma notificação fundada no princípio da escassez, avisando, por exemplo, que uma promoção está prestes a terminar, que os ingressos para um show ou concerto cobiçado estão prestes a acabar, que sobram poucos lugares em um voo de seu interesse? O site Booking.com explora muito bem essa estratégia ao mostrar o número de pessoas que, naquele mesmo instante, estão buscando um hotel na mesma área e quantos quartos ainda estão disponíveis. Se o estoque é baixo, a Amazon também avisa quantos itens restam – tudo para incentivar a pessoa a finalizar a compra.

O último (e mais forte) gatilho é o interno. É acionado involuntariamente pela própria pessoa, repousa em seus hábitos e promove o uso no longo prazo. Somos poucos os que precisamos de um trigger externo para entrar no Facebook ou no Instagram; hoje, fazemos isso de livre e espontânea vontade. O mesmo pode ser dito da loja de roupas cujo site estamos sempre checando em busca de ofertas ou novidades, do site ou aplicativo de notícias que abrimos toda manhã ou do lugar no qual passamos todo dia a caminho do trabalho para tomar um café. Seja qual for seu produto, esses hábitos são o alicerce de um relacionamento forte com os clientes. Nos próximos capítulos, abordaremos esse assunto em detalhe.

Resumindo: testar o uso de triggers vale a pena, pois esse recurso pode ser incrivelmente eficaz. No entanto, é preciso entender muito bem a utilidade deles para seus clientes. Do contrário, em vez de ativar o usuário e iniciar um bom relacionamento com ele, pode terminar por afugentá-lo de vez.

E, por falar em estabelecer um relacionamento com o cliente, vamos passar agora a outra etapa da experiência do usuário e ver como times de crescimento usam o processo de growth hacking para conseguir resultados superiores na retenção.

CAPÍTULO SETE

# Hacking para a retenção

Peter Drucker, o lendário mestre da administração, disse há muito que o grande propósito de uma empresa é criar e manter clientes.¹ No entanto, embora ninguém discorde dessa máxima da gestão, na maioria das organizações o índice de perda de usuários – o *churn* – é abissal.

É uma pena, pois a alta retenção costuma ser o fator decisivo para a empresa conseguir alta rentabilidade, seja qual for o setor. Como mencionamos rapidamente no capítulo 4, uma pesquisa muito citada de Frederick Reichheld, da Bain & Company, mostra que um aumento de 5% na taxa de retenção produz uma alta de 25% a 95% no lucro.² Já, *perder* clientes sai caro. Uma razão é que, como vimos no capítulo 5, o custo de adquirir um novo cliente é muito maior, sobretudo com a escalada dos preços da publicidade devido à disputa acirrada por espaço publicitário nobre na internet. E, quanto mais a empresa desembolsa no início para atrair público, mais caro sai perder um cliente – o que torna a retenção algo crucial, tanto para recuperar o custo elevado de campanhas publicitárias como para evitar que clientes migrem para a concorrência.

Um exemplo do perigo da baixa retenção é a startup de limpeza doméstica Homejoy. A empresa, que parecia ter um futuro brilhante, chegou a levantar mais de US$ 64 milhões de alguns dos maiores investidores do Vale do Silício. Só que, apesar de ter atraído um público impressionante no início com uma estratégia agressiva de descontos, não fez jus ao que prometia, prestando um serviço cuja qualidade os clientes descreviam como "irregular". Além disso, muitas pessoas não engoliram o salto dos preços da faxina depois do desconto inicial. O resultado? Só 15% a 20% dos clientes se dispuseram a contratar uma segunda limpeza. Enquanto isso, a taxa de retenção das concorrentes da Homejoy era o dobro. Para piorar, a empresa gastou muito na aquisição de usuários. A combinação de altos custos de aquisição e baixa retenção levou a sua queda acelerada.[3]

Já a Amazon talvez seja o exemplo supremo de habilidade na retenção. Seu programa de assinatura, o Amazon Prime, tem uma taxa particularmente alta de retenção, em grande parte graças à entrega grátis de milhares de artigos no prazo de dois dias, mas também por várias outras vantagens que o programa oferece, como o serviço de streaming de vídeo e música. Entre aqueles que fazem um teste grátis, 73% viram assinantes pagantes e 91% dos assinantes renovam a assinatura por um segundo ano. Mais impressionante ainda é que a retenção cresce com o tempo, com a taxa de renovação da assinatura no terceiro ano do programa chegando a raríssimos 96%.[4]

### Efeito cumulativo da retenção

Nem é preciso dizer que, quanto mais tempo a empresa retém um cliente, mais oportunidade terá de aumentar a receita obtida com ele – com a venda de mais produtos ou serviços, com a renovação de assinaturas, com mais receita publicitária de anunciantes interessados em falar a essa volumosa e fiel base de clientes. Se considerarmos o fato de que os membros do Amazon Prime gastam mais do que o dobro dos que os não assinantes, é fácil entender o efeito cumulativo na receita produzido por altas taxas de retenção. Aliás, alguns analistas dizem que sem o Prime a Amazon não daria lucro.

Aumentar a receita média obtida com um cliente permite, por sua vez, que a empresa invista mais no crescimento, criando um círculo virtuoso. Isso porque uma retenção forte produz resultados financeiros melhores no presente e possibilita à organização projetar com mais confiança ganhos ainda maiores no futuros. Um lucro por assinante previsível permite à Amazon investir con-

## CAPÍTULO SETE

sideravelmente para ir melhorando o Prime – produzindo, por exemplo, conteúdo original para o serviço de streaming de vídeo. Quanto mais tempo a empresa segura o cliente, mais ela descobre sobre seus desejos e necessidades, o que a ajuda a personalizar serviços e promoções e, por conseguinte, a ganhar mais com ele. Quando a Amazon lançou o Prime, houve quem dissesse que o programa era insustentável, pois garantir entrega grátis em dois dias e vender certos artigos com desconto a assinantes custaria caro demais. Contudo, a Amazon viu que, com tanta gente renovando a assinatura e gastando bem mais que a média, a trajetória do Prime seria altamente rentável.

Outra vantagem de uma retenção maior é produzir resultados melhores tanto no boca a boca como em campanhas de marketing viral, pois, quanto mais tempo um cliente estiver prestigiando seu produto, mais oportunidade terá de falar sobre ele e até de mostrá-lo a amigos e a quem mais for.

### Descubra depressa as melhores apostas

Diante do custo cada vez maior da aquisição de clientes e da concorrência acirrada que a maioria das empresas hoje enfrenta, é crucial estar atento a problemas ligados à retenção e tentar conter o churn o mais depressa possível. Aqui, o growth hacking é ideal. Para dar um rápido exemplo, voltemos ao aplicativo da rede de supermercados. E se, ao examinar os dados, o time detectar uma queda forte no uso por um grande número de clientes após o primeiro ou segundo mês, algo muito comum com aplicativos mobile? Qual seria a primeira providência para tentar levar mais usuários a continuar usando o aplicativo? Aumentar o número de notificações mobile para incentivá-los a voltar? Oferecer descontos e preços especiais em artigos populares só em compras pelo aplicativo? Desenvolver novos recursos – algo que dê tanto resultado como a lista de compras – para tornar o aplicativo mais útil? Todas essas ideias podem funcionar, mas todas têm um custo considerável. Além disso, é preciso ter cuidado para não irritar o usuário com um excesso de mensagens ou triggers. Conforme vimos no capítulo anterior, um volume maior de notificações pode estimular o uso no curto prazo, mas terminar cansando o usuário. Promoções no aplicativo até fazem o consumidor frequente a comprar mais, porém não alcançam a maioria do público que a equipe quer reconquistar, pois essas pessoas usam pouco – se é que usam – o aplicativo. Desenvolver novos recursos custa caro e nada garante que, no longo prazo, a novidade vá converter mais pessoas em usuários mais regularmente ativos.

Com o growth hacking, em pouco tempo é possível definir que ideia dessas testar primeiro e rapidamente obter resultados que indiquem como prosseguir. Em um curto intervalo, o time do aplicativo da rede de supermercados poderia facilmente testar todas as três ideias. Criar notificações mobile e promoções no aplicativo é moleza. Sondar os clientes para saber se teriam interesse em algum novo recurso – ou até desenvolver um protótipo para testar com um grupo de usuários – é rápido. Se decidir provar primeiro mais notificações mobile, em questão de semanas a equipe talvez já saiba que mandar uma única notificação a mais por semana faz apenas 10% dos usuários desertores voltarem ao aplicativo, enquanto duas notificações a mais por semana fazem 35% voltarem. O próximo passo seria enviar, na semana seguinte, duas notificações adicionais a todo usuário inativo. Enquanto isso, a reação ao protótipo do novo recurso pode ser tão boa que o time seria capaz de convencer a equipe de desenvolvimento de produtos a intensificar o trabalho na ideia, que, pouco depois de lançada, já poderia começar a melhorar a retenção.

Obviamente, esses resultados seriam só o começo de um processo ininterrupto de ideação e teste de hacks para aumentar a retenção, o tema deste capítulo.

### DE QUE DEPENDE A RETENÇÃO?

Antes de entrar em mais detalhe sobre o uso do growth hacking para melhorar a retenção, é importante dar uma repassada nos fundamentos da lealdade do cliente – naquilo que torna um cliente fiel e assíduo.

Conforme discutimos no capítulo 2, para reter clientes, é preciso, basicamente, oferecer-lhes um produto ou serviço de alta qualidade que reiteradamente satisfaça uma necessidade deles ou simplesmente os encante a ponto de ser considerado indispensável, um must-have. Mostramos, ainda, que um bom indicador de

CAPÍTULO SETE

que o product/market fit foi atingido é uma curva de retenção estável. No gráfico a seguir, ela está representada pela linha contínua, enquanto a tracejada indica que um número crescente de pessoas vem abandonando o produto ao longo do tempo.

**RETENÇÃO ESTÁVEL X RETENÇÃO EM QUEDA**

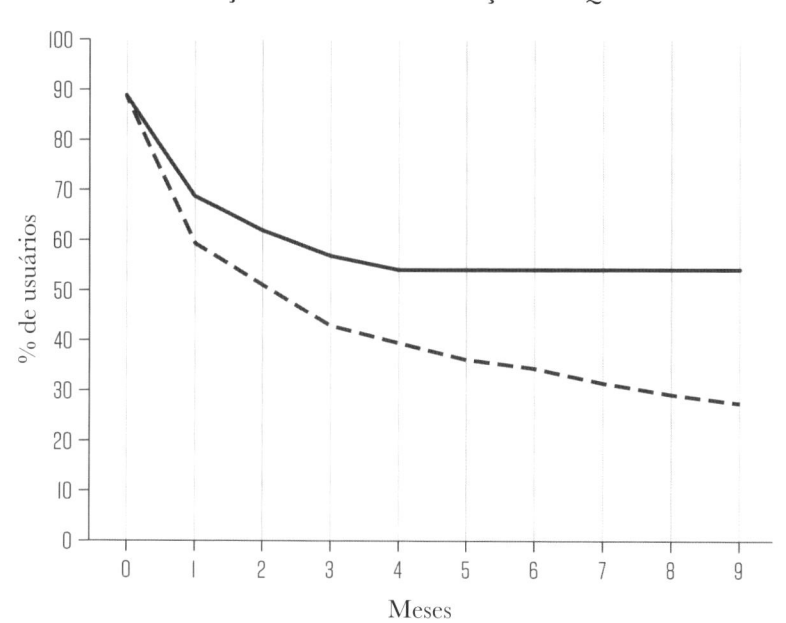

[Gráfico: % de usuários vs. Meses (0 a 9). Linha contínua começa em ~89%, cai até estabilizar em ~54% a partir do mês 4. Linha tracejada começa em ~89% e cai continuamente até ~27% no mês 9.]

Agora que o foco é o hacking para a retenção, veremos o que o time de crescimento deve fazer para aumentar a retenção ao longo do tempo ou, no mínimo, garantir que permaneça estável. Antes de tudo, é importante observar que, ainda que seja estável a princípio, a curva de retenção pode, por vários motivos, começar a cair. Vai ver que um produto rival chegou ao mercado e está roubando clientes ou que um concorrente lançou algum recurso ou promoção que tem produzido o mesmo efeito. Outra razão importante para a debandada de clientes é uma falha na comunicação da empresa, que não achou nem o tipo de mensagem certo nem a frequência correta para se comunicar e manter o aplicativo "top of mind" entre o público, armando a cama para os concorrentes. Outro erro é não trabalhar para levar o cliente a criar um hábito regular ou a forte sensação de que a empresa o entende e o valoriza, perdendo, com isso, a oportunidade de cultivar a lealdade. Por fim, o problema pode ser que a necessidade que a empresa satisfaz deixou de ser urgente para o público ou está sendo atendida de maneira mais satisfatória ou conveniente, o que pode ocorrer quando a tecnologia do produto se torna desatualizada ou obsoleta.

Equipes de crescimento estão perfeitamente capacitadas para detectar sinais precoces de queda na retenção. No entanto, não devem parar por aí. É preciso aplicar o rápido processo de experimentação para elevar cada vez mais a retenção, como fez a Amazon com os assinantes do Prime. Uma curva estável não é, de modo algum, a finalidade da campanha de retenção. Dê uma olhada no gráfico a seguir, que o Evernote chama de Smile. Nele, é possível ver que, quanto mais tempo as pessoas usam o Evernote, maior a probabilidade de que continuem a utilizá-lo.[5]

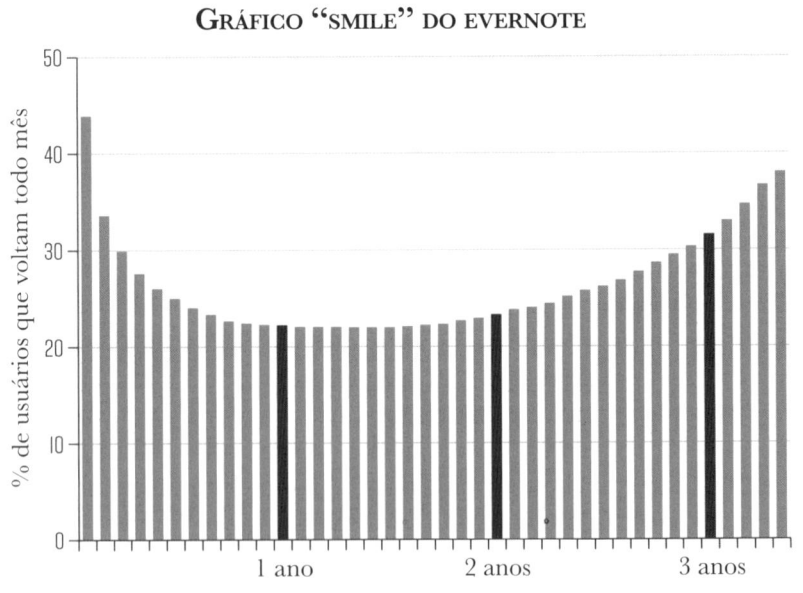

### Gráfico "smile" do Evernote

Tempo transcorrido desde o cadastro inicial do cliente

Fonte: Evernote.

*CAPÍTULO SETE*

O gráfico de retenção do Evernote tem esse formato basicamente porque a utilidade do serviço cresce com o tempo. O core value aumenta à medida que o aplicativo vai sendo usado porque, por ser uma ferramenta para anotações, quanto mais informações a pessoa acrescenta, maior a probabilidade de que volte para acessá-las e adicionar coisas novas. Em muitos produtos digitais de sucesso, a taxa de retenção vai melhorando com o tempo: é o caso do Instagram, cujo valor aumenta quanto mais fotos a pessoa publica e mais gente a segue, e de um produto para empresas como o QuickBooks, cujo valor também aumenta quanto mais dados financeiros são inseridos nele, o que, lembremos, é o chamado "stored value" (valor investido).

Se a empresa consegue explorar o poder do valor investido, é mais fácil aumentar a retenção com o passar do tempo, mas nenhuma, por mais que conte com essa vantagem natural, pode simplesmente apostar que seus clientes permanecerão engajados. É preciso trabalhar constantemente para melhorar aquilo que se oferece a eles. Basta pensar em quantos recursos e serviços novos o Facebook já lançou desde que surgiu e quantas notificações e prompts diferentes já inventou para que as pessoas continuem a usá-lo. Seja com vídeos ao vivo, slideshows, prompts para a pessoa compartilhar notícias sobre o time para o qual torce ou avisar que ela e fulano estão fazendo tantos anos de amizade na rede, o Facebook trabalha sem parar para melhorar o engajamento e a retenção de sua base de clientes. Qualquer tipo de empresa pode, e deve, se esforçar para seguir incrementando o valor que oferece aos clientes e o nível de engajamento deles ao longo do tempo.

### As três fases da retenção

Métodos de retenção evoluem de acordo com a fase de retenção na qual o usuário está. Brian Balfour, que apresentamos lá atrás, divide a retenção em três fases: inicial, intermediária e de longo prazo.[6] O *período de retenção inicial* é aquele intervalo de tempo crucial no qual um novo usuário é convencido a continuar usando ou comprando um produto ou serviço ou desaparece depois de uma ou duas visitas. A taxa de retenção inicial é uma espécie de indicador do grau imediato de "stickiness" do produto – se ele pega ou não. Esse período de retenção inicial não tem duração fixa; pode ser de um dia, no caso de um aplicativo mobile, ou de uma semana ou duas, no de uma rede social. Para um produto no modelo software como serviço (SaaS, na sigla em inglês), o período de retenção inicial está mais para um mês ou um trimestre, enquanto para empresas de e-commerce é, em geral, de 90 dias.[7] Para determinar quanto duraria esse período em seu caso específico, descubra qual é a norma para produtos da mesma categoria em seu setor e faça a análise do comportamento de seus clientes ao longo do tempo.

A boa notícia, aqui, é que estudos mostram que a probabilidade de retenção do usuário no longo prazo é maior se ele fica satisfeito com o produto na fase inicial de uso. E, com frequência, há muita oportunidade para melhorar a experiência do usuário nessa etapa. Esse foi o principal motivo para a criação da equipe de crescimento da HubSpot, como explicou um dos fundadores da empresa, o CTO Dharmesh Shah. "A *razão* para decidirmos montar um time de crescimento foi, antes de mais nada, que havia muitas coisas simples para melhorar em nosso processo de 'trial/onboarding'".[8] Falamos do trabalho da HubSpot para melhorar o processo de onboarding no capítulo sobre a ativação. A fase de retenção inicial é, basicamente, um prolongamento da ativação: a ideia é garantir que clientes ou usuários estejam *realmente* ativos, que não tenham dado uma geral no produto e depois perdido o interesse.

Não faria mais sentido considerar isso parte do processo de ativação? Pode até parecer que sim, mas a distinção é importante. Em muitos casos, o valor de um produto ou serviço só é assimilado por um novo cliente quando este volta a usá-lo certo número de vezes dentro de determinado intervalo de tempo. O Pinterest, por exemplo, pode deduzir, da análise de dados de usuários, que, se uma pessoa não voltar pelo menos três vezes nas duas primeiras semanas depois de criar a conta, é bem provável que deixe de usar o aplicativo. Isso significa que a equipe de crescimento vai trabalhar sem parar para fazer a pessoa voltar um número mínimo de vezes nesse intervalo. Quem tem conta no Pinterest sabe que a empresa realmente se esforça para encorajar o retorno após o cadastro inicial.

*CAPÍTULO SETE*

Quando cruza o limiar da retenção inicial, o usuário entra na *fase de retenção intermediária*, período no qual o interesse pela novidade do produto em geral diminui. O grande desafio do time de crescimento nessa etapa intermediária é tornar o uso do produto um hábito – trabalhar para incutir no cliente um senso tal de satisfação com o produto ou serviço que, com o tempo, ele nem precisa mais ser estimulado a usá-lo, pois a coisa já foi incorporada a sua rotina. É como um usuário do Snapchat que sempre checa posts de amigos durante o café da manhã e, de novo, depois do jantar ou do cliente da Amazon que invariavelmente entra no site ao pensar em comprar algum produto, sem precisar de estímulos externos. Nas próximas seções, vamos falar um pouco da psicologia da formação de hábitos e apresentar estratégias que a equipe de crescimento pode usar para elevar o número de usuários que, após a retenção inicial, viram clientes assíduos.

Passaremos, então, para estratégias de *retenção de longo prazo*. Essa é a fase na qual o foco do time de crescimento é garantir que o produto siga oferecendo mais valor aos clientes. Para isso, deve testar maneiras de continuar aprimorando o produto, ajudando equipes de desenvolvimento a determinar a hora certa de lançar upgrades de recursos existentes ou novos recursos. O segredo, aqui, é manter a percepção do cliente de que o produto é must-have.[9]

### COMO SABER SE A RETENÇÃO VAI BEM?

Antes de entrar em detalhes sobre como melhorar a retenção em cada uma das fases, é importante saber que dados o time de crescimento deve monitorar e como analisá-los em busca de oportunidades de hacks a serem testados. Para começar, cada empresa tem um jeito próprio de medir a taxa de retenção. Isso porque a frequência com que os clientes voltam a comprar um produto ou a usar um serviço depende, em grande medida, da natureza do produto ou serviço. Certas coisas queremos ou necessitamos com frequência; outras, nem tanto. Enquanto o Facebook quer que o usuário volte todo dia, a Apple sabe que quem compra um iPhone provavelmente só vai adquirir outro dali a alguns anos (salvo os fanáticos que correm e compram o modelo novo assim que sai), ou seja, a Apple só vai descobrir se determinado usuário do iPhone foi retido depois de três anos ou mais. É por isso, principalmente, que a transformação da Apple em provedora de serviços usados com seus produtos, e não só de aparelhos, foi uma estratégia de crescimento tão brilhante, pois permitiu à empresa capitalizar muito mais seus clientes retidos entre o lançamento de um produto e outro. A frequência com que o consumidor busca imóveis em sites como o Zillow também difere daquela com que alguém usa o Yelp para saber se um restaurante é bom. A frequência de busca e compra de um colchão será diferente da de um par de sapatos novo.

No caso do e-commerce, o indicador básico da retenção é a taxa de recompra, que pode ser, por exemplo, o número de vezes por mês que os clientes fazem uma compra. Muitas empresas de comércio eletrônico calculam essa taxa em intervalos de 90 dias, mas isso depende do produto vendido. Já que a maioria das pessoas faz compras de supermercado pelo menos uma vez por semana, a equipe do aplicativo de nosso exemplo deve considerar compras com uma frequência maior – a cada dez dias, digamos – como indicador de uma retenção saudável.

Na hora de definir indicadores de retenção, é importante cotejar seus resultados com taxas de retenção típicas de produtos ou serviços da mesma categoria – busque a melhor informação possível gerada por pesquisas de mercado – e com qualquer outro dado relevante sobre o desempenho de seus concorrentes. Essa é a única maneira de saber se a resposta de seus clientes é típica, melhor ou pior do que o esperado. Uma empresa como o Airbnb, por exemplo, jamais deve esperar o mesmo grau de engajamento e retenção de uma rede social – daí a importância dos benchmarks para determinar se a retenção em seu caso vai bem ou não. Publicações especializadas, associações do setor e empresas de pesquisa como Forrester e Gartner podem ter informações relativas a seu segmento.

Embora até aqui tenhamos falado da retenção em termos dos clientes que a empresa mantém, também é fundamental monitorar o outro lado: os clientes que a empresa perde (o churn) toda semana ou mês. O churn é, basicamente, o inverso da taxa de retenção. A taxa de retenção de membros do clube de compras norte-americano Costco, de 91%, representa uma taxa anual de churn de 9%.[10] Certo churn é inevitável, até para os produtos mais adorados, porém é óbvio que, para qualquer empresa, quanto menor o churn, melhor.

### IDENTIFIQUE E MONITORE SUAS COORTES

Depois de definir as métricas a serem usadas para medir a taxa de retenção, é hora de desmembrar mais esses dados, calculando as taxas específicas para distintos subgrupos de usuários com uma técnica chamada *análise de coorte*. Isso permite um exame mais profundo dos dados para descobrir o que está levando determinados clientes a permanecer com a empresa ou a abandoná-la.

É possível dividir os usuários em várias coortes distintas. A segmentação mais comum é pelo momento da aquisição, ou seja, a data em que a pessoa fez o cadastro ou comprou algo pela primeira vez. Em geral, usa-se o mês, mas, dependendo do caso, é melhor considerar a semana ou o dia. Embora soe árdua, a tarefa vale o esforço, pois ajuda a equipe a determinar se há problemas com a retenção. Monitorar grupos de clientes pela data da aquisição inicial permite que o time meça a saúde geral da base de clientes. À medida que iniciativas de vendas e marketing vão se intensificando, por exemplo, é preciso saber se a taxa de retenção de clientes adquiridos hoje é melhor ou pior do que a de safras anteriores. Se a empresa estiver conquistando um número alto de novos usuários, o que significa que o volume de vendas ou de cadastros está subindo, o churn pode facilmente ser mascarado se a retenção pela data de aquisição não estiver sendo monitorada.

A análise de coorte às vezes revela tendências problemáticas. O time de crescimento pode descobrir, por exemplo, que o churn de usuários captados durante uma campanha de aquisição específica ou em determinada época do ano é particularmente alto ou, então, que o engajamento se mantém elevado durante os primeiros dois meses após a aquisição, mas que, no terceiro, muitos usuários em cada coorte ficam inativos.

Peguemos o caso hipotético de um serviço de streaming de vídeo que cobra uma assinatura mensal do usuário e pode ser cancelado a qualquer momento. A empresa decide segmentar novos usuários pelo mês em que começaram a usar o serviço, conforme vemos na tabela e no gráfico a seguir. Já que planilhas com dados de retenção por coorte podem ser meio difíceis de ler, é útil também exibir os dados no formato de curvas de retenção para cada coorte, o que facilita a visualização de padrões que mereçam um exame mais aprofundado.

### Planilha de tracking de coortes

| Mês conversão | Clientes novos | nº de clientes retidos no mês |||||||||| A1 |
|---|---|---|---|---|---|---|---|---|---|---|---|
| | | Jan-15 | Fev-15 | Mar-15 | Abr-15 | Maio-15 | Jun-15 | Jul-15 | Ago-15 | Set-15 | Out-15 |
| Jan-15 | 150 | 140 | 130 | 125 | 118 | 105 | 102 | 97 | 95 | 95 | 95 |
| Fev-15 | 180 | | 172 | 160 | 150 | 140 | 130 | 121 | 118 | 118 | 118 |
| Mar-15 | 200 | | | 190 | 178 | 169 | 155 | 142 | 135 | 132 | 128 |
| Abr-15 | 270 | | | | 188 | 175 | 170 | 153 | 144 | 137 | 131 |
| Maio-15 | 350 | | | | | 247 | 228 | 216 | 202 | 189 | 178 |
| Jun-15 | 450 | | | | | | 307 | 288 | 269 | 258 | 244 |
| Jul-15 | 225 | | | | | | | 210 | 195 | 180 | 166 |
| Ago-15 | 235 | | | | | | | | 218 | 207 | 197 |
| Set-15 | 240 | | | | | | | | | 224 | 211 |
| Out-15 | 250 | | | | | | | | | | 233 |
| | | 140 | 302 | 475 | 634 | 836 | 1.092 | 1.227 | 1.376 | 1.540 | 1.701 |

| Mês conversão | Clientes novos | % de clientes retidos no mês |||||||||| B1 |
|---|---|---|---|---|---|---|---|---|---|---|---|
| | | 0 | 1 | 2 | 3 | 4 | 5 | 6 | 7 | 8 | 9 |
| Jan-15 | 150 | 93,33% | 86,67% | 83,33% | 78,67% | 70,00% | 68,00% | 64,67% | 63,33% | 63,33% | 63,33% |
| Fev-15 | 180 | 95,56% | 88,89% | 83,33% | 77,78% | 72,22% | 67,22% | 65,56% | 65,56% | 65,56% | |
| Mar-15 | 200 | 95,00% | 89,00% | 84,50% | 77,50% | 71,00% | 67,50% | 66,00% | 64,00% | | |
| Abr-15 | 270 | 69,63% | 64,81% | 62,96% | 56,67% | 53,33% | 50,74% | 48,52% | | | |
| Maio-15 | 350 | 70,57% | 65,14% | 61,71% | 57,71% | 54,00% | 50,86% | | | | |
| Jun-15 | 450 | 68,22% | 64,00% | 59,78% | 57,33% | 54,22% | | | | | |
| Jul-15 | 225 | 93,33% | 86,67% | 80,00% | 73,78% | | | | | | |
| Ago-15 | 235 | 92,77% | 88,09% | 83,83% | | | | | | | |
| Set-15 | 240 | 93,33% | 87,92% | | | | | | | | |
| Out-15 | 250 | 93,20% | | | | | | | | | |
| | | 83,49% | 77,04% | 71,65% | 65,32% | 59,63% | 58,52% | 59,75% | 64,34% | 64,55% | 63,33% |

À esquerda da tabela, vemos o número de clientes adquiridos em cada mês. São esses grupos, ou coortes, que o time de crescimento vai monitorar ao longo do tempo. Na planilha em si, a porção superior indica o número absoluto de usuários de cada coorte retidos por mês. Esse número vai caindo aos poucos: dos 150 clientes novos captados em janeiro de 2015, 140 permanecem em fevereiro, 130 em março etc., até que a coorte se estabiliza em 95 assinantes (que continuam pagando pelo serviço de agosto a outubro). Na porção inferior da tabela, é possível ver que a taxa de retenção de clientes captados em fevereiro e março é semelhante.

## CAPÍTULO SETE

Em abril, maio e junho, no entanto, há uma mudança drástica. A primeira coisa a observar é que o número de clientes adquiridos tem um salto: de 270 em abril para um recorde de 450 em junho. Se considerasse só a aquisição, a equipe de crescimento estaria eufórica, pois o número de pessoas que assinaram o serviço por mês subiu muito. Um exame mais detido revela, contudo, que a retenção das coortes de abril a junho não é tão boa quanto a de safras anteriores. Os dados mostram queda acentuada na retenção de clientes captados durante esses meses após o primeiro mês de assinatura e nenhum sinal de estabilização como ocorreu com os grupos de janeiro a março.

Antes de lançar essa informação em dashboards de desempenho, a equipe usa os dados para montar gráficos de curvas de retenção por coorte e, com isso, facilitar a visualização. A título de simplificação, mostramos apenas duas coortes no gráfico a seguir, uma de janeiro e outra de maio – embora times de crescimento em geral montem um gráfico com todas as curvas de todos os meses. É possível ver a enorme diferença entre as duas curvas e como a de maio continua indicando queda e a de janeiro parece ter se estabilizado.

**COMPARAÇÃO DE COORTES REVELA GRANDE DIFERENÇA**

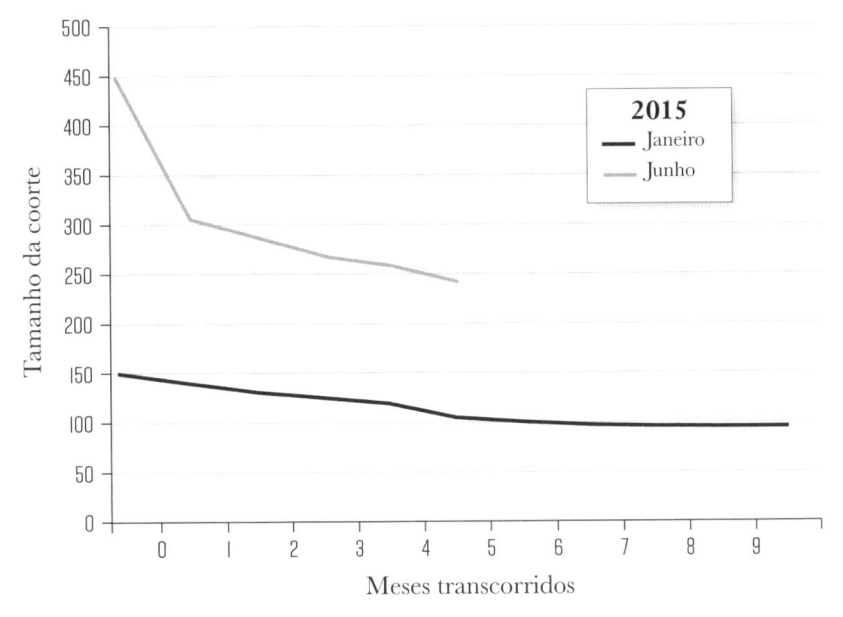

*Hacking para a retenção*

Esses dados indicam que a equipe de crescimento precisa investigar o que aconteceu naqueles três meses. A taxa de retenção das coortes de abril, maio e junho mostra uma queda precipitada logo após o sign-up inicial. Para descobrir o porquê da deserção, é preciso analisar mais a fundo as coortes problemáticas.

Esse padrão é comum quando uma empresa lança uma campanha publicitária que atrai muitas pessoas para as quais o produto não é particularmente adequado ou quando a campanha dá um grande desconto inicial para novos clientes, que pulam fora em massa quando o preço sobe. Outra possibilidade é anunciar em um novo canal para chamar a atenção de um grupo demográfico específico – no caso da equipe do serviço de streaming de vídeo, mães que não trabalham fora, digamos. A campanha publicitária pode ter tido um tremendo sucesso em fazer o público visado assinar o serviço, mas, depois de verem um ou dois filmes com os filhos, aquelas mães concluem que a seleção não é lá tão boa e cancelam a assinatura. Entender a correlação entre a campanha publicitária e a queda na retenção dá à equipe informações valiosas sobre testes a fazer. Uma ideia seria incluir no acervo mais filmes que agradem a essas mães – que são boas candidatas a clientes – antes de voltar a fazer uma campanha agressiva para conquistá-las. Se o acervo já for bom, talvez seja o caso de dar mais destaque aos filmes assim que uma dessas usuárias assinar o serviço. Fora isso, o churn pode ter razões menos aparentes. É por isso que a equipe precisa sondar as clientes perdidas para saber por que cancelaram o serviço, com um questionário que teste a hipótese de que a seleção de filmes disponíveis foi a razão da debandada.

Dividir usuários pelo mês em que foram adquiridos é só o começo da análise de coorte. O certo é criar vários grupos, com base, por exemplo, no canal pelo qual chegaram a seu produto (um programa de indicação, uma campanha publicitária paga etc.). Outro fator distintivo pode ser o número de visitas ao site ou de compras realizadas. No caso da equipe do serviço de streaming de vídeo, é possível criar coortes por número de programas ou séries vistos no primeiro mês, por assinantes que assistiram a séries específicas ou pelo total de dias que as pessoas usaram o serviço no mês. Analisar os dados dessa maneira permite que o time busque correlações entre a frequência de

# CAPÍTULO SETE

uso do serviço e a taxa de retenção, bem como se há filmes ou programas específicos que estão produzindo uma retenção maior.

No caso da equipe do aplicativo da rede de supermercados, cujo modelo de negócio é outro (o de e-commerce), uma possibilidade é separar os clientes em coortes de acordo com o número de vezes – uma, duas, três, quatro ou mais – em que compraram algo no primeiro mês depois de baixado o aplicativo. Se monitorar a taxa de retenção dessas coortes por seis meses, o time talvez descubra que a retenção dá um salto quando o cliente faz compras pelo menos três vezes no intervalo de um mês depois de instalado o app. Isso indicaria a necessidade de testar maneiras de levar o usuário a comprar mais vezes naquele primeiro mês.

É importante observar que monitorar a retenção por coortes conforme indicado aqui em geral exige recursos de análise de dados mais sofisticados do que os de ferramentas básicas como o Google Analytics. Um analista de dados pode criar um relatório desses com relativa facilidade se seu banco de dados de usuários permitir a segmentação de usuários segundo o conjunto certo de variáveis. Quem não conta com os serviços de um analista de dados pode usar programas mais robustos, como Mixpanel, Kissmetrics ou Amplitude (embora o Google Analytics agora já tenha um recurso de análise de coorte, as ferramentas citadas permitem análises muito mais refinadas e são igualmente fáceis de usar).

### HACKING PARA A RETENÇÃO INICIAL

Tendo analisado dados de coortes para identificar pontos de queda na retenção inicial e feito sondagens para descobrir as causas da deserção, é hora de começar a testar soluções. Para melhorar a retenção inicial, utilizam-se os mesmos hacks indicados para aumentar a ativação, pois esse período é basicamente um prolongamento da experiência de ativação. Nessa fase, aprimorar a NUX e levar o usuário a entender o valor central do produto o mais depressa possível são duas das estratégias mais importantes. O uso de triggers, como notificações mobile e e-mails, também pode ajudar a reforçar a utilidade e o valor do produto na mente do usuário. Contudo, como dito no capítulo anterior, o time de crescimento não deve cair no erro de apostar só em gatilhos para fazer o público voltar nessa fase inicial; precisa também estar atento à experiência que o produto está oferecendo e a eventuais ajustes que possam ser feitos (para recapitular essas estratégias, reveja o capítulo 6).

### CULTIVE HÁBITOS

A grande meta na fase intermediária da retenção é, recordemos, converter o uso do produto em um hábito para consolidar o compromisso do usuário com ele. Em certos casos, isso significa tornar o uso um hábito diário ou semanal; em outros, o uso pode ser bem menos frequente do que chamaríamos de "habitual", indicando, porém, que, independentemente da frequência, sempre que o cliente quer comprar um produto ou usar um serviço como o seu, ele procura sua empresa, e não um concorrente – em outras palavras, é fiel.

O segredo para cultivar um hábito é convencer o cliente da *recompensa contínua* que ele terá ao continuar usando seu produto ou serviço. No livro *Hooked*, Nir Eyal, especialista em comportamento de clientes, explica como produtos com grande poder de fisgar o cliente fazem isso – por um processo que ele chama de modelo Hook (veja a seguir) e que, na comunidade do growth hacking, é conhecido como *ciclo do engajamento*. Aqui é onde os triggers externos dos quais falamos na fase de ativação – notificações mobile, e-mails e prompts no aplicativo – entram em cena novamente, pois vão fazer o usuário realizar ações que deflagram o forte ciclo de engajamento que leva à formação de hábitos. O time de crescimento deve identificar a quantidade, o método e a cadência ideais dos triggers necessários para cultivar um hábito e reforçá-lo continuamente.

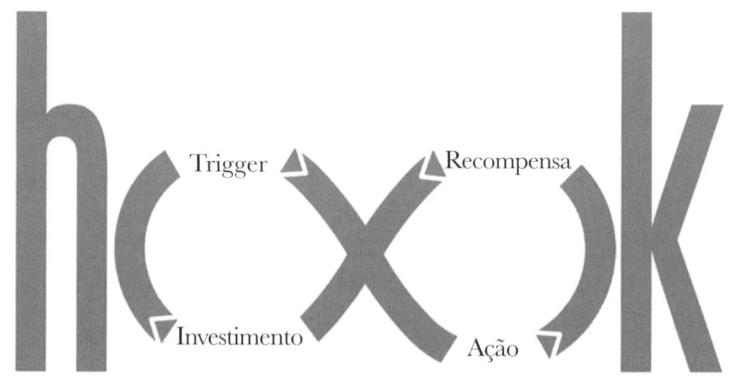

*Modelo Hook, de Nir Eyal*[12]

## CAPÍTULO SETE

Para entender como surge um hábito, peguemos o exemplo de uma academia de ginástica. Quando uma pessoa toma a decisão de entrar em forma, é comum precisar de um gatilho externo que a motive a se mexer – pode ser um mero alerta no calendário ou um plano de exercícios com um personal trainer ou amigo. Quando o retorno de frequentar a academia atinge certo grau – a pessoa se sente melhor, vê os músculos mais firmes, perde peso –, muita gente não precisa mais desse empurrão externo. O mesmo processo básico ocorre quando a pessoa checa o Facebook durante o café da manhã, quando posta no Instagram na volta do trabalho ou quando consulta um site como o Yelp para escolher um lugar para ir comer com um amigo. Tomar café, voltar para casa ou escolher um restaurante é o gatilho interno, subconsciente, que dispensa a necessidade de qualquer outro.

O Amazon Prime é um exemplo perfeito da formação de hábitos. Recordemos que muitos analistas não viam futuro no programa, pois achavam que garantir a entrega grátis sairia caro demais para a Amazon. Quando pensamos na natureza do produto com o modelo Hook em mente, é fácil entender onde foi que erraram. Primeiro, o Prime dá duas recompensas cruciais – e muito atraentes – toda vez que um membro compra um item que faz parte do programa: uma economia considerável graças à entrega grátis e a gratificação instantânea de receber o pedido no prazo de dois dias. Outro benefício que a pessoa tem ao comprar é validar a decisão que tomou de investir US$ 99 na assinatura do Prime. Toda vez que compra alguma coisa e vê quanto economizou devido ao frete grátis (ou a outros descontos só para membros), a pessoa pensa que valeu a pena pagar aqueles US$ 99, pois está economizando muito. Vijay Ravindran, diretor de sistemas de pedidos da Amazon, disse a Brad Stone, autor do livro *A loja de tudo*, que a finalidade do programa "nunca foi [arrecadar] os setenta e nove dólares, mas mudar a mentalidade das pessoas para que não fossem comprar em nenhum outro lugar".[13] O poder do Prime de criar um hábito foi tal que, segundo um artigo na *Businessweek*, em três meses o programa já tinha saído do vermelho – e a Amazon previra originalmente que isso levaria dois anos.[14]

O ciclo do engajamento com o Amazon Prime é claro e se reforça cada vez que o programa é usado – razão pela qual funciona tão bem. Esse modelo, naturalmente, não funciona para todos. Uma equipe de crescimento deve traçar o próprio ciclo com base no core value de seu produto e, feito isso, medir, monitorar e otimizar o ciclo. Ao usar dados e testar triggers que produzam a recompensa mais valiosa para os clientes, o time pode descobrir como cultivar um hábito em torno de seu produto. A equipe do serviço de streaming de vídeo, por exemplo, pode avaliar a eficácia de triggers que faz o usuário descobrir programas novos na comparação com triggers que o motivam a terminar de ver séries ou programas que já começou a assistir.

Uma regra que costuma valer para a maioria dos produtos, seja qual for a categoria, é que levar o usuário a atribuir mais valor a uma recompensa eleva a retenção. Para aumentar a capacidade de um produto ou serviço de produzir um hábito, uma ideia é oferecer uma série de recompensas ao cliente e incentivá-lo a realizar uma ação para recebê-las; quanto mais ações realizadas, maiores as recompensas e maior o valor percebido. É preciso fazer uma análise de coorte para descobrir que clientes usam o produto de maneira mais assídua, que recursos utilizam mais e que recursos produzem a maior recompensa – e, consequentemente, a taxa de retenção mais alta. A equipe também deve identificar clientes menos ativos que poderiam ser levados a usar mais o produto se expostos a recompensas mais interessantes.

O time do serviço de streaming de vídeo pode, por exemplo, dividir os assinantes em coortes pela quantidade de tempo que dedicam à plataforma. Essa análise talvez revele que um grupo de usuários assíduos assiste a vários episódios de uma série de uma tacada só, hábito conhecido como "binge watching", que a Netflix soube explorar. A descoberta pode levar a equipe de crescimento a pensar em maneiras de criar uma nova forma de recompensa ao dar ao usuário mais oportunidades para o binge watching, como faz a Netflix ao liberar de todos os episódios de uma série ao mesmo tempo, em vez de apenas um por vez. Outra possibilidade é o time analisar que tipo de série é mais popular entre o público que assiste de uma vez só e tentar dar destaque a séries similares que também são ótimas para essas maratonas.

## CAPÍTULO SETE

### DÊ TANTO RECOMPENSAS TANGÍVEIS COMO LIGADAS À EXPERIÊNCIA

O foco de muitas estratégias populares para recompensar o cliente é deixá-lo "ganhar" o direito a pagar menos ou dar cupons de desconto, vales, brindes. Isso ocorre sobretudo no varejo, que tem um velho repertório dessas estratégias. São benefícios bons e, definitivamente, vale a pena testar alguns deles. No entanto, também é importante provar aqueles que não envolvam dinheiro ou descontos, mas a experiência do cliente com o produto. Aliás, algumas das recompensas mais formadoras de hábitos são intangíveis. Nessa categoria, há muita coisa a testar. Há recompensas sociais, como o "Curtir" do Facebook, que ajudou bastante converter em hábito postar fotos e comentários na rede. Programas de fidelidade de companhias aéreas também usam há muito recompensas sociais – como ascensão de categoria, acesso a salas VIP, preferência no embarque – e constatam que isso contribui muito mais para a fidelidade do que descontos em passagens. É preciso ter criatividade na hora de bolar ideias para recompensas intangíveis e, também, provar uma mistura de recompensas tangíveis, sociais e ligadas à experiência.

Seguindo o princípio do incentive/market fit, a recompensa deve estar relacionada ao valor que o cliente enxerga em seu produto específico. No entanto, três estratégias interessantes para dar recompensas que não ofertas especiais e descontos mostraram alta capacidade de turbinar a formação e a fixação de hábitos (entre outras alavancas de crescimento) nos últimos anos. Os exemplos a seguir, embora longe de exaustivos, são representativos das estratégias amplas e escaláveis a seu dispor.

#### 1. CLIENTE COMO EMBAIXADOR DA MARCA

Um programa desses em geral combina o poder de recompensas sociais com o de tangíveis. Ao conferir a alguém a condição de cliente VIP, dá reconhecimento social e, na maioria dos casos, uma série de outras vantagens.

O programa Esquadrão de Elite do Yelp é um dos melhores exemplos de sucesso no uso dessa abordagem para aumentar a retenção. O Yelp dá um reconhecimento especial a quem avalia um serviço pela primeira vez e deixa outros usuários classificarem a avaliação como "útil", "divertida" ou simplesmente "legal". Com isso, a plataforma concede fortes benefícios sociais que incentivam a pessoa a voltar sempre para fazer mais avaliações.

O Yelp criou a categoria "Elite" para recompensar os usuários mais engajados. A empresa explica que essa é sua "maneira de reconhecer e recompensar os membros do Yelp que são modelos de conduta e têm um comportamento exemplar, tanto no site como fora dele (...). Membros do Esquadrão de Elite são reconhecidos por um brilhante badge no perfil de seu cadastro". Além disso, esses clientes recebem mimos como convites exclusivos e entrada antecipada em eventos do Yelp.[15] Os resultados são impressionantes: um estudo do Yelp feito por Zhongmin Wang, professor de economia da Northeastern University, nos Estados Unidos, revelou que, enquanto apenas 5% a 10% dos usuários do Citysearch e do Yahoo! Local, dois grandes concorrentes, fizeram seis ou mais avaliações nesses sites, mais de 65% dos usuários do Yelp fizeram um número idêntico ou maior e nada menos que 44% das resenhas no site foram redigidas por membros Elite.[16]

E não são só empresas de internet que utilizam embaixadores da marca para aumentar a fidelidade e a retenção de clientes. Restaurantes, hotéis, bandeiras de cartão de crédito e muitos varejistas têm uma longa história de sucesso com programas que sabem combinar recompensas sociais – como a sensação de pertencer a algo, de participar de uma comunidade, de ser importante – com vantagens mais tangíveis. O American Express Centurion, mais conhecido como Amex Black, é o exemplo perfeito. Visto por muitos como o supremo símbolo de status, o cartão é para poucos (só o recebe quem gasta – e paga – pelo menos US$ 350 mil por ano com um cartão Amex), cercado de mistério sobre os benefícios que realmente oferece, e traz muitas vantagens (novidades, viagens e serviços de concierge exclusivos, por exemplo) que fazem até o mais abastado dos clientes da American Express se sentir especial.[17]

Um exemplo recente e particularmente impressionante de um programa desses é o que o site de mídia TheSkimm usou para chegar a um público diário de 3,5 milhões de leitores.[18] A empresa, que cresce depressa, faz uma curadoria de notícias para gente sem tempo a perder, em geral mulheres. Para virar um "Skimm'bassador", o leitor precisa indicar dez amigos para o serviço. Em troca, é reconhecido publicamente no site e ganha brindes como camisetas, bolsas e capas de celular com a marca, além de oportunidades de networking e uma menção na homepage no dia do aniversário.[19]

## 2. RECONHECIMENTO DE CONQUISTAS

Todo cliente gosta de ser reconhecido pela empresa, não importa se o gesto é grande ou pequeno. Uma ótima maneira de demonstrar apreço é usar o *e-mail comportamental* (como a estratégia é conhecida nos círculos do marketing) para reconhecer uma conquista ou ação da pessoa – atingir uma meta, digamos. O Fitbit faz isso quando manda uma mensagem parabenizando o usuário que deu 10 mil passos no dia, e o Runkeeper, quando alguém corre 15 quilômetros pela primeira vez, ou registra seu melhor tempo, ou faz o percurso mais longo. O Medium, plataforma de conteúdo criada por Evan Williams, um dos fundadores do Twitter, envia um e-mail quando um artigo que a pessoa publica no site é recomendado 50 ou 100 vezes. Na maioria dos programas de indicação, a prática também é comum: se alguém que você indicou virou um usuário, a empresa em geral manda uma mensagem agradecendo e perguntando se você não tem mais ninguém para indicar.[20]

Uma notificação dessas também pode avisá-lo de ações de outros usuários que, na prática, representam uma conquista para você, como quando o LinkedIn o avisa de que foi recomendado por alguém e quando o Twitter envia uma mensagem dizendo que alguém curtiu ou retuitou algo que você postou. O Facebook e o Instagram fazem um uso particularmente bom dessa dinâmica, com notificações mobile tanto para avisar a pessoa quando um amigo do Facebook entra no Instagram como para incentivar a pessoa a curtir fotos postadas no Instagram por outros usuários, sobretudo aqueles que ficaram um bom tempo sem postar nada. Essas notificações ajudam de duas maneiras na retenção: levam o usuário de volta ao Instagram para ver o que os amigos andam fazendo e recompensa o novo usuário, pois aumenta o número de seguidores, curtidas e comentários que este recebe no Instagram.

3. CUSTOMIZAÇÃO DO RELACIONAMENTO

Com o volume cada vez maior de informações sobre clientes sendo acumulado por empresas e ferramentas formidáveis para analisar esses dados, aumentou muito a capacidade de satisfazer necessidades e desejos dos clientes de maneira mais precisa e até individualmente. Shouvick Mukherjee, vice-presidente de produtos e engenharia do @WalmartLabs, conta que uma das mudanças mais importantes para a companhia na questão do crescimento foi evoluir de uma mentalidade de marketing tradicional "one-to-many" para uma nova, "one-to-one", na qual a experiência do cliente é totalmente personalizada. Hoje, por exemplo, uma empresa pode adaptar a comunicação por e-mail e sugestões de produtos para cada cliente, não importa se tenha milhões deles. Essa personalização em massa significa "entender o cliente, entender o negócio da empresa e garantir [que haja] uma combinação perfeita", diz Mukherjee.[21]

A técnica, que a Amazon basicamente criou, é possível graças aos imensos bancos de dados sobre clientes e a programas que permitem que essas informações sejam garimpadas para revelar as preferências de cada um. A personalização pode se basear não só nas informações fornecidas pelo cliente e em sua atividade no site ou no aplicativo da empresa, mas também em dados sobre seu comportamento na internet de modo geral, facilmente obtidos em provedores de dados como a Demandbase. E muitas organizações, entre elas Salesforce Marketing Cloud, Optimizely e HubSpot, possuem programas de personalização.

Cara Harshman, que foi gerente de conteúdo da Optimizely, contou como a empresa melhorou uma série de indicadores, incluindo os de ativação e de retenção, ao criar uma experiência personalizada na homepage para seu público mais importante. De uma única homepage, o site passou a ter mais de 26, variando segundo a importância da conta, a hora do acesso, a vertical de negócios e muito mais. Um redator do *The New York Times* que entre no site, por exemplo, verá uma mensagem específica sobre como a Optimizely pode ajudar uma empresa de comunicação, e um profissional da Microsoft, informações sobre a utilidade da Optimizely para companhias de tecnologia e software.[22]

# CAPÍTULO SETE

A próxima onda de personalização está apostando em algoritmos de machine learning, que é exatamente o que o termo sugere: em vez de seres humanos criando normas para a personalização, um programa de computador processa respostas de clientes para produzir e aprimorar essa customização. É uma tecnologia sofisticada, mas que rapidamente vai ficando mais acessível. Na Inman, a equipe de Morgan personaliza a newsletter semanal enviada aos assinantes: cada pessoa recebe uma seleção de notícias única, altamente relevante para seu caso. A personalização é aprimorada pelos dados de uma empresa chamada Boomtrain, que combina machine learning e customização para otimizar sem parar a relevância da newsletter, sem qualquer intervenção adicional do pessoal da Inman. Como a Boomtrain, há várias outras oferecendo esse serviço. Uma equipe pode usar programas de código aberto como o Machine Learning Library (ou MLlib), da Apache Spark, para criar o próprio software e conseguir o mesmo resultado.

No capítulo 1, falamos brevemente de como o time de crescimento do Pinterest está apostando pesado na personalização e otimização por meio de machine learning. A empresa desenvolveu o software Copytune para poder testar com rapidez dezenas de variantes de notificações enviadas aos usuários em mais de 30 idiomas. O programa escolhe as versões que surtiram mais efeito e, em seguida, continua os testes por conta própria. O gráfico a seguir mostra quão complexo pode ser esse processo. O Copytune testou mensagens com cada uma das variações exibidas aí. Os resultados têm sido extraordinários: o número de usuários que visitam o site todo mês (o MAU, de "monthly active users") cresceu quase 10%, o que, considerando a imensa base de usuários do Pinterest (mais de 100 milhões), significa milhões a mais de pessoas usando a plataforma assiduamente todo mês e muito mais receita trazida pela publicidade exibida a todos esses visitantes adicionais.[23]

Se quiser fazer testes com a customização, um bom ponto de partida são triggers enviados a clientes. A maioria dos programas de e-mail marketing já traz uma série de opções de personalização. Pode ser algo simples, como incluir o nome do destinatário na mensagem, ou mais complicado, como adaptar conteúdo e ofertas com base no comportamento anterior da pessoa. No caso

### Exemplo de variações em componentes

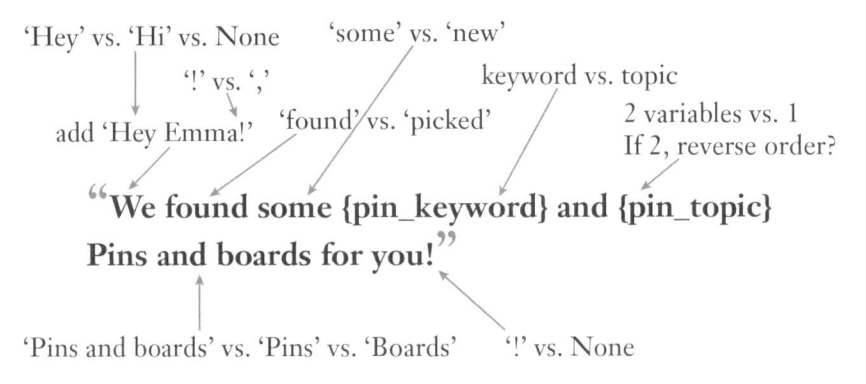

'Hey' vs. 'Hi' vs. None   'some' vs. 'new'
       '!' vs. ','           keyword vs. topic
add 'Hey Emma!'  'found' vs. 'picked'  2 variables vs. 1
                                    If 2, reverse order?

"We found some {pin_keyword} and {pin_topic} Pins and boards for you!"

'Pins and boards' vs. 'Pins' vs. 'Boards'    '!' vs. None

*Otimização feita pelo Copytune no Pinterest*

do aplicativo da rede de supermercados, a equipe poderia criar e-mails distintos para enviar a quem comprou uma única vez, a quem nunca comprou pelo aplicativo e a quem costuma gastar, em média, mais de US$ 100. Quando começar a receber os primeiros dados, o time vai poder determinar se personalizar a experiência surte algum efeito e se os resultados justificam um investimento maior nessa estratégia.

### "Em breve", mais valor

Quem já comprou um aparelho na versão "1.0" ou participou da seleção de alguma solução empresarial de companhias como Salesforce ou Oracle conhece o efeito, na retenção, da promessa de novos recursos. Avisar ao cliente que um recurso ou produto novo será lançado em breve e explicar que vantagens isso trará para ele pode ser um tremendo incentivo para ele continuar com a empresa. Isso funciona particularmente bem para produtos do tipo SaaS, videogames e provedores de conteúdo como Hulu e HBO. A Netflix usa bem essa estratégia ao espaçar o lançamento de novas temporadas de séries como *House of Cards* e *Orange Is the New Black* para garantir que a pessoa continue assinando o serviço enquanto aguarda a próxima oportunidade de fazer uma maratona na frente da TV. A Salesforce reserva o lançamento

## CAPÍTULO SETE

de atualizações importantes em produtos a duas ocasiões no ano – uma no verão e outra no inverno – para que a promessa de novos recursos não deixe o cliente cancelar a assinatura. Outra que usa brilhantemente a estratégia é a Apple, que mantém o público ansiosamente aguardando o dia de poder comprar o última novidade da empresa.

Bing Gordon, investidor da Kleiner Perkins Caufield & Byers, narrou uma conversa que teve com o presidente da HBO, Chris Albrecht, para dar um exemplo da força desse "em breve". Albrecht tinha aprovado a produção de *Roma*, série que ganhou fama por ter sido uma das produções mais caras já feitas para a televisão, com um custo por episódio de US$ 9 milhões. Quando Gordon perguntou ao CEO se foi difícil aceitar uma conta tão salgada para uma série que, no final, não teve uma audiência espetacular, Albrecht explicou que o canal não perdeu quase nenhum assinante do momento em que a produção da série foi anunciada até a exibição do primeiro episódio, ou seja, os assinantes fizeram questão de esperar para descobrir por que tanto alarde em torno da nova série – ainda que, no final, muitos nem a tenham acompanhado. Nesse intervalo de dois meses, o churn de assinantes do canal foi quase zero e a receita que isso trouxe mais do que cobriu o custo da produção.[24]

Se a empresa der a impressão de estar tentando segurar o cliente com a promessa de uma novidade fabulosa que parece nunca chegar, sempre há o risco de que o usuário acabe irritado. É por isso, também, que testes são tão importantes – porque podem ajudar a equipe a definir o timing dessas notificações. Suponhamos que o time encarregado de turbinar a retenção do serviço de streaming de vídeo é informado de que a empresa acaba de adquirir os direitos de exibição de uma série superpopular. Ainda faltam três meses para o lançamento, mas já dá para começar a provar se notificações sobre a futura disponibilidade melhorariam a taxa de renovação de assinaturas. A equipe poderia fazer um teste A/B simples com notificações por e-mail a pessoas que assistiram a séries como aquela. O grupo de controle teria uma experiência típica, enquanto o grupo do experimento receberia um ou vários e-mails sobre o lançamento "em breve". Uma comparação da retenção desses dois grupos revelaria o impacto quantitativo do teste. Se a mensagem "em breve" surtir efeito e segurar mais dos assinantes que viram aquele programa e outros similares, o time de crescimento poderia incluir o "em breve" permanentemente na estratégia de comunicação com o cliente.

### Retenção de longo prazo

Assim que conseguir produzir uma forte retenção de uma boa base de usuários, é hora trabalhar para garantir que continuem satisfeitos e bastante ativos no longo prazo. Aqui, sugerimos uma abordagem dupla, que envolve (1) otimizar funcionalidades atuais do produto, notificações e recompensas pelo uso recorrente e (2) espaçar bem, no decurso do tempo, o lançamento de um fluxo constante de novos recursos. Esse equilíbrio é extremamente importante. Diversas empresas cometem o erro de lançar um excesso de novidades depressa demais, produzindo o que equipe de produtos chamam de "feature bloat". Muitas vezes, isso torna o produto complicado demais e acaba ocultando seu grande valor. Em um estudo de 2005, os pesquisadores Debora Viana Thompson, Rebecca Hamilton e Roland Rust, do Marketing Science Institute, nos Estados Unidos, descobriu que é comum a empresa prejudicar a retenção de longo prazo ao incluir recursos demais em um produto, explicando que "o número de funcionalidades que maximizam a escolha inicial pode resultar na inclusão de um excesso de recursos, potencialmente diminuindo o valor vitalício do cliente". O trio concluiu que é melhor "considerar lançar um número maior de produtos mais especializados, cada qual com um número limitado de recursos, do que incorporar todo recurso possível a um só produto".[25]

David Pogue, colunista que escreve sobre tecnologia, ilustrou bem essa triste realidade em uma TED talk de 2006. Nela, Pogue exibiu o horripilante screenshot a seguir, que mostra como seria a tela do Microsoft Word se todas as barras de ferramentas estivessem ativadas.

Calcular a hora de apresentar novos recursos de produtos digitais pode ser especialmente difícil, em parte porque é muito mais

# CAPÍTULO SETE

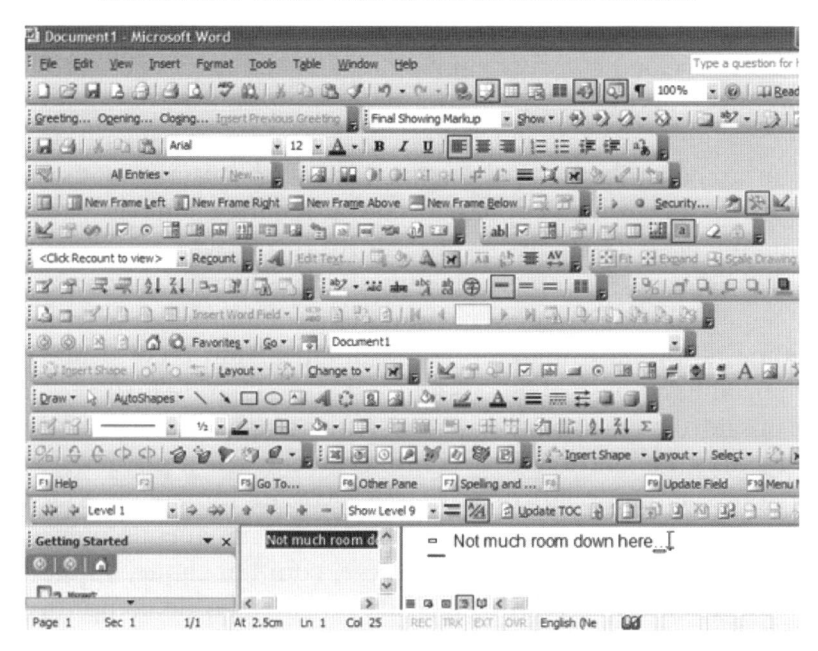

**MICROSOFT WORD COM TODAS AS BARRAS ABERTAS**[26]

fácil lançá-los do que no caso de produtos físicos. Fazer mudanças de maneira muito rápida ou abrupta pode provocar chiadeira, pois as pessoas se apegam ao visual e às funções de um produto. É só ver a gritaria provocada pelo novo feed do Instagram, agora organizado por um algoritmo, ou pela mexida em elementos visuais do Twitter, que mudou o símbolo para indicar favoritos de estrela para coração e substituiu o botão "Favoritos" por "Curtir". E esses são só dois exemplos recentes.

O time de crescimento pode exercer papel crucial na avaliação do apelo de novidades, testando protótipos ou versões beta dos novos recursos com clientes. Esses testes devem ser feitos com uma parcela bem pequena de usuários; os resultados vão ajudar a empresa a fazer ajustes antes de disponibilizar a novidade a todos. Embora na maioria das organizações a concepção de novos recursos seja responsabilidade da equipe de produtos, a constante atividade de pesquisa e análise de dados do time de crescimento certamente resultará em ideias de recursos que a equipe de produtos poderia testar. Além disso, os dados que o time sintetiza podem revelar novas oportunidades de otimização do produto que talvez não tenham vindo à tona em pesquisas de mercado ou durante o planejamento estratégico. Em outras palavras, todo membro da equipe de crescimento deve estar constantemente em busca de oportunidades para aprimorar recursos com vista à máxima retenção e para desenvolver novos recursos.

Para dar um exemplo, voltemos ao time do aplicativo da rede de supermercados para ver como ele poderia colaborar com a equipe de produtos da empresa para lançar um recurso novo e importante. O pessoal de produtos está trabalhando no protótipo de um novo recurso para o aplicativo: um planejador de refeições. O recurso usa o histórico de compras do cliente e a popularidade de itens vendidos pelo app para sugerir pratos a preparar e facilitar a compra dos ingredientes. O usuário precisa apenas informar para quantas pessoas será a refeição e, com um clique, a quantidade certa de cada item é colocada no carrinho de compras. O time de crescimento trabalha com a equipe do produto e a área de marketing para traçar uma estratégia de testes do planejador com um grupo seleto de clientes e para provar maneiras de melhorar seu uso entre aqueles que tiverem acesso ao novo recurso. O time de crescimento pode, por exemplo, usar os dados sobre o efeito da entrega grátis nas taxas de retenção para sugerir que o planejador de cardápio seja programado de modo a recomendar receitas com itens cuja compra resultem em um tíquete que ultrapasse o limiar da entrega grátis. Outra possibilidade é testar triggers para avisar o cliente de novas sugestões de pratos no aplicativo. O time também deve fazer testes para determinar quando e como lançar o planejador e como notificar os usuários da versão beta sobre quaisquer alterações no recurso.

### ONBOARDING CONTÍNUO

Ao ir acrescentando novos recursos e entendendo melhor como os clientes mais assíduos e satisfeitos estão usando o produto, é importante continuar mostrando a todos os usuários a vantagem que seu produto pode trazer. No cenário ideal, a empresa conduz

CAPÍTULO SETE

o público por uma jornada contínua de descoberta. Isso significa que outro elemento importante da retenção de longo prazo é saber fazer o usuário avançar nessa curva de aprendizado. Esse processo de desenvolvimento – denominado *onboarding contínuo* – é parecido ao que a pessoa percorre para aprender qualquer outra coisa (uma habilidade técnica, outra língua, tocar um instrumento). Começa com metas pequenas e simples e vai incrementando o conhecimento da pessoa ao longo do tempo. Qualquer recurso novo que o usuário precisar dominar para tirar o máximo proveito do produto precisa incorporar essa progressão coreografada. O designer de experiência do usuário Harry Brignull chama esse processo de "ramp up".

Quando o usuário vai ganhando mais experiência na utilização do produto, os recursos que ainda não usa – e coisas novas que forem sendo acrescentadas – devem ser apresentados gradativamente, para que ele só encare a tarefa de aprender algo novo depois de ter dominado o recurso anterior. Segundo Brignull, um dos melhores exemplos desse ramp up é o do Google Analytics, que usa uma série progressiva de notificações para fazer o usuário se embrenhar cada vez mais na experiência do produto. "Eles monitoram o comportamento do usuário, têm um mecanismo de decisão que determina que notificação exibir e checam que ações foram concluídas para abrir caminho para outras", diz ele.

O time de crescimento pode testar toda mensagem de onboarding contínuo. Uma opção é mandar e-mails a grupos de teste com versões diferentes de instruções e imagens para apresntar o novo recurso. Se esses e-mails conseguirem aumentar o uso do recurso, outro teste que a equipe pode fazer é dar destaque ao recurso no próprio produto – incluindo, por exemplo, um vídeo promocional sobre ele na landing page de vários outros recursos.

### Como recuperar clientes inativos

Nos círculos do growth hacking, *ressuscitar* clientes significa reconquistar pessoas que pararam de usar um produto ou serviço. Mais uma vez, o processo de growth hacking pode ajudar você a descobrir que testes fazer para atrair de volta clientes que sumiram do radar. O primeiro a fazer, claro, é tentar saber o porquê do sumiço. Um jeito simples para isso é entrevistar pessoas que cancelaram o serviço ou pararam de usar o produto. Quando, por exemplo, o Evernote estava tendo problemas com a retenção, constatou que uma das grandes razões para o abandono do serviço era que, ao trocar de computador ou celular, as pessoas não instalavam imediatamente o aplicativo no novo aparelho.

Segundo Dan Wolchonok, gerente de produto da HubSpot, o primeiro passo para decidir que testes fazer com base no feedback de clientes inativos é determinar se sua empresa tem algum controle sobre as razões por trás dessa deserção.[27] Se o time do aplicativo da rede de supermercados descobrir, como fez o Evernote, que muitas pessoas pararam de usar o app porque não o instalaram de novo ao trocar de celular, é possível enviar novas notificações e criar anúncios de retargeting para que reinstalem o aplicativo quando constatado um longo período de inatividade. Já se as pessoas estiverem saindo porque o supermercado não trabalha com produtos de uma marca que elas querem, evitar o churn pode ser impossível. Nesse caso, resta à equipe alertar o setor de compras da alta demanda pela marca (o que certamente deve fazer, pois sua ausência pode estar prejudicando não só as taxas de retenção do aplicativo, mas o crescimento da empresa de modo geral).

O trabalho de recuperar clientes perdidos em geral é feito com e-mail e publicidade. Quando a equipe percebe que o nível de compras ou atividade de um cliente caiu para zero, essa pessoa, passado certo tempo (a ser determinado por meio de testes), deve ser incluída em um *fluxo de recuperação*, ou seja, ser alvo de uma série de e-mails ou de anúncios feitos para reconquistá-la, em geral levando-a a lembrar o momento aha ou o core value que a conquistou lá atrás. Com campanhas customizadas de e-mail e notificações push só para clientes inativos, às vezes é possível recuperar muitos deles; e, uma vez que esses clientes já conhecem o produto e viveram o momento aha, o custo e o esforço de recuperá-los costumam ser menores do que os de conseguir um cliente novo.

Na Inman, por exemplo, Morgan identificou usuários que não tinham entrado no site nas três semanas anteriores. Como muitas assinaturas são renovadas mensalmente, sua hipótese era que, se a pessoa não visitasse o site pelo menos uma vez por mês, a pro-

*CAPÍTULO SETE*

babilidade de que cancelasse a assinatura era maior. A equipe fez um teste: mandou um e-mail a esses usuários com as notícias mais importantes das últimas semanas e um call to action para que voltassem ao site. O total de usuários recuperados foi 29,4% maior no grupo que recebeu o e-mail do que no grupo de controle que não o recebeu.

Como em qualquer campanha dirigida de notificação por e-mail ou publicidade, o risco de exagero está sempre presente. É fundamental testar a frequência, a duração e a redação das mensagens para garantir que não estejam irritando ou afugentando ainda mais o cliente perdido com "súplicas" para que ele volte, pois isso vai prejudicar a imagem que ele tem da empresa e destruir qualquer esperança de que um dia retorne. A certa altura, é preciso aceitar que um usuário simplesmente não retornará e parar de enviar notificações. Às vezes, a pessoa acaba voltando por conta própria, por razões totalmente fora do controle da empresa – porque um amigo comentou quanto gostava do produto (foi, pelo menos, o que o Twitter descobriu no caso de um grande volume de usuários inativos que voltaram ao serviço), ou porque a pessoa arrumou um emprego no qual o produto ou serviço é útil, ou porque o concorrente para o qual debandou fechou as portas ou parou de aprimorar o produto dele, ou porque alguém famoso, ou o chefe, começou a usar o produto, e muitas outras razões mais.

Tentar recuperar um cliente inativo pode parecer pouco prioritário. Sem dúvida, se a empresa estiver tendo problemas de retenção, a grande prioridade deve ser reter, logo no início, cada usuário novo conquistado. Lembre-se, contudo, de que todo cliente retido representa uma oportunidade contínua de geração de receita para a empresa, de modo que iniciativas de recuperação têm seu valor. Agora, para analisar de perto métodos para tirar o máximo proveito de oportunidades de geração de receita graças ao aumento da retenção, veremos como o growth hacking pode ajudar a empresa a ganhar mais com cada cliente.

CAPÍTULO OITO

# Hacking para a monetização

A grande meta da aquisição, da ativação e da retenção de clientes é, obviamente, trazer receita para a empresa. O ideal é que, com o passar do tempo, cada cliente traga mais receita – ou seja, que seu valor vitalício (LTV, sigla em inglês de "lifetime value") suba. Neste capítulo, vamos tratar especificamente da missão de ganhar mais com a base de clientes que a organização já tem. O growth hacking oferece inúmeras maneiras de criar testes para otimizar a renda obtida desses clientes. No entanto, vemos que muitos times de crescimento não exploram essas estratégias, concentrando-se primordialmente na aquisição e na ativação. Com isso, estão ignorando um potencial de crescimento considerável. Esperamos que este capítulo ajude a corrigir essa falha.

A fórmula básica para aumentar a receita por cliente vai depender do modelo de negócio. Uma empresa varejista, por exemplo, tem basicamente de convencer o cliente a comprar mais. Já uma companhia de SaaS (software como serviço) precisa levar mais clientes a renovar a assinatura ao longo do tempo e persuadir um número maior deles a fazer o upgrade para serviços mais caros (ou, no caso específico de serviços freemium, a migrar para planos pagos). Se a receita da organização vem da venda de espaço publicitário, para aumentá-la é preciso criar mais espaço para vender e convencer mais anunciantes a comprar espaço e a pagar mais por ele. Cada um desses modelos exige estratégias distintas, mas, em todos eles, o time de crescimento deve partir do mesmo processo básico de diagnóstico para gerar ideias e testá-las com o objetivo de descobrir se elevam ou não a receita.

### Mapeie o funil da monetização

Assim como nas demais iniciativas de growth hacking, o primeiro passo é analisar dados para determinar que testes teriam o maior potencial. Quando o assunto é monetização, a análise se inicia com o mapa básico da jornada completa do cliente – que, como dito no capítulo 6, a equipe deve criar assim que começar o processo de growth hacking. A meta nesse estágio é destacar todas as oportunidades na jornada – da aquisição à retenção – capazes de trazer receita. E é preciso identificar todo momento ao longo do caminho que esteja impedindo a empresa de gerar receita, como atritos no processo de pagamento.

No setor de varejo, que costuma chamar esse mapeamento de funil de compra, pontos particularmente importantes para o aumento da receita são telas que exibem produtos com desconto, o carrinho de compras e a página de pagamento. No caso de empresas de SaaS, um elemento crucial é a página que explica recursos e preços de diferentes serviços ou planos e páginas que promovem add-ons e atualizações. Já para organizações cuja receita vem da venda de publicidade, o fator mais importante é toda e qualquer página na qual tenha a oportunidade de exibir anúncios, mesmo que ainda não o esteja fazendo.

Depois do mapeamento básico, é hora de analisar onde, na jornada do cliente, a empresa está ganhando mais dinheiro e onde parece haver "pinch points": pontos de sangria nos quais um ganho potencial se esvai e que variam de acordo com o modelo de negócio. Ao identificar páginas e recursos de alto valor em um produto, site ou aplicativo, o time de crescimento pode testar maneiras de gerar ainda mais receita com eles. Descobrir logo os pinch points, com taxas de conversão baixas e muito atrito, vai dar ideias para tapar perdas de receita.

Em cada modelo de negócio, a jornada do cliente tem pinch points típicos. Em companhias de e-commerce, toda etapa entre a escolha de um artigo e a finalização da compra é uma zona de risco, com muita desistência ao longo do caminho. Em um estudo

# CAPÍTULO OITO

feito no início de 2016 pela Monetate, que trabalha com recursos de customização para empresas de e-commerce, 9,6% dos visitantes de sites colocavam um item no carrinho, mas menos de 3% concluíam a compra.[1] Em empresas de SaaS, páginas que exibem opções de planos e respectivos preços em geral não estão otimizadas, derrubando a taxa de compras. Em organizações que dependem de receita publicitária, entraves comuns à monetização são anúncios invasivos demais, a ponto de espantar o usuário, que ninguém vê ou, ainda, cuja mensagem ou visual não têm apelo algum.

Esses obstáculos são um bom ponto de partida para a avaliação, porém uma análise mais detalhada do funil de monetização específico é crucial e provavelmente vai expor outros pontos problemáticos para o produto, que o time de crescimento poderá testar. Digamos que uma loja virtual ache que a página de certos produtos no site está gerando menos compras do que deveria segundo benchmarks do setor. Nesse caso, é provável que a equipe de crescimento decida testar hacks para aumentar as vendas nessas categorias. Em um provedor de conteúdo ou uma empresa de mídia que dependem de receita publicitária, a análise pode revelar que anúncios em vídeo em determinada mídia não estão surtindo tanto efeito quanto anúncios de texto. O time de crescimento pode, então, decidir se concentrar em melhorar o desempenho dos comerciais em vídeo, fazendo testes com o tamanho e a inserção ou com a natureza do vídeo em si, como a duração, o call to action, se tem ou não legendas, entre outras possíveis mudanças.

Para uma empresa de SaaS, a análise pode mostrar um pinch point entre o cadastro para a avaliação grátis e a compra de uma assinatura. Uma análise das causas desse drop-off pode revelar que, se o usuário não utilizou um recurso específico durante o teste grátis, a probabilidade de que vá pagar pela versão profissional cai pela metade na comparação com usuários que utilizaram o recurso. Ciente disso, o time pode fazer testes para incentivar o uso do recurso por clientes da versão de avaliação e, com isso, fazer mais pessoas pagarem pela versão melhorada ao final do período de teste.

Muitos dos programas comuns de analytics que mencionamos até aqui permitem a criação de funis de compra simples para empresas de e-commerce. Já serviços como o DoubleClick possuem programas de análise de resposta a anúncios voltados para empresas de internet que vendem espaço publicitário. No entanto, o mapeamento completo de todas as etapas do funil de monetização de sua empresa provavelmente vai exigir o apoio de um analista de dados.

### Quanta receita cada coorte está trazendo?

Ao analisar os dados de clientes para descobrir oportunidades, é bom dividir esse público em coortes distintas, como foi feito no hacking para a retenção. Agora, no entanto, a ideia é saber quanta *receita* cada grupo desses representa. Logo, a primeira separação a fazer é a de clientes que dão mais lucro daqueles que dão menos. Se a empresa trabalha com o modelo de assinatura, em geral a segmentação será por categoria de assinatura. Uma companhia de e-commerce pode criar grupos de acordo com a quantia que o cliente gasta em compras por ano, mês ou semana (dependendo do modelo de negócio). Para uma organização que vive de receita publicitária, a divisão será um pouco mais complexa. Já que o nível de engajamento dos usuários é um dos principais determinantes do número de anúncios que a empresa pode exibir e do valor que pode cobrar de anunciantes pelo espaço, não basta monitorar a *receita média por usuário* (Arpu, na sigla em inglês), o indicador de monetização mais básico para esse modelo de negócio. Também é preciso segmentar grupos específicos de usuários de acordo com o grau de engajamento e, mais ainda, o grau de engajamento com anúncios, como o tempo passado no site ou no aplicativo, o número de páginas ou telas visualizadas por sessão e outras métricas de engajamento específicas da empresa (por exemplo, o número de vídeos a que um usuário assiste).[2]

Além dessa segmentação ligada à receita, é preciso desmembrar os clientes por vários outros critérios, como sugerido no capítulo da retenção. Essa lista inclui localização, idade e sexo, categoria de itens comprados ou de recursos utilizados, meio pelo qual o cliente foi adquirido (anúncio no Google, programa de indicação), tipo de aparelho usado para acessar o site ou o aplicativo (computador ou celular, Microsoft Windows ou Apple), navegador de internet utilizado, número de visitas ao site ou ao aplicativo em certo intervalo e data da primeira compra ou ação realizada. Em vez de procurar padrões em taxas de retenção, nessa fase você vai buscar correlações com a receita que cada grupo desses está trazendo, o que dará ideias para testes.

Vejamos o exemplo do HotelTonight, aplicativo de celular para reservas de última hora com descontos polpudos. A empresa fez uma descoberta importante e inesperada ao analisar o comportamento de compra de seus clientes com base na forma como acessavam o aplicativo (por Wi-Fi ou por redes 3G ou 4G). Diante da informação bastante enigmática de que pessoas que usavam redes 3G ou 4G para abrir o aplicativo faziam duas vezes mais reservas do que aquelas que usava Wi-Fi (enigmática porque se supõe que com o Wi-Fi seria mais fácil), a equipe teceu a seguinte hipótese: fazer uma comparação de preços em outros sites de hospedagem era mais fácil com Wi-Fi do que com uma conexão instável de internet e, por isso, usar os pesados sites de concorrentes era demorado e pouco confiável; portanto, se não havia Wi-Fi, era mais fácil reservar pelo HotelTonight. Munida dessa informação, a empresa fez uma publicidade dirigida a usuários que não usavam Wi-Fi para se conectar à internet e melhorou os índices de compras realizadas por clientes novos que viram os anúncios.[3]

No caso de empresas de e-commerce, é importante criar coortes com base não só na quantia gasta em compras, mas no número de itens adquiridos, no tíquete médio do cliente, no tipo de artigo que compra, na data da primeira compra, no número de vezes que compra algo dentro de certo intervalo de tempo (mês ou ano, digamos) e, também, no período do mês ou ano em que costuma comprar. Imaginemos uma equipe que descobre que 55% dos clientes que fazem uma compra no espaço de 90 dias gastam US$ 500 ou mais nos 12 meses subsequentes, enquanto 95% dos clientes que fazem duas compras no prazo de 90 dias gastam US$ 500 ou mais nesse mesmo período. Uma ideia para o time seria projetar uma série de testes para incentivar todos os usuários que compram uma vez a voltar a comprar dentro de 90 dias, acenando com um belo desconto ou com uma cortesia como frete grátis exclusivamente para eles, por meio de um e-mail enviado após 30 dias e de outro e-mail de reforço disparado após 60 dias.

Se o modelo de negócio da organização é fundado em receita publicitária, uma divisão mais fina da base de usuários permite à equipe testar maneiras de monetizar ainda mais um espaço publicitário que já gera alto engajamento e melhorar o desempenho da publicidade – e, portanto, aumentar a receita – em espaços com fraco engajamento. Digamos que o time de crescimento de uma empresa de mídia descubra que os leitores que passam pelo menos dois minutos no site têm três vezes mais probabilidade de clicar em um anúncio do que aqueles que vão embora antes. Com essa informação, o time poderia planejar uma série de testes para segurar estes últimos por mais tempo no site, talvez melhorando a lista de artigos sugeridos a eles ao término do texto que estão lendo. Ou, se descobrisse que muitos leitores estão passando um bom tempo em páginas sem uma publicidade eficaz, como na da galeria de vídeos ou de longas reportagens, seria possível testar outros tipos de anúncios e novos métodos de inserção – por exemlo, entre um vídeo e outro ou incorporado ao texto para ser exibido à medida que o leitor avança na leitura.

Em companhias de SaaS, cujos clientes tendem a ser outras empresas, separar clientes em coortes segundo o tipo de empresa é particularmente importante, já que certos clientes têm mais dinheiro do que outros, o que aumenta a probabilidade de que comprem planos mais caros e recursos adicionais. Vejamos o que ocorreu na SurveyMonkey, cujo serviço de pesquisas pode ser usado por muitas pessoas para finalidades distintas: pelos profissionais de marketing, para pesquisas de mercado; pela equipe do atendimento ao cliente, para medir a satisfação do cliente; por estudantes, para fazer pesquisas para trabalhos acadêmicos. Quando fez essa análise, o time de crescimento da empresa e sua líder, Elena Verna, descobriram que usuários de instituições de ensino e organizações não governamentais, bem como estudantes universitários, não estavam adquirindo o serviço premium ao mesmo ritmo de outros grupos de usuários (o que não chega a ser surpresa). O que fizeram, então, foi testar planos com descontos

CAPÍTULO OITO

especiais para esses grupos para melhorar sua conversão em clientes pagantes e obter mais receita com eles.

Os recursos de um software pelos quais o cliente estará disposto a pagar provavelmente também variam segundo a coorte. Uma empresa de grande porte, por exemplo, pode ter um sistema próprio de gestão do relacionamento com o cliente e, portanto, aceitar pagar mais por um software que possa ser integrado aos sistemas atuais. Já uma startup sem sistemas estabelecidos talvez prefira um programa que já venha com mais recursos e dê pouca importância à integração com outros sistemas.

Se um produto ou serviço for ofertado em diversos países, é preciso analisar a monetização por país, já que cada um costuma ter as próprias normas sobre opções de pagamento, digamos, e sobre taxas cobradas por serviços. Um cliente na Alemanha pode dar preferência a opções de pagamento diferentes das de um cliente na Rússia, resultando em taxas de monetização bastante distintas. Além disso, certos modelos de negócio podem ser mais bem-entendidos em um país do que em outros. O modelo de assinatura, por exemplo, tem boa adesão nos Estados Unidos, mas talvez não tanto em outros. O time de crescimento pode testar opções diferentes em cada país para aumentar a monetização em todos eles.[4]

### Descubra quem são seus clientes

Como já vimos, há inúmeras maneiras de segmentar a base de clientes para gerar ideias. Para melhorar a monetização dessa base, um dos primeiros passos para qualquer time de crescimento é identificar grupos de clientes com características semelhantes: que moram no mesmo lugar, têm uma mesma experiência, gastam uma quantia similar, usam o produto por razões parecidas ou uma combinação de fatores (muitos deles já indicados nas sugestões de composição de coortes). A meta, aqui, é gerar ideias para satisfazer necessidades e desejos específicos desses clientes. Quem trabalha com marketing provavelmente conhece o exercício de criação de *personas*, representações fictícias do cliente típico de cada grupo. Na Inman, por exemplo, há quatro tipos importantes de cliente: corretores de imóveis com menos de três anos de experiência; corretores com cinco a dez anos de experiência; corretoras (empresas); e executivos de empresas e tecnologia. Já que cada um deles representa grandes grupos na base de clientes, o time de crescimento fez testes para customizar textos de e-mails, landing pages e promoções e, com isso, aumentar a receita que cada grupo traz.

### PERGUNTE AO CLIENTE O QUE ELE QUER

Mais uma vez, é preciso usar pesquisas para ouvir, diretamente do cliente, que melhorias – novos recursos, novas categorias de planos, um sortimento melhor de produtos à venda – cada um dos principais segmentos do público gostaria de ver. Nem é preciso dizer que na base da missão de aumentar a receita está fornecer ao cliente os serviços e produtos que mais despertem seu interesse e que mais satisfaçam suas necessidades. E, obviamente, esses desejos podem variar de um grupo de clientes para outro.

Tampouco é preciso dizer que uma das melhores maneiras de fazer o cliente gastar mais é lançar mais coisas para que possa comprar ou recursos pelos quais tenha de pagar (ou, no modelo de venda de publicidade, mais experiências e conteúdos que segurem o cliente por mais tempo e aumentem seu engajamento). Já falamos do perigo do excesso de recursos, mas é importante frisar o outro lado: em geral, é importante lançar, de maneira contínua e criteriosa, novidades que façam a receita crescer (novos itens para comprar ou novos recursos para utilizar). Pense em como a Amazon foi aumentando a quantidade de categorias dos produtos que vende e o sortimento de itens dentro de cada categoria e em como o Facebook não para de introduzir novos recursos. O segredo é lançar coisas que o cliente quer e pelas quais está disposto a pagar, e não adicionar opções que a empresa meramente supõe que o público vá querer.

Toda ideia envolvendo um novo produto ou recurso precisa ser apresentada de modo sistemático aos clientes por meio de pesquisas, passar por testes e só então sair do papel (ou não). Um bom exemplo é o questionário a seguir, que o time da BitTorrent envia a usuários para decidir que recursos, dentre vários possíveis, adicionar. Repare que, em vez de fazer perguntas de resposta aberta, a BitTorrent dá um leque de possibilidades e pergunta que

# CAPÍTULO OITO

recurso teria mais valor. No caso de sua empresa, para incentivar o público a responder e, ao mesmo tempo, validar seu interesse nos recursos que diz desejar, uma ideia é oferecer a parte desse público uma versão grátis do produto já com os novos recursos, como fez a BitTorrent.

### PESQUISA COM USUÁRIOS SOBRE NOVOS RECURSOS

\* Cinco entrevistados vão receber a versão pro do µTorrent® para android, que virá com todos os futuros recursos da versão Pro.

**Que recursos você gostaria que o aplicativo Pro tivesse?**

|  | (menos desejado) | | | | | | (mais desejado) |
|---|---|---|---|---|---|---|---|
|  | 1 | 2 | 3 | 4 | 5 | 6 | 7 |
| Reproduzir/visualizar conteúdo antes de baixar o arquivo inteiro | ○ | ○ | ○ | ○ | ○ | ○ | ○ |
| Programar torrents para baixar no momento desejado | ○ | ○ | ○ | ○ | ○ | ○ | ○ |
| Fechar o µTorrent quando a bateria estiver fraca | ○ | ○ | ○ | ○ | ○ | ○ | ○ |
| Antivírus | ○ | ○ | ○ | ○ | ○ | ○ | ○ |
| Atendimento ao cliente premium | ○ | ○ | ○ | ○ | ○ | ○ | ○ |
| Fechar o µTorrent quando o torrent tiver sido totalmente baixado | ○ | ○ | ○ | ○ | ○ | ○ | ○ |

Pedir aos participantes da pesquisa que atribuam uma nota a cada alternativa pode render um punhado de boas opções, que, por sugestão do time de crescimento, seriam incluídas na agenda de desenvolvimento do produto. O recurso para economizar bateria, que teve a melhor nota nessa pesquisa, acabou sendo lançado pela BitTorrent e produziu um salto de 47% na receita diária. Outra ideia muito aplaudida, a de fechar automaticamente o aplicativo após o download do arquivo, também foi testada e, devido à resposta favorável, estendida a todos os usuários do programa, aumentando a receita diária em 20%.[5]

### USE DADOS E ALGORITMOS PARA ADAPTAR PRODUTOS E SERVIÇOS AOS DESEJOS E NECESSIDADES DO CLIENTE

No capítulo 7, falamos da personalização como estratégia para estabelecer um relacionamento mais forte com o cliente e ajudar a retê-lo. A personalização também é uma boa estratégia de monetização. Recomendações personalizadas, em geral no site ou aplicativo enquanto o cliente está usando o produto ou serviço –, e também por e-mail e notificações push –, são particularmente eficazes. Aqui também um bom exemplo é o da Amazon, que criou um dos melhores "motores de recomendação" (algoritmos que personalizam o que é sugerido a uma pessoa enquanto navega por um site) de todos. Essa seleção surge da combinação do histórico de buscas e de hábitos de consumo do cliente e de dados de consumo de clientes semelhantes. Na prática, todo cliente da Amazon vê uma página personalizada e tem uma experiência adaptada a suas preferências.

Motores de recomendação como os da Amazon, do Google e da Netflix são de uma incrível complexidade, mas muitos outros usam uma matemática mais ou menos simples. Colin Zima, diretor de analytics da Looker, que produz uma ferramenta de business intelligence, explica que é relativamente fácil gerar recomendações com base em uma fórmula simples chamada índice de Jaccard ou coeficiente de similaridade de Jaccard, que indica o grau de similitude de dois produtos. Um programa calcula que itens os clientes costumam adquirir juntos, o que ajuda a recomendar outros itens que eles possam querer comprar.

### ÍNDICE DE JACCARD

$$\mathcal{J}(A, B) = \frac{|A \cap B|}{|A \cup B|} = \frac{|A \cap B|}{|A| + |B| - |A \cap B|}$$

## CAPÍTULO OITO

Embora talvez assuste, a fórmula é bem direta. O que a equação diz é que a semelhança entre dois itens, A e B, é igual à magnitude da *interseção* de A e B dividida pela *união* de A e B. Voltemos ao aplicativo da rede de supermercados para dar um rápido exemplo de como a coisa funciona. Digamos que o time queira testar a hipótese de que recomendar produtos normalmente comprados juntos no aplicativo vai aumentar o tíquete médio de cada visita à loja. Para que as recomendações sejam eficazes, é preciso determinar que a probabilidade de que alguém que adquire um produto (presunto, por exemplo) também compre outro recomendado (queijo prato) é maior do que a probabilidade para outras combinações de produtos. O certo é recomendar itens comprados juntos com maior frequência para aumentar a probabilidade de que o cliente aceite a sugestão e inclua esse outro produto no carrinho.

A magnitude da interseção no índice de Jaccard é a quantidade de pessoas que compraram presunto e queijo prato juntos, e a da união, a das que compraram ou presunto ou queijo prato. Se for descoberto, por exemplo, que 30 pessoas compraram presunto e queijo juntos e que 100 compraram só presunto ou só queijo, o coeficiente de similaridade de Jaccard será de 0,3, o que é bastante alto. A título de comparação, o índice para presunto e sabão em pó certamente é bem menor.

Esse cálculo pode ser feito para uma série de combinações de todos os artigos à venda na loja, gerando recomendações eficazes que aumentam o tíquete. E, com os melhores motores de recomendação, essas sugestões só vão se aprimorar e ficar mais personalizadas com o tempo, pois, quanto mais as pessoas compram, mais dados são gerados não apenas sobre o que cada cliente comprou, mas também sobre padrões comuns entre um grande grupo de consumidores. Com base em dados que mostram que a maioria das pessoas que compram Red Bull está buscando um mix para usar com vodca, o aplicativo da rede de supermercados poderia sugerir água com gás e limão se alguém colocar Red Bull no carrinho de compras, mesmo que esse cliente nunca tenha comprado esses itens juntos anteriormente.[6]

*Hacking para a monetização*

### Não seja invasivo

Uma ressalva importante sobre a personalização: se não for feita com muita sensibilidade, pode causar sérios estragos. Se der a impressão de estar bisbilhotando demais a vida das pessoas, vira algo sinistro – por falta de palavra melhor. É famoso o caso da rede de varejo norte-americana Target, que, sem querer, delatou uma adolescente que tentava ocultar a gravidez dos pais ao mandar à garota cupons de desconto em roupinhas de bebê e berços. Como relatou o repórter Charles Duhigg na *The New York Times Magazine*, o pai da menina foi à loja tirar satisfação com o gerente. "Ela nem saiu da escola e vocês já estão querendo que compre roupa de bebê e berço?", esbravejou. "Querem que ela engravide?" Dias depois, quando o gerente ligou para se desculpar, a reação do pai foi outra. "Conversei com minha filha", disse. "Eu estava por fora do que estava acontecendo na minha própria casa. O bebê é para agosto. Sou eu que peço desculpas." O caso gerou revolta entre clientes da Target e grupos de defesa dos direitos do consumidor, que viram na mineração de dados e na personalização uma invasão imperdoável da privacidade.[7]

Outra maneira de alienar rapidamente o público é não entender bem o que a pessoa gostaria de receber. Quando o cliente recebe sugestões que não lhe agradam – uma loja de roupas sugerindo looks que não são de seu gosto, a Netflix recomendando um gênero de filme que ele detesta –, além de não ficar impressionado, pode até se ofender. É como receber de um amigo próximo – ou pior, da cara-metade – um presente de aniversário que não tem nada a ver com você. Um erro de personalização pode derrubar drasticamente a receita em vez de aumentá-la.

É por isso, também, que os testes que um time de crescimento vai fazer são tão importantes. Um bom modo de testar a eficácia de qualquer customização cogitada é começar enviando notificações personalizadas por e-mail e SMS a um grupo pequeno de clientes. Isso permite à equipe reunir dados preliminares sobre o efeito de uma experiência customizada e só investir mais se os resultados justificarem. A maioria dos programas de e-mail marketing traz uma série de opções de personalização – da simples

*CAPÍTULO OITO*

inserção do nome do destinatário na mensagem ao envio de mensagens e ofertas distintas com base no comportamento anterior do cliente.

A equipe do aplicativo da rede de supermercados poderia, por exemplo, oferecer frete grátis aos clientes que compraram uma única vez para tentar levá-los a fazer a segunda compra. Se o teste desse certo, uma opção seria incorporar essa notificação ao próprio aplicativo, promovendo a entrega grátis a toda pessoa que comprou pelo menos uma vez.

### OTIMIZE O "PRICING"

Quando o assunto é maximizar a receita, um dos problemas mais difíceis sempre foi definir o preço de produtos e serviços. Se o preço for muito baixo, a empresa pode ganhar menos do que deveria; se for alto demais, corre o risco de perder clientes e, consequentemente, receita. Aqui, há mil maneiras de errar: não realizar análises suficientes antes de definir o preço inicial, fazer testes de preços com pouca frequência, cobrar mais do que o mercado aceita pagar, agir de modo precipitado e derrubar os preços sem motivo. O time de crescimento pode ajudar muito no pricing, fazendo, em parceria com a equipe de produtos e o setor financeiro, pesquisas de mercado e com clientes para definir a melhor faixa de valores para testar preços.

O processo de definição de preços em empresas que vendem bens físicos não tem muito segredo. É preciso computar o custo de produzir ou comprar os artigos vendidos, o do marketing e o da entrega do produto ao cliente – nunca se esquecendo da margem de lucro. No entanto, mesmo trabalhando com essa equação, podem ser feitos testes com base nas informações obtidas sobre o comportamento de consumo e o valor vitalício de clientes. É possível, ainda, inspirar-se em inúmeras técnicas, fruto de décadas de estudo, para aumentar as vendas no varejo. No livro *Preço: o mito do valor justo e como tirar vantagem disso*, William Poundstone cita o poder do "charm price", ou preço psicológico: o preço que termina em 9, 99, 98 ou 95 (em vez de 00). Por incrível que pareça, a estratégia funciona; Poundstone escreve que "oito estudos publicados de 1987 a 2004 [revelaram que] com um 'charm price' as vendas eram, em média, 24% maiores do que com um preço arredondado".[8]

Outras estratégias psicológicas podem afetar o comportamento, como usar um preço-âncora para permitir a comparação com outros produtos à venda e incluir o cifrão nos preços mostrados. É claro que nem toda estratégia vai surtir efeito com todo produto e todo consumidor, mas, com tantas opções, o time de crescimento tem oportunidades de sobra para fazer testes contínuos e otimizar os preços para conseguir uma receita maior.

Mas e se o produto for um software acessado pela internet, sem custos de matéria-prima? Patrick Campbell, CEO da Price Intelligently, dá uma série de dicas sobre a melhor maneira de achar o preço certo de produtos no modelo SaaS e sugere começar, como recomendamos com muitas outras iniciativas de crescimento, com uma sondagem do público para saber não só que recursos são mais importantes em sua opinião, como também quanto está disposto a pagar. Para isso, é preciso fazer as quatro perguntas a seguir, nessa ordem:

- A partir de que valor o [nome do produto] ficaria tão caro que você nem consideraria comprá-lo?
- A partir de que valor o [nome do produto] começaria a ficar caro, mas ainda assim você consideraria comprá-lo?
- A partir de que valor o [nome do produto] começaria a ter uma relação custo-benefício boa?
- A partir de que valor o [nome do produto] começaria a ser tão barato que você até questionaria sua qualidade?[9]

As respostas produzirão uma faixa de preços que as pessoas consideram muito altos, muito baixos e justos, dados que o time de crescimento deve lançar em gráficos como os seguintes:

# CAPÍTULO OITO

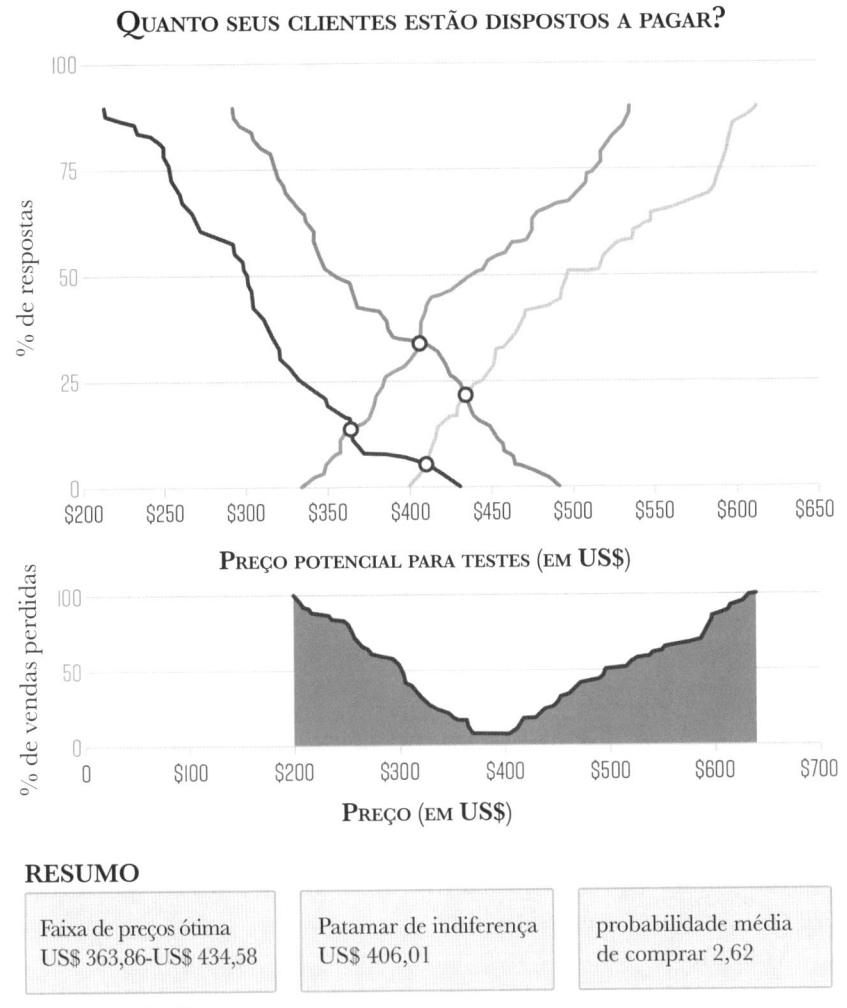

## QUANTO SEUS CLIENTES ESTÃO DISPOSTOS A PAGAR?

*(gráfico: % de respostas vs. Preço potencial para testes (em US$))*

*(gráfico: % de vendas perdidas vs. Preço (em US$))*

### RESUMO

| Faixa de preços ótima US$ 363,86-US$ 434,58 | Patamar de indiferença US$ 406,01 | probabilidade média de comprar 2,62 |
|---|---|---|

Fonte: © Price Intelligency.

O quadrilátero formado no meio do primeiro gráfico é o intervalo ideal para os testes de preços. Naturalmente, as respostas do público visado não devem ser os únicos dados levados em consideração; uma série complexa de fatores deve ser computada, entre eles custos de produção e distribuição, marketing e despesas gerais, bem como pesquisas de mercado sobre produtos concorrentes.

*Hacking para a monetização*

Além disso, a faixa de preços que o time de crescimento usará nos testes tem de ser definida em conjunto com o pessoal do financeiro e a liderança executiva e ser aprovada por essas duas instâncias.

Há quem diga que perguntar diretamente ao cliente quanto aceita pagar é nivelar por baixo, pois ele vai responder o que é de seu interesse. Contudo, mesmo entre aqueles que acham que não dá para contar diretamente com o cliente para definir o preço, a maioria concorda que o feedback de clientes – na forma de pesquisas e entrevistas – deveria, no mínimo, ser usado para balizar a decisão de quanto cobrar pelo produto e quem é o público disposto a pagar esse preço. Aliás, é por isso que a abordagem experimental ao pricing é tão importante. Muitas empresas estipulam um preço e passam a tratá-lo como se fosse lavrado em pedra, quando, na verdade, deve ser alvo de testes contínuos, assim como outros aspectos do negócio. Independentemente de sua escolha – usar o questionário como demos, alterar a redação das perguntas para contemplar sua situação específica ou criar outro questionário –, o importante é descobrir o que o cliente acha para embasar os testes que estão sendo feitos.

O passo seguinte é combinar essa pesquisa de preços com a de recursos que discutimos anteriormente para criar uma matriz dos recursos que as pessoas mais querem e do preço que estão dispostas a pagar por eles. Isso produz o que Campbell chama de *persona/pricing fit*, combinação de persona e pricing que ajuda a definir planos e preços que satisfaçam necessidades e expectativas de compradores entre o público.

Voltemos à empresa fictícia de serviço de streaming de vídeo que apresentamos no capítulo 7 para ver como isso funciona na prática. Por meio de pesquisas e da análise de coorte, foram identificados dois tipos bastante distintos de clientes do serviço: um grupo que exige apenas a capacidade básica de assistir a programas e filmes na hora que quiser, sem anúncios, e outro que quer uma experiência muito mais completa. Conforme mostramos lá atrás, o time de crescimento cria protótipos de clientes para representar cada grupo: "Basic Bonnie" personifica a cliente que não exige muito e busca só um serviço simples de streaming; já "All-Access Andrew" representa o cliente que quer tudo quanto é

## CAPÍTULO OITO

recurso e funcionalidade que o serviço oferece (e está disposto a pagar por isso).

| Basic Bonnie | All-access Andrew |
|---|---|
| *Recursos desejados* | *Recursos desejados* |
| • séries de TV favoritas | • assistir de qualquer aparelho |
| • programação sem comerciais | • programação infantil |
|  | • acesso para vários usuários |
| *Recursos menos desejados* |  |
| • assistir de qualquer aparelho | *Recursos menos desejados* |
| • acesso para vários usuários | • programação sem comerciais |
| *Disposto a pagar: US$ 9,99 por mês* | *Disposto a pagar: US$ 19,99 por mês* |
| *Custo de aquisição (CAC): US$ 27,00* | *Custo de aquisição (CAC): US$ 52,00* |
| *Valor vitalício (LTV): US$ 109,89* | *Valor vitalício (LTV): US$ 479,76* |

Entender essas distinções em preferências mostrará à equipe de crescimento que áreas explorar com testes. Como certos clientes estão dispostos a pagar bem mais do que a assinatura mensal básica de US$ 9,99, uma ideia é oferecer a parte deles um plano ainda mais caro, que permita que vejam a programação em mais aparelhos ou que várias pessoas de sua família acessem o serviço simultaneamente.

Seja qual for o produto que se tenta monetizar, ao criar opções para clientes é preciso garantir que o preço seja proporcional ao benefício que estão obtendo com o uso. E, no caso de produtos como software, o ideal geralmente é cobrar de acordo com a utilização. Para o software de marketing da HubSpot, por exemplo, o preço depende do número de contatos armazenados em seu banco de dados, pois este é um bom indicador do uso que os clientes estão fazendo do serviço e do benefício que estão obtendo dele. Se, em vez disso, a HubSpot cobrasse por usuário ativo, o mais provável é que a empresa cadastrasse apenas uma ou duas contas para serem compartilhadas pelo pessoal todo, o que significaria que a receita obtida seria desproporcional ao uso. O Unbounce cobra pelo número de visitantes que chegam a landing pages criadas com seu software, e a SurveyMonkey, pelo número de respostas obtidas com uma pesquisa feita com seu programa. As duas métricas são diretamente ligadas ao benefício, ou valor, que o usuário está obtendo com os serviços. Esses parâmetros que determinam quanto o cliente vai pagar são chamadas de *métricas de valor*.

Para saber qual sua métrica de valor, Campbell sugere que a empresa responda a três perguntas:

1. A métrica de valor está alinhada com a percepção de valor do cliente?
2. A métrica escala à medida que o cliente vai usando mais o produto?
3. Ela é fácil de entender?[10]

A métrica de valor da SurveyMonkey claramente satisfaz esses critérios: é fácil entender por que a empresa cobra com base no número de respostas que uma pesquisa recebe, pois, quanto mais respostas, maior o valor da pesquisa, e, claro, quanto mais pesquisas o usuário cria e distribui, mais esse valor cresce.

No entanto, não basta definir o preço certo. Igualmente importante é como esse preço é apresentado ao cliente no site da empresa ou em outros lugares. Se seu modelo de negócio trabalha com várias opções de preços, é importante que os recursos de cada plano possam ser facilmente comparados uns com os outros, para que o cliente possa avaliar de imediato se pagar mais por qualquer plano superior ao básico vale a pena. Na lista de recursos de cada plano, é preciso relacionar com clareza não só os recursos básicos, mas também os benefícios adicionais. Veja como seria na prática na página de preços fictícia a seguir.

Um time de crescimento que trabalha com produtos que vivem de receita publicitária deve fazer testes com preços de unidades publicitárias. É preciso testar diferentes modalidades de unidade publicitária – banners normais, anúncios com animação ou ele-

*CAPÍTULO OITO*

mentos interativos (rich ads), anúncios em vídeo – e também sua inserção para comparar o engajamento do usuário. Obtidos os dados de engajamento, a equipe pode fazer testes com modelos de pagamento para várias modalidades de espaço publicitário, como planos baseados em um preço por usuário que clica no anúncio, pay-per-view ou, talvez, o modelo afiliado – segundo o qual o provedor do espaço publicitário recebe uma taxa de recomendação por usuários que clicam em um anúncio e, em seguida, realizam alguma ação ou compram algo no site do anunciante.

PÁGINA TÍPICA DE PREÇOS DE SaaS

| Básico grátis | Silver<br>US$ 5/mês<br>cobrança mensal<br>economize com plano anual | **melhor oferta**<br>Gold<br>US$ 10/mês<br>cobrança anual: US$ 120 |
|---|---|---|
| SIGN UP ▶ | SIGN UP ▶ | SIGN UP ▶ |
| - | - | Seleção do mês grátis |
| - | Assinatura Newsletter | Assinatura Newsletter |
| Busca global | Busca global | Busca global |
| 5 GB de espaço | 20 GB de espaço | Espaço ilimitado |

Lembre, contudo, que, uma vez definido, o preço não deve ser riscado da lista e esquecido para sempre. Assim como todo outro fator de crescimento que vimos até aqui, o preço deve ser alvo contínuo de testes. Sugerimos que, no caso de produtos do tipo SaaS, o time faça testes com novos preços pelo menos uma vez por trimestre. Já empresas de e-commerce deveriam realizar testes de pricing de maneira muito mais fluida e contínua, como faz a Amazon. Chamada de *precificação dinâmica*, essa estratégia emprega dados sobre diversos fatores, como estoque, sazonalidade, hora do dia, histórico de compras da pessoa e tipo de computador que está usando, para ajustar e testar continuamente os preços até chegar ao valor que produza mais compras com o maior lucro. Mas cuidado: se não for bem-feita, a precificação dinâmica pode causar tanto estrago quanto a personalização. O site de viagens Orbitz aprendeu essa lição quando descobriu que os preços de hotéis e pacotes de viagens exibidos a quem acessava o site usando um Mac em geral eram maiores do que os mostrados a quem o fazia com um PC. Pesquisas indicavam que quem usava um Mac estava disposto a pagar mais de 30% a mais em diárias de hotel, informação que a empresa usou para faturar mais com esse público.[11] Obviamente, a notícia não agradou a turma do Mac.

Se a organização depende de receita publicitária, é preciso otimizar preços de modo igualmente fluido. As maiores plataformas de publicidade, como Google e Facebook, usam um modelo de leilão para definir o valor do espaço para anúncios, o que na prática significa que, quando quer veicular um anúncio, um anunciante informa quanto está disposto a pagar; leva o espaço quem fizer o maior lance (essa explicação é simplificadíssima; o processo de leilão é muito mais complexo). Quando a verba do anunciante acaba, em geral porque atingiu um teto diário ou algum outro limite, o maior lance seguinte ganha o leilão – e assim sucessivamente, até que todo o estoque disponível tenha sido leiloado. Além disso, essas empresas usam critérios como qualidade do anúncio e resposta do público para determinar que anunciantes ocupam determinado espaço e que anúncios são exibidos com mais destaque – um forte incentivo para a produção de anúncios de qualidade superior, o que obviamente é do interesse do anunciante e da plataforma publicitária. Companhias menores, que não possuem um sistema de leilão como esse, devem fazer testes contínuos com o preço do espaço que vendem para publicidade, com base na oferta e demanda, para maximizar a receita obtida.

### RELATIVIDADE DE PREÇOS

Ao colaborar com a gerência para testar preços, o time de crescimento deve levar em consideração uma série de princípios estabelecidos há muito tanto na teoria como na prática. Um deles é o da *relatividade de preços*, segundo o qual a percepção de alguém sobre um preço é influenciada pelo preço das alternativas a sua disposição. No livro *Previsivelmente irracional*, Dan Ariely narra um experimento

# CAPÍTULO OITO

que revelou até que ponto a decisão do consumidor sobre o preço que aceitaria pagar é influenciada por essas alternativas. Ariely teve a ideia do experimento quando viu uma campanha da revista *The Economist* que julgou meio absurda: assinatura da edição digital por US$ 59 ao ano, assinatura da revista impressa por US$ 125 e combo digital + impressa pelos mesmos US$ 125.

Curioso sobre as duas opções de assinatura distintas pelo mesmo valor, Ariely mostrou as ofertas a um grupo de cem alunos do MIT e pediu que escolhessem uma. Como seria de esperar, eles ficaram com a assinatura digital ou com a digital + impressa, com 84% preferindo esta última. Em seguida, Ariely omitiu a opção do meio – só a versão impressa –, que ninguém escolhera, e pediu a outro grupo de cem alunos que escolhesse uma. O resultado mudou completamente: 68% (e não 16%, como da primeira vez) optaram pela assinatura mais barata, só digital. A razão? A mera inclusão da opção do meio

ASSINATURA DA *THE ECONOMIST*

## SUBSCRIPTIONS

**Welcome to
The Economist Subscription Centre**

Pick the type of subscription you want to buy or renew.

❑ **Economist.com subscription** – US $59.00
One-year subscription to Economist.com.
 Includes online access to all articles from *The Economist* since 1997

❑ **Print subscription** – US $125.00
One-year subscription to the print edition of *The Economist*.

❑ **Print & web subscription** – US $125.00
One-year subscription to the print edition of *The Economist* and online access to all articles from *The Economist* since 1997.

*Exemplo da assinatura da* The Economist *no livro* Previsivelmente irracional

*Hacking para a monetização*

permitiu aos potenciais assinantes comparar com muito mais facilidade o valor de cada alternativa; muitos consideraram a assinatura digital praticamente de graça, o que fez com que optassem pela assinatura mais cara. A opção do meio às vezes funciona só como uma "distração" para levar o cliente a escolher a alternativa mais cara.[12]

Steve Young, especialista em marketing digital, usou um chamariz desses na SmartShoot, plataforma que conecta cinegrafistas e fotógrafos profissionais com pessoas em busca desses serviços. No começo, a empresa oferecia dois planos: um mensal e outro anual; 40% das pessoas optavam pelo plano anual. Young e sua equipe tiveram a ideia de lançar um plano ligeiramente inferior e um pouco mais barato do que o plano anual de US$ 299 para explorar o fenômeno da relatividade de preços e fazer mais pessoas optarem por este último. Então, criaram uma alternativa que custava só US$ 10 menos do que a de US$ 299, mas decidiram limitar bastante os recursos. O resultado? A taxa de conversão subiu 233%, com 86% das pessoas optando pelo plano anual de US$ 299.[13]

A lição é inequívoca: é preciso fazer testes com uma alternativa cujo preço dê ao cliente uma base de comparação e o ajude a entender o valor relativo daquilo que sua empresa está vendendo.

### Menos nem sempre é mais

Quando a meta é aumentar o volume de compras, o impulso a baixar o preço pode ser irresistível. Preços menores podem, sim, trazer um volume de vendas maior, mas não necessariamente. O efeito dessa redução às vezes é nulo e, em certos casos, até prejudica as vendas. Daí ser tão importante fazer testes antes de baixar os preços de forma geral para toda a base de clientes.

Na Qualaroo, a receita subiu consideravelmente depois de testes mostrarem que, na verdade, devíamos *aumentar* os preços. Partimos da hipótese de que, se melhorássemos os recursos da versão freemium do produto de pesquisa online que a Qualaroo vende, um número maior daqueles que começariam a usá-la ficariam interessados em migrar para a versão paga, para ter acesso a um produto bem mais completo. No entanto, a hipótese não se comprovou: a versão grátis, já melhorada, não aumentou

## CAPÍTULO OITO

em nada a venda do produto completo. Resolvemos, então, ver o que aconteceria se aumentássemos o preço, partindo de outra hipótese: a de que a combinação preço-funcionalidades não influenciava muito nosso público-alvo. Dessa vez, acertamos: um preço maior tornava nosso produto mais interessante para grandes clientes em busca do melhor na categoria, e não necessariamente da opção mais barata. O psicólogo Robert Cialdini explica esse fenômeno: as pessoas veem no preço um indicador da qualidade, algo particularmente comum em setores como o de tecnologia e serviços especializados. No nosso caso, foi verdade. No intervalo de um ano e meio, subimos os preços três vezes, o que fez a receita crescer muito e deu à Qualaroo acesso a um mercado novo, de empresas muito maiores que queriam todos aqueles recursos de pesquisa.

Ainda que seu serviço não seja digital ou que seu produto não tenha a ver com tecnologia, a ideia, aqui, é que o preço pode importar bem menos para seus clientes do que você imagina – e o processo de growth hacking é uma forma simples de descobrir exatamente qual a sensibilidade do cliente ao preço. E isso vale também para os descontos que a empresa dá. A Inman fez um teste: se percebia que alguém ia desistir da compra no meio do checkout, oferecia um desconto de 25% para ver se finalizava a compra. Como esperado, o desconto surtiu efeito: o volume de compras efetivadas aumentou 39%. Contudo, ao provar outro desconto, de apenas 10%, o time descobriu que o incremento na taxa de conversão era bem parecido, e, com o desconto menor, a receita obtida no processo de sign-up subiu 18,9%.

### TODO CUIDADO É POUCO

Embora fazer testes com preços seja crucial, é preciso ter muita cautela, pois em geral o público não reage bem a alterações bruscas em preços. O time de crescimento deve garantir, portanto, que a experiência do cliente seja uniforme. Isso significa que, se durante um teste o cliente receber uma informação na página de preços, ao voltar em um intervalo razoável de tempo, tem de encontrar a mesma informação. Para entender como mudanças bruscas em preços e recursos podem afugentar um potencial cliente, imagine como você se sentiria se visse algo que comprou ontem por R$ 100 à venda hoje por R$ 75.

Outro problema, normalmente com produtos vendidos por uma equipe de vendas, é a dificuldade de coordenar testes de preços com vendedores fazendo de tudo para fechar uma venda (e cuja comissão pode ser mais gorda se o preço do produto for maior). Além disso, a equipe de vendas precisa saber que versão da página o visitante está vendo (imagine o constrangimento e o estrago causado se o vendedor estiver passando um preço totalmente distinto daquele que a página de testes está mostrando ao potencial cliente). Isso significa que é preciso conectar os testes do time de crescimento com o banco de dados interno da equipe de vendas. Essa conexão pode ser feita pela equipe de tecnologia da informação ou com programas como Optimizely e Salesforce em combinação com ferramentas como Zapier ou Segment, que permitem o compartilhamento de dados de sistemas informatizados distintos.

Um último desafio é que o time de crescimento em geral não tem autoridade para fazer testes com preços por conta própria: precisa planejar a ação com as equipes de produtos, finanças e vendas (se o modelo da empresa depender de vendas). Logo, é essencial que testes de preços e descontos sejam feitos de modo bem-coordenado, garantindo que todas as partes interessadas, em todos os departamentos, estejam cientes dos testes que estão sendo realizados e do impacto tanto na experiência do usuário como em outras métricas cruciais do negócio, como margem de lucro, receita recorrente e tíquete médio de cada cliente.

### UM CENTAVO QUE CONTA

No extremo oposto da questão de preços está o problema que surge quando o público se acostumou tanto a ter um produto de graça (como acontece com muitos softwares e aplicativos) que simplesmente não aceita pagar um centavo que seja por ele – daí o fenômeno ter sido batizado pelo investidor Josh Kopelman de "penny gap" ("penny" é centavo); na cabeça do consumidor, há uma diferença enorme entre um produto grátis e um produto barato.

Em certos casos, principalmente nos de produtos digitais e aplicativos, o atrito causado por pedir que a pessoa pague (mesmo

## CAPÍTULO OITO

que seja uma quantia ínfima) é tão grande que liberar o produto de graça pode sair mais barato do que adquirir um cliente que esteja disposto a pagar por ele. Sem contar que monetizar usuários não pagantes com publicidade, ou cobrando por recursos extras, pode ser muito lucrativo. Peguemos o caso do aplicativo de atividade física 7 Minute Workout. Seu criador, Stuart K. Hall, passou semanas tentando convencer o público a pagar para fazer o download – em vão. Decidiu, então, tornar o aplicativo grátis, para ver o que acontecia. Em três dias, estava sendo baixado uma média de 72 mil vezes por dia – ou cerca de 2,5 mil vezes mais do que antes. Na App Store, da Apple, virou o número um na categoria saúde e fitness em 49 países. A receita do aplicativo também disparou. Isso porque, quando o app passou a ser grátis, Hall criou nele o recurso de compras. Agora, o usuário podia pagar por uma versão que permitia que monitorasse e personalizasse a atividade física. Só isso já gerou um salto de 300% na receita como um todo, ainda que 97% dos usuários não pagassem nada para usar o aplicativo.[14]

O fato é que, se seu produto é um aplicativo mobile, talvez não haja como cobrar por ele. Uma rápida análise da receita dos games para iOS que mais faturam confirma essa tese. No momento da redação deste livro, nenhum dos 50 games de maior faturamento na App Store cobrava para ser baixado. Para ganhar dinheiro, recorriam a publicidade ou cobravam, no aplicativo, para liberar o acesso a recursos adicionais.[15]

Se sua principal fonte de monetização forem add-ons e upgrades, é mais importante ainda otimizar a estratégia para convencer mais pessoas a migrar para a versão paga. Por sorte, já há várias estratégias para um time de crescimento testar. Uma delas é mostrar recursos que só quem paga pode acessar enquanto o usuário da versão grátis estiver utilizando o produto. É algo feito de maneira genial pelo aplicativo de streaming de música Spotify, por exemplo.

Além de oferecer recursos premium mediante pagamento, é possível cobrar uma assinatura pela versão superior ou vender bens ou moedas virtuais no aplicativo, estratégia que muitos jogos populares – de Candy Crush a Pokémon Go – usaram. Uma empresa que faz isso é a Electronic Arts, dona de um catálogo de games com moedas digitais que permitem ao jogador avançar mais depressa no jogo, incluir personagens etc. Populares, esses bens virtuais "in-game" trouxeram mais de US$ 173 milhões em receita para a empresa no quarto trimestre fiscal de 2015.[16] E a estratégia não serve só para games. Em tudo quanto é nicho – de apps de encontros amorosos a apps de fotos – há exemplos do uso de moedas virtuais como estratégia de monetização. Um aplicativo popular de relacionamentos, o Coffee Meets Bagel, vende "beans", moeda que a pessoa pode usar para ter uma segunda chance com alguém, por exemplo, ou para ver se tem amigos em comum com o(a) pretendente.

Outra ideia é testar uma mescla de estratégias de geração de receita para um produto freemium; muitos aplicativos de sucesso usam uma combinação de publicidade, taxas de recomendação e patrocínio. É possível, ainda, promover a venda do acesso a dados e atividades de usuários. Um aplicativo pode, por exemplo, cobrar uma assinatura de outras empresas pelo acesso a essas informações ou fazer parceria com um varejista digital para vender produtos no aplicativo com um modelo de divisão de receitas.

Em todos esses casos, o time de crescimento precisa deixar os dados ditarem o rumo. Deve avaliar o que está surtindo efeito, pelo que o cliente aceita ou não pagar e fazer testes para satisfazer essas necessidades e maximizar a receita ao longo do tempo.

### ENTENDA A PSICOLOGIA DO CONSUMIDOR

Embora pesquisas possam ajudar a revelar o que as pessoas estão dispostas a pagar, sabemos que o consumidor nem sempre é racional ou previsível e pode dizer que quer uma coisa, mas acabar pagando por outra. Logo, embora ouvir o cliente seja uma excelente maneira de bolar hacks para teste, entender a psicologia do comportamento do consumidor é de enorme valia para a monetização desse público e o aumento da receita.

Uma série de estudos fascinantes rendeu lições muito interessantes sobre a psicologia do consumo, as quais podem servir de inspiração para o time de crescimento. O Prêmio Nobel Daniel Kahneman, psicólogo que já estudou e discorreu largamente sobre a economia comportamental, apresenta muitas dessas descobertas

## CAPÍTULO OITO

em *Rápido e devagar: duas formas de pensar*. No livro *Previsivelmente irracional*, o economista Daniel Ariely também narra o resultado de experiências reveladoras sobre como o consumidor toma decisões, conforme vimos no exemplo da assinatura da *The Economist*. Outra obra fascinante sobre o tema é *A arte da escolha*, de uma das principais especialistas do mundo em psicologia da escolha, a economista Sheena Iyengar. Uma análise profunda de tudo o que esses mestres – e muitos outros autores de obras importantes nesse campo – descobriram sobre o comportamento do consumidor não caberia neste capítulo, mas sugerimos uma consulta a essas obras, pois entender melhor a questão vai ajudar você a ter boas ideias.

O que faremos, aqui, é rever os seis princípios da persuasão de Robert Cialdini, que apresentamos no capítulo 6, ao falar da ativação de clientes, e entender como podem servir de inspiração para hacks voltados também para a monetização.

### PRINCÍPIO DA RECIPROCIDADE

Em poucas palavras, trata-se do princípio de que o ser humano é programado para retribuir favores. Para provar o poder da reciprocidade, o time de crescimento pode fazer testes nos quais a empresa *dá* algo ao cliente antes de pedir que ele se comprometa a comprar.

A Costco é mestre na aplicação desse princípio. Nas lojas da rede, receber amostras grátis e ver demonstrações de produtos é um ponto alto da experiência de consumo. Um representante da empresa, Giovanni DeMeo, disse que algumas dessas campanhas já fizeram as compras dispararem 2.000%, em parte porque, quando o consumidor sente que recebeu algo de graça – uma fatia de pastrami ou um tutorial sobre o uso de um descascador de legumes de última geração –, ele sente a obrigação de comprar algo em troca.[17] A ferramenta de avaliação de marketing da HubSpot, que citamos lá atrás, também usa esse princípio ao fazer, gratuitamente, uma análise robusta de sites, pois testes já mostraram que isso aumenta a probabilidade de a pessoa pedir para falar com um vendedor, cadastrar-se para receber e-mails ou recomendar a marca. Liberar webinars, vídeos, pesquisas e certos conteúdos sem cobrar nada é outro modo de produzir essa reciprocidade; no e-commerce, oferecer frete grátis, encurtar prazos de entrega e dar descontos inesperados gera o mesmo efeito. O modelo freemium do SaaS também se vale desse princípio, pois a empresa concede uma série de recursos sem custos na expectativa de que alguns usuários migrarão para a versão paga ao verem como o produto é útil e necessário.

### PRINCÍPIO DO COMPROMISSO E DA COERÊNCIA

Recordemos que Cialdini descobriu que, quando uma pessoa diz ou faz algo, é muito provável que siga agindo no futuro de maneira coerente com essa ação anterior. É por isso que, pelo menos nos Estados Unidos, um vendedor de carros vai logo pedindo a um potencial comprador que rubrique uma carta de intenção de compra (ainda que sem efeito vinculante), pois o ato de botar as iniciais em um pedaço de papel aumenta a probabilidade de que a pessoa assine a papelada de compra do veículo mais à frente. A mesma ideia é usada pela Warby Parker. Como já dissemos, a marca de óculos deixa o consumidor escolher e receber em casa até cinco armações antes de comprar. E, depois de provar os óculos, é muito difícil que a pessoa *não* compre pelo menos um.

Uma forma de usar esse princípio para gerar receita é pedir à pessoa que assuma, de início, um pequeno compromisso que leve a transações maiores mais tarde. É o que a Amazon faz com a "Lista de desejos", pois sabe que, quando o usuário coloca um livro ou qualquer outra coisa na lista, a probabilidade de que compre o artigo é maior, pois ele assumiu o desejo de fazê-lo. Outro exemplo: se uma pessoa que comprou algo em seu site recebe pouco depois uma mensagem sua com algum incentivo para fazer outra compra, é bem possível que ela aceite a sugestão, para ser coerente com a decisão de compra anterior. Até perguntar a um cliente recente se ele vai voltar a prestigiar sua empresa pode ser o suficiente para que ele volte a comprar mais à frente.

### PRINCÍPIO DA VALIDAÇÃO SOCIAL

O desejo de se adequar a normas sociais ou de fazer o que os outros fazem tem um poder enorme sobre o ser humano. Cialdini dá um exemplo do Her Majesty's Revenue & Customs (HMRC), a

## CAPÍTULO OITO

versão da Receita Federal no Reino Unido. Em 2009, o número de contribuintes que não pagavam os impostos em dia tinha disparado e não havia carta ou aviso aos inadimplentes que revertessem o fenômeno. O órgão, então, procurou um coautor de Cialdini, Steve Martin, para testar uma estratégia que se valesse do poder da validação social. Foi uma coisa bem simples – e incrivelmente eficaz: o HMRC acrescentou uma frase – uma só – ao aviso de cobrança enviado a um grupo-piloto de inadimplentes, informando que a maioria dos habitantes do Reino Unido pagava todos os impostos em dia. No grupo do teste, a arrecadação saltou de 57% para 86%. O mero ato de recordar as pessoas das normas sociais ligadas ao pagamento de impostos produziu esse efeito espetacular.[18]

Muitas empresas usam mal a validação social, alardeando depoimentos suspeitos ou vagos para tentar convencer a pessoa a optar por algo mais caro, como um restaurante que, na contracapa do cardápio, coloca uma avaliação do gênero "Melhor carne da cidade. Adorei!". O problema é que isso pode acabar dissuadindo o cliente de pedir aquele item, pois levanta dúvidas sobre a autenticidade do depoimento. Segundo a especialista em conversão Angie Schottmuller, sete fatores determinam se uma avaliação ou depoimento é eficaz. Ela batizou o modelo de CRAVENS, sigla em inglês de credibilidade, relevância, atratividade, visual, numérico (enumerated), local de compra próximo (nearby) e específico (specific).[19]

Uma floricultura, a daFlores, viu a receita subir quando incluiu um enunciado que satisfazia esses critérios em seu site. A versão original da página trazia um punhado de depoimentos, mas, quando reparou que quem visitava o site pela primeira vez não conhecia bem a marca, a empresa trocou esses textos por uma imagem que festejava seus 600 mil fãs no Facebook. Destacar essa grande base de seguidores na rede social de maneira crível, relevante, atrativa, visual e visual produziu um aumento de 44% nas vendas a consumidores que, provavelmente, se sentiram melhor comprando em um site com tantos clientes satisfeitos.[20]

Uma oportunidade de monetização é aumentar a visibilidade da validação social ao longo da rota de conversão para a compra. Incluir depoimentos, logos de clientes importantes, os resultados obtidos por usuários do produto e o número de pessoas comprando ou fazendo reservas no site naquele instante são formas de validar o processo de tomada de decisão de seus clientes com informações obtidas da experiência de outros usuários. A ModCloth, loja online de roupas femininas, usa um programa chamado "Be the Buyer" para deixar as clientes decidirem que modelos e tamanhos vender. Além disso, esses itens recebem um badge que indica às consumidoras que foram "aprovados pelas clientes". Peças com o badge Be the Buyer vendem duas vezes mais do que as demais no site.[21]

### PRINCÍPIO DA AUTORIDADE

Estudos mostram que o ser humano tende a confiar mais em especialistas e autoridades de certa área do que em alguém sem essa distinção. Até o uso sutil de uma linguagem que indique autoridade pode gerar mais compras. Foi o que a Kaya Skin Clinic descobriu ao acrescentar uma palavrinha – "expert" – ao call to action no site, que passou a ser: "Quero a opinião de um expert. Crie minha conta!". As vendas subiram 22%.[22]

O princípio da autoridade explica por que, de cada quatro comerciais de TV, um é estrelado por alguém famoso e por que marcas criadas por celebridades – como a Honest Company, da atriz Jessica Alba – têm tanto sucesso. Dependendo do setor e de sua verba, contratar uma celebridade pode estar fora de cogitação. No entanto, todo nicho tem influenciadores e gente que dita moda e goza de credibilidade junto ao público que você está mirando. O time de crescimento pode tentar buscar o endosso desse pessoal para fazer a receita crescer com o princípio da autoridade.

### PRINCÍPIO DA AFINIDADE

Nossa tendência a comprar também é maior quando um produto ou serviço é recomendado por pessoas de quem gostamos. O Airbnb explorou o princípio da afinidade quando reformulou o programa de indicação de amigos e incluiu uma foto da pessoa que estava mandando o convite junto com a mensagem. Esse toque pessoal ajudou o novo programa de indicação a registrar um salto diário de 300% em contas abertas por pessoas que chegaram ao site por indicação de amigos e no de reservas feitas por essa

# CAPÍTULO OITO

turma no Airbnb.[23] Se estiver buscando testes que se valham desse princípio, considere usar, em seu site, imagens de pessoas que tenham um contato real com sua empresa, como seus vendedores ou clientes. Além disso, um texto cordial e informal na landing page pode provocar resposta parecida. Lembra-se de como a fundadora da loja Nasty Gal, Sophia Amoruso, fotografou as modelos mais populares do site com peças que não estavam vendendo bem para aumentar as vendas? É a afinidade em ação. A boa notícia é que muitas dessas mudanças não exigem uma reforma técnica radical e podem ser testadas rapidamente para aumentar o volume de vendas ou o número de compras ou para levar as pessoas a comprar artigos mais caros.

### PRINCÍPIO DA ESCASSEZ

Quando sentimos que vamos perder uma oportunidade, cresce a probabilidade de agirmos. O Booking.com usa muito bem o princípio da escassez para faturar mais. O site de viagens mostra os bons negócios que o visitante já perdeu, alertando-o de que uma boa oferta não dura para sempre. Além disso, indica quantas pessoas já fizeram reserva naquele dia, quantos quartos disponíveis ainda há em um hotel e até quantas pessoas estão olhando aquele mesmo anúncio no momento – outro gatilho que diz ao cliente: "É melhor comprar antes que seja tarde".

Usar a escassez como estratégia para vender significa despertar no consumidor o FOMO (o medo de ficar de fora, do inglês "fear of missing out"). Dá para fazer testes que limitam o tempo de uma promoção, que mostram que sobram poucos itens no estoque de certo produto, que determinam o número de pessoas que podem aproveitar uma oferta especial. Quando algo está prestes a se esgotar, é difícil de conseguir, vai deixar de ter desconto ou pode fazer o cliente ficar de fora de uma forma ou outra, é mais provável que a transação se concretize.

Agora que demos a volta completa pelas quatro principais modalidades de testes para promover o crescimento – aquisição, ativação, retenção e monetização –, o próximo e último capítulo vai frisar a importância de continuar trabalhando em todas essas

*Hacking para a monetização*

frentes para não ser vítima do chamado "growth stall": uma desaceleração do crescimento que costuma ser prenúncio de crise, mesmo para marcas importantes. Um time de crescimento jamais pode descansar sobre os louros do passado. Como se diz, "bobeou, dançou".

CAPÍTULO NOVE

# Um ciclo virtuoso de crescimento

Como vimos ao longo do livro, a busca do crescimento é um desafio que nunca acaba. Para conseguir resultados excepcionais e sustentar esse sucesso, uma empresa tem de estar constantemente procurando mais. Precisa alavancar seu sucesso, agarrar novas oportunidades e criar um círculo virtuoso de crescimento.

Em 2017, o time de crescimento do Facebook completou dez anos de vida. O grupo de cinco pessoas encarregado de reverter a lenta adoção da rede social se multiplicou: hoje, são várias equipes responsáveis por diversas iniciativas com o objetivo de manter o crescimento aparentemente irrefreável da maior rede social de todos os tempos. O time foi fundamental para a extraordinária expansão do Facebook ao longo dessa década, rompendo qualquer noção prévia sobre o porte que poderia atingir uma comunidade digital. Atualmente, mais de 1 bilhão de pessoas passam pela rede todo dia.[1] Há muito espaço para crescer ao redor do mundo e incontáveis oportunidades ainda por descobrir para aumentar a receita trazida por essa imensa base de usuários. O crescimento ininterrupto, tanto no número de usuários como no grau de engajamento desse público, é o combustível do forte apoio à empresa de investidores e do mercado, que a recompensaram com capital de sobra para bancar a inovação, incluindo apostas de longo prazo como a incursão na realidade virtual com a compra da Oculus e a iniciativa Internet Everywhere, que abrange um ambicioso plano para levar a internet a tudo quanto é canto do mundo com drones movidos a energia solar. É isso que queremos dizer quando falamos de círculo virtuoso de crescimento.

Qualquer time de crescimento pode seguir esse exemplo para testar, de modo contínuo e incessante, novas maneiras de promover o crescimento em todas as frentes. Não importa se tenha 5 ou 500 pessoas, tampouco se pertence a uma companhia avaliada em milhões ou a um negócio recém-saído do papel.

### Evite o "Growth Stall"

Uma das maiores ameaças ao sucesso de uma empresa no longo prazo é baixar a guarda e não responder a mudanças no mercado: não detectar a fadiga do produto ou de um canal, não reconhecer novos concorrentes, não melhorar o produto ou não ajustar o marketing a tempo, não abraçar novas tecnologias que vão surgindo. Um bom exemplo do perigo embutido nessa acomodação é o Skype, que teve uma fase de sucesso inquestionável, mas não foi capaz de continuar inovando depois da compra pela Microsoft e vem perdendo terreno depressa para aplicativos de troca de mensagens como Facebook Messenger, WhatsApp e Slack (aplicativo para comunicação de equipes em empresas que não para de crescer). Onde foi que o Skype errou? Em demorar a entender o apelo da troca de mensagens no mobile e perceber a rapidez com que o celular e o tablet estavam sendo incorporados à comunicação no local de trabalho.

Esses lapsos na visão estratégica e na inovação no produto costumam levar uma organização a viver o chamado "growth stall", termo cunhado por Matthew Olson, Derek van Bever e Seth Verry, do instituto de consultoria de gestão CEB (ex-Corporate Executive Board). A desaceleração do crescimento costuma chegar sem aviso prévio e acomete tanto empresas grandes e estabelecidas como startups cujo crescimento parecia irrefreável. É dificílima de prever e, em muitos casos, vem na esteira de um período de forte crescimento. Em um artigo na *Harvard Business Review* em que analisam os resultados de um importante estudo que fizeram sobre o tema, Olson e outros pesquisadores citam o caso da Levi Strauss, cujo faturamento em 1995 chegou a US$ 7 bilhões, um recorde para a companhia. Em 1996, no entanto, a receita entrou

## CAPÍTULO NOVE

em queda livre, a ponto de, em 2000, encolher 35%, para US$ 4,6 bilhões. Outras grandes marcas que, segundo os autores, viveram essa crise de desaceleração foram 3M, Apple, Banc One, Caterpillar, Daimler-Benz, Toys "R" Us e Volvo. Embora seja natural pensar que a causa tenha sido alguma mudança súbita no mercado, o estudo mostrou que, em geral, a desaceleração não é provocado pela chegada de um novo concorrente ou alguma inovação disruptiva como o smartphone, e sim pela incapacidade crônica da empresa de monitorar a satisfação do cliente e buscar de maneira incessante sinais precoces de insatisfação. Muitas vezes, a fidelidade do público vem caindo faz tempo, mas a organização só percebe quando é tarde demais.

Outra razão comum para a desaceleração, de acordo com os autores, é o excesso de confiança da empresa de que conquistou uma posição privilegiada no mercado, ou seja, ela até pode detectar a presença de concorrentes, porém não leva a ameaça suficientemente a sério. Uma companhia que tem essa falsa sensação de segurança deixa de inovar o bastante, contentando-se com melhorias incrementais nos produtos que já tem em vez de buscar novas oportunidades de crescimento no mercado. Até a mais vigilante das equipes de produto às vezes é pega de surpresa pelo lançamento ou uso inovador de uma tecnologia por um rival.

No entanto, essa crise também pode ocorrer quando a empresa perde o foco em seus principais produtos ou serviços – quando fica distraída lançando uma novidade atrás da outra, criando firulas e mais firulas, incursionando em novos mercados. Outra causa da desaceleração é a perda de talentos, porque a engrenagem organizacional não consegue sustentar um crescimento vigoroso sem a visão e o ímpeto de pessoas que tiveram papel fundamental no crescimento.[2]

O problema não atinge só o desenvolvimento de produtos. A atitude acomodada e a incapacidade de inovar no marketing também podem frear bruscamente o crescimento. É muito comum haver um "growth stall" em razão da dependência excessiva de determinado canal, que talvez esteja perdendo a eficácia. À medida que um canal de marketing amadurece, o fluxo de novos clientes que parecia infindável pode rapidamente secar, por mil e uma razões: novos concorrentes, mudanças no comportamento do consumidor (em geral devido a uma novidade tecnológica, como o mobile), alterações nas normas do canal. É só ver o exemplo de sites de notícias como o Upworthy e o Buzzfeed. O problema dos dois é que dependem demais do algoritmo do feed do Facebook, de onde vem boa parte de seu tráfego. Toda vez que o Facebook muda o algoritmo e, com isso, o que aparece no feed de usuários, esses sites cruzam os dedos, pois qualquer modificação ali pode facilmente causar uma enorme queda em seu público leitor e, por tabela, na receita com publicidade. Certas empresas cometem o erro de depender tanto do feed do Facebook que uma mudança dessas até decreta sua morte. Foi o que aconteceu com o Viddy, aplicativo de vídeo que chegou a valer US$ 370 milhões. Quando uma alteração no algoritmo da rede social fez a visibilidade do app na plataforma despencar, o número de usuários por mês caiu rapidamente de 50 milhões para menos de 500 mil, levando seus criadores a dar fim ao aplicativo.[3]

Essa volatilidade não ocorre só no Facebook. Vários outros canais alteram regularmente as regras, o que pode ter sérias consequências para o crescimento de empresas que dependem muito da plataforma em questão para atingir o público desejado. Um canal desses é o Google, que está sempre ajustando o algoritmo do buscador — volta e meia selando o destino de companhias que apostam nele como o principal canal de aquisição de clientes.

Embora o churn de clientes e a perda de mercado devido a um descuido desses possam ser evitados, o fato é que rupturas radicais — seja pela chegada de alguma novidade, seja por mudanças nas condições do mercado em si — às vezes pegam uma empresa totalmente de surpresa e estão fora de seu controle. A chegada de uma tecnologia disruptiva, como bloqueadores de anúncios, também pode mudar subitamente a eficácia de canais de marketing. Com o ritmo da inovação acelerando e tecnologias espetaculares — como o armazenamento de dados na nuvem e algoritmos de machine learning para garimpar esses dados — hoje ao alcance de tudo quanto é empresa, até colossos como Microsoft e Walmart precisam aprender a ser mais ágeis tanto no desenvolvimento de produtos como no marketing. Organização nenhuma pode se dar

# CAPÍTULO NOVE

ao luxo de entregar potenciais clientes de bandeja para os concorrentes. É por isso que tanto startups recém-nascidas como grandes líderes do mercado estão adotando o growth hacking.

Um time de crescimento ajuda a manter a empresa alerta, constantemente de olho em mudanças no comportamento do cliente e provando ideias novas para crescer. É uma equipe a um só tempo ativa e proativa. Capaz de detectar os primeiros sinais de alerta, está totalmente dedicada a adquirir, ativar, reter e monetizar o máximo possível de clientes – e até mesmo a promover a inovação na busca de novas oportunidades de crescimento.

Mas, naturalmente, essa equipe é formada de pessoas de carne e osso, que também podem se deixar acomodar e perder de vista a missão de crescer ou não enxergar a tempo forças de mercado e tecnologias disruptivas. O processo de growth hacking em alta velocidade permite correções de rota em tempo hábil. Neste capítulo, veremos alguns dos erros comuns que podem impedir o avanço do time de crescimento e mostrar como mitigá-los ou evitá-los.

### Nadando com tubarões

Algumas espécies de tubarão precisam estar sempre em movimento: se pararem de nadar, morrem. Times de crescimento são como esses tubarões: se não estiverem sempre inovando, sempre sondando clientes e mergulhando nesses dados, fazendo testes em ritmo acelerado e produzindo resultados, não vão durar muito. Prioridades conflitantes, recursos limitados e inércia podem rapidamente asfixiar uma equipe, mesmo que ela já tenha gerado resultados espetaculares. É um sério risco, sobretudo para startups que engatam uma marcha alta. Com poucas pessoas para atender um número crescente de clientes e simplesmente manter o negócio funcionando sem problemas, é bem provável que os integrantes do time de crescimento acabem sugados por esse vórtice. Depois de uma campanha pesada de testes para lançar um produto e garantir uma boa adoção, diminuir o ritmo de testes pode até ser justificado. Afinal, nessa invejável situação, o crescimento não é o problema. No entanto, é importante ter em mente o perigo de cair nessa complacência. Lembre que a freada do crescimento em geral ocorre quando a empresa menos espera. Graças à experiência na criação da GrowthHackers. com., conhecemos muito bem o perigo de perder o foco.

Era o fim de 2014 e a comunidade tinha apenas um ano de existência. Embora tivesse crescido muito nos dez meses anteriores, o número de visitantes de repente parou de subir. Durante três frustrantes meses, o tráfego no site ficou paralisado e não conseguíamos descobrir o porquê. Estávamos estagnados. Será que os growth hackers tinham perdido interesse na comunidade? Estariam insatisfeitos e teriam debandado para outro lugar? Ou o número de pessoas que adotavam o método estaria caindo? Por puro instinto, Sean foi ver quantos testes haviam sido feitos desde que a desaceleração começara. Para sua grande surpresa, descobriu que fizéramos menos de dez testes durante todo o trimestre. Por ironia do destino, tínhamos caído no erro de acreditar que o crescimento estava garantido. Todo o ímpeto lá do começo sucumbira à rotina administrativa e testes valiosos de crescimento tinham dado lugar a muita encheção de linguiça. Sean imediatamente soou o alerta.

Resolvemos que, dali em diante, praticaríamos o que pregávamos: faríamos um mínimo de três testes por semana (pode não parecer muito e, para certas equipes, certamente não será; no caso da nossa, pequena, era um ritmo pesado). Além disso, iniciativas de crescimento sempre viriam antes do trabalho administrativo. Juramos investir tempo e recursos nas iniciativas que o time de crescimento julgasse importantes, em detrimento de tudo o mais. Com o desafio lançado, revitalizamos o processo de ideação. A fila de ideias a serem testadas subiu rapidamente de 50 para 100 e, pouco depois, para 200 e muito mais. Para a equipe, a injeção de ânimo teve efeito imediato. Na segunda semana, a campanha começou a ter certa tração, pois os testes começavam a produzir resultados. Toda semana, ao percorrer o processo, crescíamos um pouco mais. Nossos testes indicaram maneiras de melhorar a ativação de quem visitava o site, de converter mais pessoas que entravam pela primeira vez na comunidade em membros engajados e ativos. Melhoramos a retenção com loops de reengajamento, notificações e ações para levar mais usuários a nosso momento aha com mais rapidez e frequência. Em suma, fizemos mais para

## CAPÍTULO NOVE

promover o crescimento naqueles três meses de intensa atividade do que durante todo o ano anterior.

Os resultados foram impressionantes. Rompemos a inércia e entramos em uma rápida trajetória ascendente:

**VISITANTES ÚNICOS DA GROWTHHACKERS POR MÊS**

[Gráfico: Visitantes únicos por mês × Semana. Eixo Y de 80.000 a 140.000. Linha estável em torno de 90.000 entre 1/11/2014 e 1/1/2015, com anotação "Início de testes em ritmo acelerado" em 1/1/2015, subindo acentuadamente até ultrapassar 140.000 em 1/4/2015.]

O ponto alto foi quando conseguimos atrair 20 mil visitantes novos em duas semanas. No final, o tráfego do site subiu 76% no trimestre, quase dobrando o resultado do qual havíamos partido. Nesse período, não investimos nem um centavo a mais em tráfego ou em anúncios pagos. O resultado foi fruto, em sua totalidade, da realização de um ciclo de growth hacking atrás do outro, ao ritmo mais acelerado possível, descobrindo o que funcionava e dobrando a aposta no caminho indicado por esses testes para crescer ainda mais.

Depois dessa energizada, seguimos com uma atividade de testes constante e vigorosa, embora menos intensa, na maior parte do tempo, aumentando o ritmo na hora de lançar alguma novidade, como um software ou teste de marketing. Embora esse fluxo e refluxo seja esperado, o segredo é não tirar o olho de indicadores de crescimento e não parar de indagar se a equipe está diminuindo o ritmo por uma razão válida ou porque está ficando acomodada. Se for a segunda razão, é preciso acelerar o ritmo dos testes imediatamente.

### Não subestime o poder de aumentar a aposta

Outro motivo para um time de crescimento se acomodar é supor que os resultados a serem obtidos com uma alavanca de crescimento já bateram no teto. Antes de passar para uma nova iniciativa, no entanto, o certo é tentar achar novas maneiras de tirar o máximo proveito de canais e estratégias que já deram certo, pois, ao não aumentar a aposta nessas iniciativas, a equipe pode estar jogando pelo ralo uma boa dose de crescimento.

Para Brian Balfour e Andrew Chen, essa investida redobrada em coisas que já deram certo é parecida com a estratégia usada no jogo Batalha Naval. Para tentar afundar as embarcações do adversário, o jogador que "acerta" uma casa no tabuleiro do oponente continua insistindo naquele alvo, fechando o foco nas casas ao redor até conseguir afundar o navio inimigo. Um time de crescimento precisa dessa mesma intensidade para tentar "acertar", insistindo no que deu resultado até tirar o máximo de toda via de sucesso.

Na GrowthHackers, por exemplo, o lançamento de uma newsletter com os principais posts da semana, enviada por e-mail, foi importante para conquistar público lá no início. Ao analisarmos os dados, era patente que, toda semana, uma leva de usuários voltava ao site para checar o conteúdo. Em vez de declararmos vitória e cruzarmos os braços, o que fizemos foi fechar o foco em modos de fazer do boletim um motor de crescimento ainda melhor. Experimentamos, por exemplo, alterar o formulário para receber a newsletter do rodapé da landing page para o topo, o que, conforme já dissemos, fez o volume de sign-ups subir 700%. Com isso, a lista de e-mails aumentou muito, rendendo ganhos semanalmente. A pergunta seguinte foi como tirar ainda mais proveito da otimização para explorar ao máximo a oportunidade aberta pelo e-mail marketing. O que fizemos foi redesenhar o processo de criação da conta na GrowthHackers.com, acrescentando a possibilidade de o usuário optar por receber a newsletter no e-mail. Esse teste fez o número de cadastros subir mais 22%. Porém seguimos insistindo, pois os resultados eram bons demais para que parássemos os testes na área àquela altura. Tínhamos a suspeita de que o formulário de cadastro de e-mail não era muito convincente e levantamos a hipótese de que mais pessoas se cadastrariam se soubessem quão popular era a newsletter (um exemplo perfeito do princípio da validação social do qual falamos no capítulo anterior). Fizemos, então, uma nova barra de sign-up com um call to action mais chamativo, incentivando o usuário a se cadastrar com o texto "Junte-se a mais de 60 mil profissionais de crescimento de empresas como Twitter, Facebook, Google e Uber e receba, toda semana, nossos melhores conteúdos". Com esse teste, houve um salto de mais 44%.

Resumindo, quando o time de crescimento acerta um alvo, deve investir para tirar o máximo proveito dele, em vez de passar para outra área do tabuleiro. Dobrar a aposta é uma estratégia poderosa para conseguir uma vitória atrás da outra.

### Para achar ouro nos dados, vá fundo

O time de crescimento também pode (erroneamente) concluir que não há mais como produzir resultados com determinada alavanca uma vez esgotado o potencial dos dados aos quais tem acesso. Se esse for o caso, é preciso considerar investir tempo e dinheiro para montar um banco de dados mais completo, o que significa reforçar os recursos de analytics, conforme sugerido anteriormente. Lembre que, depois de quase um ano em operação, o time de crescimento do Facebook interrompeu os testes e, durante todo o mês de janeiro de 2009, tratou de melhorar o acompanhamento (ou "tracking") e, assim, poder analisar os dados de modo mais profundo e detalhado (foi a solução para a queda contínua no número de ideias que a equipe estava tendo para crescer). Ao investir em uma análise mais profunda, o time conseguiu acompanhar e medir melhor como os usuários do Facebook vinham se movendo de página em página na rede. Os novos dados abriram um belo filão de possíveis testes, puxando o crescimento e levando a empresa a um novo patamar.

Para descobrir onde cavar em busca de mais dados, é preciso analisar cada uma das principais ações realizadas e rotas percorridas por clientes e usuários para chegar ao momento aha do produto. Em cada uma dessas ações e experiências, o time de crescimento deve buscar lacunas nos dados que possui ou áreas em que os dados são menos precisos ou profundos e tratar de reforçá-los. A equipe de uma loja de roupas online, por exemplo, pode ver se é possível saber quantas fotos de uma peça de roupa uma pessoa confere antes de colocá-la no carrinho ou se dá para calcular quanto tempo um cliente leva para preencher cada campo do formulário para remessa. Ao melhorar o sistema de dados para permitir essas consultas, o time talvez descubra que quem confere quatro fotos de uma peça a coloca no carrinho 50% das vezes – e só 20% quando vê duas fotos ou menos. Essa informação mais específica pode levar a equipe a uma série de novos testes de crescimento, como incluir mais fotos de cada peça ou facilitar a visualização das imagens e a navegação entre elas.

Além de preencher qualquer lacuna de dados sobre o uso do produto e o comportamento do cliente, o time de crescimento também deve se perguntar se possui a competência analítica necessária para aproveitar os dados ao máximo. Se nele não houver um analista ou cientista de dados em caráter exclusivo, a empresa deve considerar contratar ou transferir um profissional desses para trabalhar com a equipe em tempo integral.

### Mergulhe em novos canais

No capítulo 5, vimos que no início do processo de geração de crescimento o ideal é fechar o foco em um ou dois canais de aquisição de clientes, mas que, com o tempo, é preciso provar o acréscimo de novos canais. Pode ser algo superútil não só para atingir um nível de crescimento ainda maior, mas para evitar o risco de desaceleração caso um canal, como Facebook ou Google, mude subitamente as regras do jogo. Se a equipe chega a um ponto no qual é difícil ter mais ideias para os canais atuais, é sinal de que é hora de testar outros. Se a empresa aposta exclusivamente na aquisição paga, por exemplo, o time de crescimento deve explorar o uso de canais orgânicos como SEO, marketing de conteúdo ou marketing em redes sociais para complementar campanhas pagas.

Desprezar ou ignorar canais de crescimento orgânicos é outro erro comum de equipes de crescimento. A facilidade de utilizar o marketing pago pode desencorajar a busca de soluções mais inovadoras. Além disso, canais de crescimento orgânicos em geral demoram mais para dar resultados, às vezes levando a equipe a optar por canais pagos, que têm efeito mais rápido. No entanto, canais orgânicos podem se converter em drivers cruciais do crescimento no longo prazo. A SEO, por exemplo, teve papel fundamental no crescimento de empresas como TripAdvisor, Yelp, Zillow e muitas outras. Nenhuma delas partiu com a imensa vantagem em buscadores que hoje desfruta; para chegar lá, seus times tiveram de fazer experimentos em ritmo intenso.

### Abra o processo de ideação

Muitas vezes, o melhor remédio para uma equipe de crescimento que empacou ou está tendo menos ideias do que precisa é buscar uma nova perspectiva. Convidar pessoas de outros departamentos e equipes a contribuir para o processo de ideação pode gerar uma leva de boas ideias. Lembre que, na GrowthHackers, abrimos o processo de ideação à empresa toda, depois ao conselho de administração e a consultores de confiança e, no final, a membros da comunidade. E, com efeito, vários dos testes de maior sucesso feitos pela equipe foram sugeridos por algum assessor externo, como mudanças no site que melhoraram nossa posição em resultados de busca do Google por termos-chave.

Há várias maneiras de promover a fertilização cruzada de ideias. Ankur Patel, principal líder de growth hacking da Microsoft, reúne regularmente gerentes de produtos, engenheiros e designers de distintas equipes da empresa para trocar informações e insights capazes de produzir novas ideias para seu time testar. Na Science, incubadora de startups na qual Morgan trabalhou, informações sobre testes frutíferos que alguma startup tinha feito eram compartilhadas para que outras empresas também pudessem considerar a ideia.

### Faça apostas ousadas

Um dos maiores desafios à sustentação da campanha de crescimento de uma empresa é não se limitar àquilo que está dando certo hoje, não ficar presa à mentalidade do "em time que está ganhando, não se mexe". A equipe de crescimento pode exercer um papel crucial, ao ajudar a empresa a pensar de modo original para se livrar dessas amarras e achar maneiras de ir além das vitórias de hoje na busca de algo que funcione ainda melhor.

Um bom ponto de partida é testar um redesenho de aspectos do marketing ou de produtos da empresa que já deram certo, para verificar se é possível reformulá-los. A equipe pode começar aos poucos, questionando se recursos ou telas que parecem ter sido otimizados poderiam ser ainda mais eficazes se passassem por uma repaginada. Aqui, é útil pensar no princípio do *máximo local* e em como superá-lo. Máximo local é o maior valor em determinado intervalo, mas não o maior de forma geral. Fazer testes em uma mesma página de preços ao longo de um ano pode produzir, por exemplo, um máximo local para o desempenho dessa página de preços. No entanto, para resultados ainda melhores, a equipe deveria testar um modelo de página de preços totalmente distinto. Ir além desses máximos locais é crucial para continuar gerando crescimento.

De vez em quando, o time de crescimento deve fazer testes cuja meta é mais do que otimizar: é promover mudanças maiores, inovadoras. Essas apostas ousadas são a melhor proteção contra a abordagem incremental à inovação que muitas vezes faz a empresa parar de crescer. Por serem iniciativas maiores, costumam exigir mais tempo de preparação. A melhor saída é programar grandes mudanças entre uma otimização incremental e outra. Lembre como o Copytune, o programa de machine learning do Pinterest, foi um salto importante além dos testes A/B para engajar milhões de novos usuários. Similarmente, quando o Uber tomou a radical decisão de testar a cobrança de um valor fixo por corrida, em vez de valores variáveis de acordo com a demanda (ideia que, à época da redação do livro, estava sendo testada em San Francisco), foi um salto notável em relação a outros testes de crescimento. É crucial fazer testes ousados como esses com regularidade. Ao lado

# CAPÍTULO NOVE

de iniciativas contínuas de otimização, as apostas maiores podem produzir grandes avanços.

A nosso ver, o growth hacking é muito mais do que uma estratégia de negócios, muito mais do que um processo contínuo. É uma filosofia, uma maneira de pensar, e ele pode ser usado por qualquer equipe ou empresa, grande ou pequena. Esperamos que este livro tenha convencido você, leitor, a adotá-lo.

Desejamos muitas vitórias em sua busca pelo crescimento incessante.

# Agradecimentos

Este livro é fruto de tudo o que fomos aprendendo no decorrer da vida profissional. Assim, gostaria de expressar meu agradecimento a todos aqueles que me deram a oportunidade de aprender. Primeiro, a minha família, pela paciência durante meus longos dias nas trincheiras de startups. E, também, a fundadores e CEOs que depositaram em mim sua confiança e me permitiram fazer testes em suas empresas e com seus clientes de primeira hora. Um especial obrigado a Mike Simon, do LogMeIn e da Uproar, que apostou em mim e me orientou no começo da carreira; a David Weiden, Adam Smith e Matt Brezina, da Xobni; a Drew Houston, do Dropbox; a Kevin Hartz, da Eventbrite; e a John Hering, da Lookout. Todos, sem exceção, aceitaram meu desejo de ocupar posições interinas na área de crescimento em momentos de extrema fragilidade de suas empresas. Sou grato, ainda, a David Barrett, da Polaris Partners, e a Tony Conrad, da True Ventures, por terem investido em minha ideia e me possibilitado aprender a um ritmo ainda mais acelerado com a GrowthHackers.com.

Para encerrar, meu sincero obrigado ao incrível time que ajudou a tornar esta obra realidade. Primeiro, a meu coautor, Morgan Brown, que, com sua dedicação e esforço, manteve o livro no caminho certo desde o início. E, também, a toda a equipe que nos apoiou nessa empreitada, incluindo Lisa DiMona, Emily Loose e Talia Krohn, que nos ajudaram a levar *Hacking growth* a outro patamar.

– Sean

Há muita gente a agradecer ao final de um processo como este. *Hacking growth* foi fruto de um trabalho de quase três anos e, naturalmente, é o resultado de tudo o que aprendi na vida profissional até aqui. Minha família é a primeira a merecer minha gratidão: minha mulher, Erika, e meus filhos, Banks e Audrey Grace. Foram muitas noites, jantares e fins de semana sacrificados para que eu pudesse redigir esta obra. Fico triste ao pensar em todo o tempo que soneguei deles para fazer este projeto sair do papel. Espero que tenha sido um tempo bem-gasto e que saibam que foi feito para eles, com amor. Sou imensamente grato por terem me dado o espaço para levar essa tarefa a cabo. Obrigado, Erika, pela abnegação, pela compreensão e pelo carinho ao longo da jornada. Você é uma companheira incrível e, sem seu amor e apoio, jamais teria concluído esta missão. Te amo, *mon ange*.

Agradeço a Sean, meu coautor, que confiou em mim o bastante para me convidar para este projeto e dividiu comigo todo o seu conhecimento ao longo do caminho. É difícil avaliar o impacto que essa colaboração teve em minha carreira e sou eternamente grato pela oportunidade de ter trabalhado e aprendido com ele. É difícil encontrar bons mentores e, nesse quesito, tive muita sorte.

Um livro não é só escrito. É escrito e reescrito, rasgado e refeito. Em nosso caso, não foi o trabalho de duas pessoas, mas de muitas, e todas merecem reconhecimento. Primeiro, a Lisa, nossa agente, que enxergou uma grande ideia no meio de uma proposta ruim e nos auxiliou a formulá-la e apresentá-la às pessoas certas; este livro não existiria sem sua visão lá no começo. A Emily, nossa editora de desenvolvimento e coconspiradora, que nos ajudou a transformar um texto rudimentar e uma lógica confusa em uma narrativa fluida e de fácil leitura. A Talia, Tina e toda a equipe da Crown Business, que acreditaram no livro e contribuíram para convertê-lo em realidade, nosso obrigado pela confiança em nós e no projeto, pela visão e pelo trabalho em equipe.

*Hacking growth* é, sem dúvida, uma carta de amor à comunidade do growth hacking. Nele, tentei articular o know-how e o rigor que todos vocês aplicam ao processo de fazer um negócio crescer e o verdadeiro valor que esse esforço produz. Espero ter conseguido. Este livro foi feito para destacar não só o tremendo valor que cada um de vocês gera para empresas mundo afora, como também todo o seu empenho para que ideias promissoras recebam a atenção que merecem. Foi escrito para dar destaque às ideias geniais de cada um de vocês, a sua inovação e a sua paixão e para levar essas ideias e essa arte a um público que precisa conhecê-las e aplicá-las. Obrigado a todos que, em nosso pequeno círculo, inspiram, ensinam, compartilham e defendem o papel crucial do crescimento para o sucesso de uma empresa. Vocês me inspiram diariamente e é uma honra poder chamá-los de colegas, pares e amigos. Agradeço a todas as pessoas que mereceram destaque ao longo do livro, por aparecerem, por dividirem o que sabem e por serem admiráveis líderes em nossa área.

Este livro chega depois de 17 anos de atuação no marketing digital, de meu primeiro emprego após a faculdade, na SalesMountain.com, a todas as startups e empresas nas quais tive o privilégio de trabalhar depois. Meu lema ao escolher um novo projeto invariavelmente tem sido otimizar o desempenho em equipe acima de tudo e, com isso, tive a honra de trabalhar para e ao lado de muita gente espetacular. Ao longo da carreira, muita gente merece meu obrigado. Contei com a ajuda de indivíduos geniais e sou imensamente grato pelo tempo e pelas lições que me deram. Cito aqui apenas alguns dos muitos a quem devo um especial agradecimento: Jack Abbott, por me ensinar a batalhar pelas coisas, a criar algo a partir do nada e a nunca deixar de tentar gerar valor; Mark Affleck, por seus conselhos sobre como confiar em minha capacidade e me valer de meus pontos fortes me inspirarem diariamente; Laura Goldberg, pelo profundo impacto que seu padrão de excelência e sua aposta inarredável em dados tiveram na maneira como trabalho e lidero, e Brad Inman, que me ensinou que não há caminho mais garantido para o sucesso do que acordar com vontade de aproveitar a próxima oportunidade.

Por último, meu sincero agradecimento a minha família, sem a qual não haveria um "eu" para escrever este livro. A minha mãe, muito obrigado por ser meu infalível esteio, mesmo em momentos nos quais eu provavelmente não merecia. Seu infinito amor é um verdadeiro presente. A meu pai, que sempre me ensinou a ser exigente comigo mesmo e a dar o melhor de mim, agradeço por ser um exemplo a seguir. E a meu irmão, Graeme, meu melhor amigo, minha gratidão pela amizade e pelas memórias de toda uma vida. Amo todos vocês.

– Morgan

# Notas

**Introdução**

1. RIES, Eric. How Dropbox started as a minimum viable product. *TechCrunch*, 19 out. 2011. <techcrunch.com/2011/10/19/dropbox-minimal-viable-product>
2. JURVETSON, Steve; DRAPER, Tim. Viral marketing: viral marketing phenomenon explained. *DFJ* (blog), 1 jan. 1997. <dfj.com/news/article_26.shtml>
3. JACKSON, Eric M. *The PayPal wars*: battles with eBay, the media, the Mafia, and the rest of planet Earth. Long Beach: WND Books, 2012, p. 35-40.
4. ELMAN, Josh. 3 growth hacks: the secrets to driving massive user growth. Vídeo. *Grow Talks*, ago. 2013. <youtube.com/watch?v=AaMqCWOfA1o>
5. Conversation with Elon Musk. Vídeo. *Khan Academy*, 17 abr. 2013. <youtube.com/watch?v=vDwzmJpI4io>
6. Dropbox @ Startup Lessons Learned Conference 2010. Vídeo. *LeanStartup.co*, 2 jul. 2014. <youtube.com/watch?v=y9h-g-mUx8sE>
7. MACMILLAN, Douglas. Chasing Facebook's next billion users. *Bloomberg.com*, 26 jul. 2012. <bloomberg.com/news/articles/2012-07-25/chasing-facebooks-next-billion-users>
8. PALIHAPITIYA, Chamath. Comentário à pergunta What are some decisions taken by the Growth team at Facebook that helped Facebook reach 500 million users?. *Quora*, 13

maio 2012. <quora.com/What-are-some-decisions-taken-by-the-Growth-team-at-Facebook-that-helped-Facebook-reach-500-million-users>; WONG, Yishan. Comentário à pergunta What was the process Facebook went about getting their website translated into different languages?. *Quora*, 12 dez. 2010. <quora.com/What-was-the-process-Facebook-went-about-getting-their-website-translated-into-different-languages>

9. CHEN, Andrew. Growth hacker is the new VP marketing. *@andrewchen* (blog), [s.d.]. <andrewchen.co/how-to-be-a-growth-hacker-an-airbnbcraigslist-case-study>

10. CARNEY, Michael. Brian Chesky: I lived on Cap'n McCain's and Obama O's got Airbnb out of debt. *Pando* (blog), 10 jan. 2013.. <pando.com/2013/01/10/brian-chesky-i-lived-on-capn-mccains-and-obama-os-got-airbnb-out-of-debt>; Chen, op. cit.; GOODEN, Dave. How Airbnb became a billion dollar company. *Dave Gooden* (blog), 31 jun. 2011. <davegooden.com/2011/05/how-airbnb-became-a-billion-dollar-company>; SHAH, Rishi. Airbnb leverages Craigslist in a really cool way. *GettingMoreAwesome* (blog), 24 nov. 2010. <gettingmoreawesome.com/2010/11/24/airbnb-leverages-craigslist-in-a-really-cool-way>

11. OLSON, Matthew S.; VAN BEVER, Derek; VERRY, Seth. When growth stalls. *Harvard Business Review*, mar. 2008.

12. AWAN, Aatif. Lessons learned from growing LinkedIn to 400m members. Vídeo. *GrowthHackers*, 18 fev. 2016. <growthhackers.com/videos/gh-conference-16-aatif-awan-head-of-growth-linkedin-lessons-learned-from-growing-linkedin-to-400m-members>

13. EFRATI, Amir. The people who matter at Uber. *The Information* (blog), 30 ago. 2016. <theinformation.com/the-people-who-matter-at-uber>

14. GENERAL ELECTRIC. *2013 Annual Report*, 6.

15. PORTER, Michael; HEPPELMANN, James E. How smart, connected products are transforming competition. *Harvard Business Review*, out. 2015.

16. LAMBERT, Fred. Tesla is building a new growth team 'from scratch' ahead of the Model 3 launch, hires from Facebook and

Uber. *Electrek* (blog), 9 maio 2016. <electrek.co/2016/05/09/tesla-growth-team-model-3-launch-hires-facebook-uber>

17. LAMBERT, Fred. Tesla is building a new Growth Team 'from scratch' ahead of the Model 3 launch, hires from Facebook and Uber. *Electrek*, 9 maio 2016. <electrek.co/2016/05/09/tesla-growth-team-model-3-launch-hires-facebook-uber>
18. Entrevista de Alex Schultz aos autores, 17 fev. 2016.
19. Internet users by country (2016). *Internet Live Stats*. <internetlivestats.com/internet-users-by-country>
20. SMITH, Aaron. U.S. smartphone use in 2015. *Pew Research Center*, 1 abr. 2015. <pewinternet.org/2015/04/01/us-smartphone-use-in-2015>
21. FREIER, Anne. Ad blocker adoption jumped over 34% in 2016. *Mobyaffiliates* (blog), 23 jun. 2016. <mobyaffiliates.com/blog/ad-blocker-adoption-jumped-over-34-in-2016>; Nearly two in three millennials block ads. *eMarketer* (blog), 21 set. 2015. <emarketer.com/Article/Nearly-Two-Three-Millennials-Block-Ads/1013007>
22. TADENA, Nathalie. Streaming video subscriptions are now just as popular as DVRs. *Wall Street Journal*, 27 jun. 2016. <wsj.com/articles/streaming-video-subscriptions-are-now-just-as--popular-as-dvrs-1467032401>
23. KUTCHER, Eric; NOTTEBOHM, Olivia; SPRAGUE, Kara. Grow fast or die slow. *McKinsey & Company*, abr. 2014. <mckinsey.com/industries/high-tech/our-insights/grow-fast-or-die-slow>
24. 73% of CEOs think marketers lack business dredibility. Comunicado à imprensa. *Fournaise Marketing Group*, 15 jun. 2011. <fournaisegroup.com/marketers-lack-credibility>
25. CHARLTON, Graham. Why are conversion rates so low?. Infográfico. *Econsultancy* (blog), 18 out. 2012. <econsultancy.com/blog/10914-why-are-conversion-rates-so-low-infographic>
26. What are some decisions taken by the "Growth team" at Facebook that helped Facebook reach 500 million users?. *Quora*, 13 maio 2012. <quora.com/What-are-some-decisions-taken-by--the-Growth-team-at-Facebook-that-helped-Facebook-reach--500-million-users?>

Capítulo 1

1. DEWAR, Carolyn et al. *How do I drive effective collaboration to deliver real business impact?*. McKinsey & Company, set. 2009. <mckinsey.com/~/media/mckinsey%20offices/canada/latest%20thinking/pdfs/how_do_i_drive_effective_collaboration_to_drive_real_business_impact.ashx>
2. KLEINBAUM, Adam M.; STUART, Toby E.; TUSHMAN, Michael L. Communication (and coordination?) in a modern, complex organization. *Harvard Business School Working Knowledge*, 31 jul. 2008. <hbswk.hbs.edu/item/communication-and-coordination-in-a-modern-complex-organization>
3. GULATI, Ranjay. Silo busting: how to execute on the promise of customer focus. *Harvard Business Review*, maio 2007.
4. HOROWITZ, Ben. Good product manager/bad product manager. *Andreessen Horowitz* (site), [s.d.]. <a16z.com/2012/06/15/good-product-managerbad-product-manager>
5. KAGAN, Noah. What happens after you get shot down by Mark Zuckerberg?. *Fast Company*, 24 jul. 2014. <fastcompany.com/3033427/hit-the-ground-running/what-happens-after-you-get-shot-down-by-mark-zuckerberg>
6. MCCRACKEN, Harry. Inside Mark Zuckerberg's bold plan for the future of Facebook. *Fast Company, Long Read/Behind the Brand* (blog), 16 nov. 2015. <fastcompany.com/3052885/mark-zuckerberg-facebook>
7. Defining true growth: how do you find your north star metric. *GrowthHackers* (chat), 6. Jul. 2016. <blog.growthhackers.com/defining-true-growth-how-do-you-find-your-north-star-metric-nate-moch-growth-zillow-915cb37c928b>
8. MCINNES, Andrew. How do you choose the best growth team model?. *Medium*, 19 out. 2015. <medium.com/swlh/how-do-you-choose-the-best-growth-team-model-632ad5a-85be9#.955lnqbgc>
9. EGAN, John. How we increased active pinners with one simple trick. *Pinterest Engineering* (blog), 18 mar. 2016. <engineering.pinterest.com/blog/how-we-increased-active-pinners-one-simple-trick>
10. RAJARAMAN, Anand. Goodbye, Kosmix. Hello, @WalmartLabs. *@WalmartLabs* (blog), 3 maio 2011. <wal-

martlabs.blogspot.com/2011/05/goodbye-kosmix-hello-
-walmartlabs.html>
11. SCHWARZAPEL, Josh. How to start a growth team: lessons learned from starting the Yahoo growth & emerging products team. *Medium*, 9 jul. 2015.
12. McInnes, op. cit.
13. Entrevista de Josh Elman a Morgan Brown, 26 abr. 2016.
14. Entrevista de Lauren Schafer a Morgan Brown, 3 mar. 2016.

Capítulo 2

1. CUNEO, Alice Z. Microsoft changes its marketing tune for lackluster zune. *Advertising Age*, 5 nov. 2007.
2. MANJOO, Farhad. The flop that saved Microsoft. *Slate*, 26 out. 2012.
3. PALIHAPITIYA, Chamath. How we put Facebook on the path to 1 billion users. Vídeo. *GrowthHackers*, 9 jan. 2013. <growthhackers.com/videos/chamath-palihapitiya-how-we-
-put-facebook-on-the-path-to-1-billion>; Comentário à pergunta How did Yelp gets its first 25 million reviews? What was the innovation to attract users when they started?. *Quora*, 2013. <quora.com/How-did-Yelp-get-its-first-25-million-reviews-What-was-the-innovation-to-attract-users-when-they-started>
4. PACK, Amy. Is BranchOut a LinkedIn killer? *CNBC.com*, 14 jun. 2012. <cnbc.com/id/47736408>
5. CONSTINE, Josh. How BranchOut hit the tipping point and grew from 1M to 5.5M actives in 2 months. *TechCrunch*, 2 mar. 2012. <techcrunch.com/2012/03/02/branchout-growth>; TAYLOR, Colleen. BranchOut hits 25 million users, nabs $25M in series C funding. *TechCrunch*, 19 abr. 2012. <techcrunch.com/2012/04/19/branchout-25-million-users-funding-series-c>
6. DREES, Marc. BranchOut keeps falling down, down. *ERE Media*, 23 jun. 2012. <eremedia.com/ere/branchout-keeps-
-falling-down-down>
7. TAYLOR, Colleen. BranchOut CEO Rick Marini on building a company atop Facebook's 'shifting sands' [TCTV]. *TechCrunch*,

10 ago. 2012. <techcrunch.com/2012/08/10/branchout-ceo-rick-marini-on-building-a-company-atop-facebooks-shifting-sands-tctv>

8. LUNDEN, Ingrid. As BranchOut team goes to hearst, 1-Page buys BranchOut's assets for $5.4M in cash and shares. *TechCrunch*, 18 nov. 2014. <techcrunch.com/2014/11/18/branchout-1-page>

9. Driving user growth at Airbnb. Vídeo. *Growth @ Airbnb*, 11 abr. 2016. <youtube.com/watch?v=03mc78lKOwI>

10. My big break: Yelp's Jeremy Stoppelman. *Newsweek*, 21 out. 2009. <newsweek.com/my-big-break-yelps-jeremy-stoppelman-81133>; SCHONFELD, Erick. Citysearch recasts itself as CityGrid Media. *TechCrunch*, 2 jun. 2010 <newsweek.com/my-big-break-yelps-jeremy-stoppelman-81133>

11. MANGALINDAN, J. P. The trials of Uber. *Fortune*, 2 fev. 2012. <tech.fortune.cnn.com/2012/02/02/the-trials-of-uber>

12. CHEN, Andrew. New data shows losing 80% of mobile users is normal, and why the best apps do better. *@andrewchen* (blog), [s.d.]. <andrewchen.co/new-data-shows-why-losing-80-of-your-mobile-users-is-normal-and-that-the-best-apps-do-much-better>

13. Downloadable Library of SaaS Resources, Pacific Crest Securities. <pacific-crest.com/saas-survey-file-vault>

14. JENNINGS, Lisa. Study: restaurants improve customer retention rates. *Nation's Restaurant News*, 8 jun. 2012.

15. BOOBIER, Tony. Keeping the customer satisfied: the dynamics of customer defection, and the changing role of the loss adjuster. *CILA Report*, jul. 2013.

16. MAURYA, Ash. The achilles heel of customer development. *Love the Problem*, ago. 2009. <blog.leanstack.com/the-achilles-heel-of-customer-development-57d50203c717>

17. MAVEAL, Danielle. Comentário à pergunta How did Etsy get its first batch of independent sellers when it started?. *Quora*, 21 ago. 2014. <quora.com/How-did-Etsy-get-its-first-batch-of-independent-sellers-when-it-started>

18. U.S. SECURITIES AND EXCHANGE COMMISSION. Etsy (declaração de registro). <sec.gov/Archives/edgar/data/1370637/000119312515077045/d806992ds1.htm>

19. Ibid.
20. HACKETT, Bryan. Tinder's first year user growth strategy. *Parantap Research & Strategy* (blog), 3 mar. 2015. <parantap.com/tinders-first-year-growth-strategy>
21. Ibid.
22. LAPOWSKY, Issie. How Tinder is winning the mobile dating wars. *Inc.*, 23 maio 2013.
23. JACKSON, Eric M. *The PayPal wars*: battles with eBay, the media, the Mafia, and the rest of planet Earth. Long Beach: WND Books, 2012, p. 35-40.
24. KANE, Margaret. eBay picks up PayPal for $1.5 billion. *CNET*, 18 ago. 2002. <cnet.com/news/ebay-picks-up-paypal-for-1-5-billion>
25. MUCCIO, Josh. Brian Balfour of HubSpot – The minimum viable test and how to grow your startup. Podcast. *Dailyhunt*, 27 abr. 2015. <omny.fm/shows/dailyhunt/4-2-brian-balfour-of-hubspot-the-minimum-viable-te>
26. How to increase signups by 200%. *Treehouse* (blog), 21 jul. 2009. <blog.teamtreehouse.com/how-to-increase-sign-ups-by-200-percent>
27. CARR, David. Giving viewers what they want. *New York Times*, 24 fev. 2013. <nytimes.com/2013/02/25/business/media/for-house-of-cards-using-big-data-to-guarantee-its-popularity.html?_r=0>
28. MOORE, Robert J. Applying the lessons of 'Moneyball' and 'Golden Motions' to your business. *You're the Boss* (blog, *New York Times*), 10 jun. 2014. <boss.blogs.nytimes.com/2014/06/10/applying-the-lessons-of-moneyball-and-golden-motions-to-your-business>
29. SAWYER, Keith. *Zig zag*: the surprising path to greater creativity. San Francisco: Jossey-Bass, 2013, p. 22-3.
30. BARIBEAU, Simone. The Pinterest pivot. *Fast Company*, 23 out. 2012. <fastcompany.com/3001984/pinterest-pivot>
31. GOLDMAN, Leah; SHONTELL, Alyson. Groupon's billion-dollar pivot: the incredible story of how utter failure morphed into fortunes. *Business Insider*, 4 mar. 2011. <businessinsider.com/groupon-pivot-2011-3?op=1>

32. KARIM, Jawed. Discurso em cerimônia de colação de grau, University of Illinois, 13 maio 2007. Vídeo. <youtu.be/24yglUYbKXE>
33. SKOK, David. SaaS metrics 2.0: a guide to measuring and improving what matters. *For Entrepreneurs from David Skok* (blog), [s.d.]. <forentrepreneurs.com/saas-metrics-2>

### Capítulo 3

1. PEREZ, Sarah. Everpix: all your photos, automatically organized and accessible from anywhere. *TechCrunch*, 12 set. 2011. <techcrunch.com/2011/09/12/everpix-all-your-photos-automatically-organized-and-accessible-from-anywhere>
2. The truth about conversion ratios for downloadable software. *Successful Software* (blog), [s.d.]. <successfulsoftware.net/2009/04/23/the-truth-about-conversion-ratios-for-software>
3. NEWTON, Casey. Out of the picture: why the world's best photo startup is going out of business. *The Verge*, 5 nov. 2013. <theverge.com/2013/11/5/5039216/everpix-life-and-death-inside-the-worlds-best-photo-startup>
4. JOHNS, Andy. Indispensable growth frameworks from my years at Facebook, Twitter and Wealthfront. *First Round Review* (blog), [s.d.]. <firstround.com/review/indispensable-growth-frameworks-from-my-years-at-facebook-twitter-and-wealthfront>
5. Ibid.
6. Ibid.
7. ELMAN, Josh. 3 growth hacks: the secrets to driving massive user growth. Vídeo. *Grow Talks*, ago. 2013. <youtube.com/watch?v=AaMqCWOfA1o>
8. SCHULTZ, Alex. Lecture 6: growth. *How to Start a Startup* (blog), [s.d.]. <startupclass.samaltman.com/courses/lec06>
9. PALIHAPITIYA, Chamath. How we put Facebook on the path to 1 billion users. Vídeo. *GrowthHackers*, 9 jan. 2013. <growthhackers.com/videos/chamath-palihapitiya-how-we-put-facebook-on-the-path-to-1-billion>
10. CROOK, Jordan; ESCHER, Anna. A brief history of Airb-

nb. Slideshow. *TechCrunch*, [s.d.]. <techcrunch.com/gallery/a--brief-history-of-airbnb>; How design thinking transformed Airbnb from a failing startup to a billion dollar business. *First Round Review*, [s.d.]. <firstround.com/review/How-design--thinking-transformed-Airbnb-from-failing-startup-to-billion--dollar-business>

11. CARR, Austin. 19: Airbnb. *Fast Company's Most Innovative Companies 2012*, 7 fev. 2012. <fastcompany.com/3017358/most--innovative-companies-2012/19airbnb>
12. Schultz, op. cit.
13. DORSEY, Jack. Instrument everything. Vídeo. *eCorner* (Stanford University), 9 fev. 2011. <ecorner.stanford.edu/videos/2643/Instrument-Everything>
14. SCHULTZ, Alex; GLEIT, Naomi. Facebook F8. Ready to grow. Breakout Session, 21 abr. 2010. <original.livestream.com/f8industry/video?clipId= pla_a093cf1f-2d34-4e-74-8377-9e54bc65d8e9>
15. SOBERS, Rob. $9 marketing stack: a step-by-step guide. *Rob Sobers* (blog), [s.d.]. <robsobers.com/9-dollar-marketing-stack-step-by-step-setup-guide>
16. HALIM, Willix. Create a full company growth culture. Vídeo. *GrowthHackers*, 18 fev. 2016. <growthhackers.com/videos/gh-conference-16-william-halim-svp-growth-freelancer-create-a-full-company-growth-culture>
17. EGAN, John. The 27 metrics in Pinterest's internal growth dashboard. *John Egan* (blog), 22 jan. 2015. <jwegan.com/growth-hacking/27-metrics-pinterests-internal-growth--dashboard>
18. KAUSHIK, Avinash. The difference between web reporting and web analysis. *Occam's Razor* (blog), [s.d.]. <kaushik.net/avinash/difference-web-reporting-web-analysis>
19. Elman, op. cit.

### Capítulo 4
1. REICHHELD, Frederick F.; SCHEFTER, Phil. The economics of e-loyalty. *Harvard Business School Working Knowledge*, 10 jul. 2000. <hbswk.hbs.edu/archive/1590.html>

2. EISENBERG, Bryan. 3 steps to better prioritization and faster execution. *Bryan Eisenberg* (site), 3 dez. 2010. <bryaneisenberg.com/3-steps-to-better-prioritization-and-faster-execution>
3. PIE framework. *WiderFunnel* (blog), 28 ago. 2015. <widerfunnel.com/case-studies/telestream-case-study/pie_2015_v1>
4. LOFGREN, Lars. My 7 rules for A/B testing that triple conversion rates. *Lars Lofgren* (blog), [s.d.] <larslofgren.com/growth/7-rules-for-ab-testing>

### Capítulos 5

1. MARVIN, Ginny. US digital ad revenues top $59.6 billion in 2015, up 20 percent to hit another high. *Marketing Land* (blog), 21 abr. 2016. <marketingland.com/us-digital-ad-revenues-60-billion-2015-iab-174043>
2. Slowing growth ahead for worldwide internet audience. *eMarketer* (blog), 7 jun. 2016. <emarketer.com/Article/Slowing-Growth-Ahead-Worldwide-Internet-Audience/1014045>
3. FRIER, Sarah. Fab.com's ascent to $1 billion valuation brings missteps. *Bloomberg Technology* (blog), 24 jun. 2013. <bloomberg.com/news/articles/2013-06-24/fab-com-s-race-to-1-billion-valuation-brings-missteps>
4. CURRIER, James. Do you speak growth? Examining the language behind what users want. Vídeo. *500distro*, 12 ago. 2014. <500distro.asia/blog/do-you-speak-growth-examining-the-language-behind-what-users-want>
5. Consumer Insights, Microsoft Canada. *Attention spans*. Primavera 2015, p. 6. <pt.scribd.com/document/265348695/Microsoft-Attention-Spans-Research-Report>
6. SHONTELL, Alyson. How to create the fastest growing media company in the world. *Business Insider*, 5 nov. 2012; MORDECAI, Adam. The sweet science of virality. Slideshare. *Upworthy*, 19 mar. 2013. <upworthy.com/you-will-not-believe-how-easy-it-is-to-make-something-go-viral>
7. Currier, op. cit.
8. Vídeo do comercial do Febreze de 1998. <youtube.com/watch?v=4-kAIHN6qYY>
9. DUHIGG, Charles. How companies learn your secrets. *New*

York Times Magazine, 16 fev. 2012.
10. Vídeo do comercial do Febreze de 1999. <youtube.com/watch?v=DjOTkmDDUvU>
11. YOUNG, Molly. Be bossy: Sophia Amoruso has advice for millennials and a bone to pick with Sheryl Sandberg. *The Cut* (blog, *New York Magazine*), 26 maio 2014. <nymag.com/the-cut/2014/05/sophia-amoruso-nasty-gal-millennial-advice.html>
12. MASTERS, Blake. Peter Thiel's CS183: startup – class 9 notes essay. *Blake Masters* (blog), 4 maio 2012. <blakemasters.com/post/22405055017/peter-thiels-cs183-startup-class-9-notes-essay>
13. AWAN, Aatif. Lessons learned from growing LinkedIn to 400m members. Vídeo. *GrowthHackers*, 18 fev. 2016. <growthhackers.com/videos/gh-conference-16-aatif-awan-head-of-growth-linkedin-lessons-learned-from-growing-linkedin-to-400m-members>
14. BALFOUR, Brian. 5 steps to choose your customer acquisition channel. *Coelevate* (blog), 21 maio 2013. <coelevate.com/essays/5-steps-to-choose-your-customer-acquisition-channel>
15. KIRIGIN, Ivan. Sharing lab notes: 27 referral program hacktics in 20 minutes. Vídeo. *500distro*, 13 ago. 2014. <500distro.asia/blog/sharing-lab-notes-27-referral-program-hack-tics-in-20-minutes>
16. Shotell, op. cit.
17. SKOK, David. Lessons learned – viral marketing. *For Entrepreneurs from David Skok* (blog), [s.d.]. <forentrepreneurs.com/lessons-learnt-viral-marketing>
18. SCHULTZ, Alex. Lecture 6: growth. *How to Start a Startup* (blog), [s.d.]. <startupclass.samaltman.com/courses/lec06>
19. Eventbrite, social commerce: a global look at the numbers. *Eventbrite* (blog), 23 out. 2012. <eventbrite.com/blog/ds00-social-commerce-a-global-look-at-the-numbers>
20. ELMAN, Josh. 3 growth hacks: the secrets to driving massive user growth. Vídeo. *Grow Talks*, ago. 2013. <youtube.com/watch?v=AaMqCWOfA1o>

## Capítulo 6

1. What is retargeting?. *AdRoll*, 2016. <adroll.com/getting-started/retargeting>; CHEN, Andrew. New data shows losing 80% of mobile users is normal, and why the best apps do better. *@andrewchen* (blog), [s.d.]. <andrewchen.co/new-data-shows-why-losing-80-of-your-mobile-users-is-normal-and-that-the-best-apps-do-much-better>
2. Ibid.
3. PATEL, Neil. Palestra no Search Engine Journal Summit, Santa Mônica, Califórnia, 24 fev. 2015. <slideshare.net/SearchEngineJournal/1-neil-patel-final>
4. Ibid.
5. Driving user growth at Airbnb. *Growth @ Airbnb*, 11 abr. 2016. <youtube.com/watch?v=03mc78lKOwI>
6. ELMAN, Josh. 3 growth hacks: the secrets to driving massive user growth. Vídeo. *Grow Talks*, ago. 2013. <youtube.com/watch?v=AaMqCWOfA1o>
7. EGAN, John. Measuring for engagement: understanding user gains, losses & levels of interaction. Vídeo. *500distro*, 12 ago. 2014. <youtube.com/watch?v=NghOllGvv4E>
8. Patel, op. cit.
9. How Adobe converted free trial downloads into satisfied customers. *Bunchball* (blog), 2016. <bunchball.com/customers/adobe>
10. KLEINBERG, Adam. Brands that failed with gamification. *iMedia*, 25 jul. 2012. <imediaconnection.com/articles/ported-articles/red-dot-articles/2012/jul/brands-that-failed-with-gamification>
11. ZICHERMANN, Gabe. Cash is for SAPS. *Gamification* (blog), 18 out. 2010. <gamification.co/2010/10/18/cash-is-for-saps>
12. WIECZNER, Jen. Starbucks cards now have more money than some banks. *Fortune*, 10 jun. 2016.
13. What causes behavior change?. *BJFogg's Behavior Model*, 2016. <behaviormodel.org>
14. New data shows up to 60% of users opt-out of push notifications (guest post). *@andrewchen* (blog), [s.d.]. <andrewchen.co/why-people-are-turning-off-push>

15. EGAN, John. Long-term impact of badging. *John Egan* (blog), 13 fev. 2015. <jwegan.com/growth-hacking/long-term-impact-badging>
16. MARCHICK, Adam; MADSEN, Thue. How to craft push notifications that users actually want to receive. *Kissmetrics* (blog), 2016. <grow.kissmetrics.com/webinar-93>
17. Triggers tell people to "do it now"!. *BJ Fogg's Behavior Model*, 2016. <behaviormodel.org/triggers.html>
18. RUSH, Kyle. Optimization at the Obama campaign: A/B testing. *Kyle Rush* (blog), 12 dez. 2012. <kylerush.net/blog/optimization-at-the-obama-campaign-ab-testing>

### Capítulo 7

1. DRUCKER, Peter. *Management*: tasks, responsibilities, practices. Nova York: Routledge, 2012, p. 57.
2. REICHHELD, Fred. *Prescription for cutting costs*. Relatório Bain & Company, [s.d.]. <bain.com/Images/BB_Prescription_cutting_costs.pdf>
3. HUET, Ellen. What really killed homejoy? It couldn't hold on to its customers. *Forbes*, 23 jul. 2015.
4. KLINE, Daniel B. Amazon Prime improves its customer retention rate. *The Motley Fool*, 1 jun. 2016. <fool.com/investing/2016/06/01/amazon-prime-improves-its-customer-retention-rate.aspx>
5. MALTZ, Jules; BARNEY, Daniel. Should your startup go freemium? *TechCrunch*, 4 nov. 2012. <techcrunch.com/2012/11/04/should-your-startup-go-freemium>
6. BALFOUR, Brian. Growth is good, but retention is 4+ever. Vídeo. *500distro*, 10 maio 2015. <youtube.com/watch?v=-ch7aps2h8zQ>
7. CROLL, Alistair; YOSKOVITZ, Benjamin. *Lean analytics*: use data to build a better startup faster. Sebastopol: O'Reilly Media, 2013, p. 73.
8. Entrevista de Dharmesh Shah a Morgan Brown, 1 mar. 2016.
9. Balfour, op. cit.
10. Kline, op. cit.
11. JANZ, Christoph. From "A as in amiga" to "Z as in Zendesk".

*The Angel VC* (blog), 16 jul. 2016. <christophjanz.blogspot.com/2016/07/from-as-in-amiga-to-z-as-in-zendesk.html>

12. EYAL, Nir. *Hooked*: how to build habit-forming products. Nova York: Portfolio, 2014, p. 5-10.
13. STONE, Brad. *The everything store*: Jeff Bezos and the age of Amazon. Londres: Little, Brown, 2013, p. 187.
14. STONE, Brad. What's in Amazon's box? Instant gratification. *Bloomberg*, 24 nov. 2010. <bloomberg.com/news/articles/2010-11-24/whats-in-amazons-box-instant-gratification>
15. KIM, Dave. Comentário à pergunta How did Yelp get initial traction and overcome the critical mass problem?. *Quora*, 10 mar. 2011. <quora.com/How-did-Yelp-get-initial-traction-and-overcome-the-critical-mass-problem>
16. WANG, Zhongmin. Anonymity, social image, and the competition for volunteers: a case study of the online market for reviews. Boston: Department of Economics, Northeastern University, abr. 2010. <editorialexpress.com/cgi-bin/conference/download.cgi?db_name=IIOC2010&paper_id=336>
17. SILBERT, Sarah. The inside scoop on the Amex centurion (Black) card. *The Points Guy* (blog), 14 out. 2015. <thepointsguy.com/2015/10/amex-centurion-black-card>
18. BUHR, Sarah. theSkimm on how to rapidly grow an audience of engaged millennials. *TechCrunch*, 9 maio 2016. <techcrunch.com/2016/05/09/theskimm-on-a-better-way-to-serve-the-news-to-young-professionals>
19. ELLIS, Justin. How theSkimm's passionate readership helped its newsletter grow to 1.5 million subscribers. *Nieman Lab* (blog), 18 ago. 2015. <niemanlab.org/2015/08/how-the-skimms-passionate-readership-helped-its-newsletter-grow-to-1-5-million-subscribers>
20. DALY, Jimmy. Behavioral emails that keep customers coming back (with examples from my inbox). *Unbounce* (blog), 9 mar. 2015. <unbounce.com/email-marketing/behavioral-emails-keep-customers-coming-back>
21. Entrevista de Shouvick Mukherjee a Morgan Brown, 10 mar. 2016.

22. HARSHMAN, Cara. The homepage is dead: a personalization story. Call to Action Conference. *Unbounce*, 20 jun. 2016. <calltoactionconference.unbounce.com/speakers/2016-cara-harshman>
23. EGAN, John. How we increased active pinners with one simple trick. *Pinterest Engineering* (blog), 18 mar. 2016. <engineering.pinterest.com/blog/how-we-increased-active-pinners-one-simple-trick>
24. GORDON, Bing. Five things to know about retention hacking. *KPCB* (blog), 17 nov. 2014. <kpcb.com/blog/five-things-to-know-about-retention-hacking>
25. THOMPSON, Debora Viana; HAMILTON, Rebecca W.; RUST, Roland T. Feature fatigue: when product capabilities become too much of a good thing. *Marketing Science Institute* (blog), 2005. <msi.org/reports/feature-fatigue-when-product-capabilities-become-too-much-of-a-good-thing>
26. POGUE, David. Simplicity sells. *TED Talk*, gravado em fev. 2006. <ted.com/talks/david_pogue_says_simplicity_sells?language=en>
27. MCBRIDE, Jordan T. Dan Wolchonok on running retention experiments. *ProfitWell* (blog), 21 jan. 2016. <blog.profitwell.com/saasfest-recap-dan-wolchonok-on-running-retention-experiments>

## Capítulo 8

1. Monetate Ecommerce Quarterly for Q1 2016. *Monetate*, 2016. <info.monetate.com/EQ1_2016.html>
2. CROLL, Alistair; YOSKOVITZ, Benjamin. *Lean analytics*: use data to build a better startup faster. Sebastopol: O'Reilly Media, 2013, p. 113-9.
3. ZIMA, Colin. Growth hacking with data: how to uncover big growth opportunities with deep data dives. Vídeo. *GrowthHackers*, 8 set. 2014. <growthhackers.com/videos/growth-hacking-with-data-how-to-uncover-big-growth-opportunities-with-deep-data-dives>
4. VERNA, Elena. Product experience usability to improve growth. Vídeo. *Growth Hackers*, 18 fev. 2016. <growthhackers.

com/videos/elena-verna-vp-growth-at-surveymonkey-product-experience-usability-to-improve-growth>
5. SATTERFIELD, Annabell. Growth at BitTorrent: engaging customers to find your next big growth opportunity. Vídeo. *GrowthHackers*, 18 fev. 2016. <growthhackers.com/videos/gh-conference-16-annabell-satterfield-growth-at-bittorrent-engaging--customers-to-find-your-next-big-growth-opportunity>
6. ZIMA, Colin. Recommendations are easier than you think. *Looker* (blog), 22 dez. 2014. <looker.com/blog/recommendations-are-easier-than-you-think>
7. DUHIGG, Charles. How companies learn your secrets. *New York Times Magazine*, 16 fev. 2012. <nytimes.com/2012/02/19/magazine/shopping-habits.html?_r=0>
8. POUNDSTONE, William. *Priceless*: the myth of fair value (and how to take advantage of it). Nova York: Hilland Wang, 2011, p. 185-92. <books.google.com/books?id=4Fs1TrLjWhUC&lpg=PT156&dq=poundstone%20charm%20pricing&pg=PT156#v=onepage&q=poundstone%20charm%20pricing &f=false>
9. The price is right: essential tips for nailing your pricing strategy. *First Round Review*, [s.d.]. <firstround.com/review/the-price-is-right-essential-tips-for-nailing-your-pricing-strategy>
10. CAMPBELL, Patrick. The value metric: optimize your pricing strategy for high growth. *Price Intelligently*, 12 mar. 2014. <priceintelligently.com/blog/bid/195287/The-Value-Metric-Optimize-Your-Pricing-Strategy-for-High-Growth>
11. MATTIOLI, Dana. On Orbitz, Mac users steered to pricier hotels. *Wall Street Journal*, 23 ago. 2012. <wsj.com/articles/SB10001424052702304458604577488822667325882>
12. ARIELY, Dan. *Predictably irrational, revised and expanded edition*: the hidden forces that shape our decisions. Nova York: Harper Perennial, 2010, p. 1-6. <books.google.com/books?id=44ecn9XukOoC&lpg=PA1&dq=%22the%20economist%22%20subscription&pg=PT21#v=onepage&q=%22the%20economist%22%20subscription&f=false>
13. YOUNG, Steve. How a made-up product increased conversions by 233%. *Unbounce*, 14 ago. 2012. <unbounce.com/con-

version-rate-optimization/made-up-product-increased-conversions>
14. HALL, Stuart. An App Store experiment. *StuartKHall.com*, 20 jun. 2013. <stuartkhall.com/posts/an-app-store-experiment>
15. Top apps on iOS store, United States. *App Annie*, 16 set. 2016. <appannie.com/apps/ios/top>
16. NEEDLEMAN, Sarah. How mobile games rake in billions. *Wall Street Journal*, 28 jul. 2106. <wsj.com/articles/how-mobile-games-rake-in-billions-1469720088>
17. PINSKER, Joe. The psychology behind Costco's free samples. *The Atlantic*, 1 out. 2014. <theatlantic.com/business/archive/2014/10/the-psychology-behind-costcos-free-samples/380969>
18. MARTIN, Steve J.; GOLDSTEIN, Noah; CIALDINI, Robert. *The small BIG*: small changes that spark big influence. Nova York: Grand Central Publishing, 2014, p. 1-2. <books.google.com/books?id=3a5gAwAAQBAJ&lpg=PT10&dq=the%20small%20big%20HMRC&pg=PT10#v=onepage&q= the%20small%20big%20HMRC&f=false>
19. SCHOTTMULLER, Angie. Social proof power plays. *Inbound*, 30 mar. 2016. <inbound.org/discuss/conversionxl-live-notes-slides-and-q-a-slideshare-s-now-included#angieschottmuller>
20. Conversion for e-commerce: two winning tests for a multilingual online florist. *Conversion Rate Experts*, [s.d.]. <conversion-rate-experts.com/daflores-case-study>
21. LEE, Aileen. Social proof is the new marketing. *TechCrunch*, 27 nov. 2011. <techcrunch.com/2011/11/27/social-proof-why-people-like-to-follow-the-crowd>
22. CHOPRA, Paras. Focus matters on a landing page and here's why: 22% increase in sales. *Visual Website Optimizer*, 24 out. 2012. <vwo.com/blog/call-to-action-increase-sales>
23. BOSINOFF, Jason. Hacking word-of-mouth: making referrals work for Airbnb. *Airbnb Engineering & Data Science*, 27 mar. 2014. <nerds.airbnb.com/making-referrals-work-for-airbnb>

## Capítulo 9

1. Facebook. Company info. *Newsroom*, 16 set. 2016. <newsroom.fb.com/company-info>
2. OLSON, Matthew S.; VAN BEVER, Derek; VERRY, Seth. When growth stalls. *Harvard Business Review*, mar. 2008.
3. RUSSELL, Jon. Viddy, once touted as "the Instagram for video", will shut down on december 15. *TechCrunch*, 4 nov. 2014. <techcrunch.com/2014/11/04/viddy-once-touted-as-the-instagram-for-video-will-shut-down-on-december-15>

# Índice remissivo

7 Minute Workout, aplicativo, 265

abordagem iterativa, 14-5
acúmulo de pequenas vitórias, 117
*add-ons*, receita com, 264-5
agilidade, growth hacking para, 20-2
Airbnb: fotos de anúncios, 105; hack do Craigslist por, 12; incentivos oferecidos por, 175; métrica North Star para, 103-5; otimização da ativação no, 193-4; princípios de afinidade usados por, 270-1
alavancas do crescimento: abordagem científica rigorosa a, 96; análise de coorte para, 113-6; coleta de dados para identificar, 106-8; definição de métricas essenciais, 99, 101; equações de crescimento, 98-9, 102; métrica North Star, 102-6; modelo de relatório para dados, 109-3
algoritmos para customização, 250-1
Amazon, 98, 210, 225-6, 250, 268
American Express Centurion, cartão, 228
Amoruso, Sophia, 154-5, 271
análise de coorte, 113-6, 219-3, 226, 244-7
análise de dados: analistas na equipe de crescimento, 45; como benefício do growth hacking, 22; como elemento fundamental do growth hacking, 15; *data lake* ou *data warehouse* para, 85; descobertas inesperadas, 87-9;

desenvolvimento de produtos e, 36, 39-40; determinar métricas essenciais, 99, 102; esmiuçar a fundo, 281-2; importância da, 45; limitações da, 108; métrica North Star para, 102-3; métricas superficiais e, 85; modelo de relatório, 109-3; no ciclo de growth hacking, 47, 119, 122-3, 138-43; no Walmart, 22-3; para descoberta do momento aha, 90-1; perguntas para nortear a, 122-3; pesquisa na vida real vs., 108; relatórios antes da reunião de crescimento, 123

Android, taxa de retenção de aplicativos, 74

aquisição, 147-77; apenas um aspecto do crescimento, 27; *channel/product fit* para, 149, 155-69; criar loops virais para, 169-77; custos de, 147-8; *language/market fit* para, 149-55; timing para, 148

Ariely, Dan, 260-1, 267

ativação, 179-208; atrito positivo para, 195-202; como criar um fluxo para, 197-8; eliminar atrito para, 189-90; erros na, 179; gamificação para, 200-1; inverter funil para, 192-3; momento aha como segredo para, 179; o certo e o errado de pesquisas em pop-ups, 184-6; otimizar a NUX para, 191-3; passos para momento aha e, 180; questionários para, 199; relatório de funil para medir, 181-3; simplificar sign-on para, 192; sondagem de usuários sobre, 180, 184-8; testes para melhorar, 187-9; triggers para, 202-8; valor investido e, 196; *Ver também* experiência do novo usuário (NUX)

atrito na experiência do usuário: atrito positivo, 195-202; como eliminar, 190; otimização para novos usuários, 193-4; *penny gap*, 264-6; prevalência de, 189-90; taxa de conversão e, 190

atrito positivo, 195-202; arte de criar, 195; compromisso por ter realizado uma ação e, 195-6; criação de fluxo de aprendizado, 197-8; em videogames, 195-6; gamificação para, 200, 202; na teoria do fluxo, 195-6; questionários para, 199

avaliações, modelo CRAVENS para, 269

Awan, Aatif, 160

Balfour, Brian, 160, 280

banco de conhecimento para súmulas de testes, 139

BitTorrent: abordagem colaborativa na, 38-40; barreiras derrubadas em, 38-40, 58; desaceleração do crescimento na, 33-4; foco do marketing no alto do funil na, 34; função de economia de bateria, 248-9; gerente de marketing do produto (PMM), 35; "love hack" para, 36-7; oportunidades mais abaixo no funil, 35

Blank, Steve, 76

BranchOut, 65-7

Burbn, aplicativo de fotos, 87

Buzzfeed, 276

Campbell, Patrick, 254, 256, 258

canais orgânicos, 157

canais pagos, 157-8

canais virais/boca a boca, 157

canal: adicionar canais, 282; categorias de canais, 156-7; comportamento do usuário e, 159; definição, 149; diversificação vs., 155; exemplo do aplicativo do supermercado, 162-6; fase da descoberta, 156-66; fase de otimização, 156, 166-8; fatores para ranking de canais, 160; modalidades de marketing de conteúdo, 158; priorizar canais, 161-2; *product fit* e, 155-69; reduzir opções, 158-9; testar novas opções, 167, 169; testes para, 156, 160-7

Chen, Andrew, 12, 280

Chesky, Brian, 105

churn: causas do, 213; custo do, 209; monitoramento, 73; oportunidades de crescimento no, 38, 49; prevalência do, 209; promessa de novos recursos e, 233; sinais de alerta do, 214; taxa como inverso da retenção, 218; tipos de empresa e taxa de, 75; *Ver também* retenção

Cialdini, Robert, 195, 206, 263, 267-8

ciclo do growth hacking: equação de crescimento para, 121; exemplo do aplicativo do supermercado, 130-1, 134-5, 143-4, 162-6; fase da análise de dados, 48, 119, 122-3, 138-43; fase da ideação, 48, 119, 124-9; fase da priorização, 48, 119, 130-6; fase de testes, 48, 119, 136-9; preparação para, 120, 122; reunião de crescimento, 139-43

coeficiente viral, 171

Cohen, Brian, 88

coleta de dados, 85-6, 106-7; *Ver também* pesquisas e entrevistas

Costco, 267

Craigslist, hack do Airbnb, 12

criação de fluxo de aprendizado, 197-8

critério da confiança no sistema ICE, 132

critério da facilidade no sistema ICE, 132-3
critério do impacto do sistema ICE, 131-2
Csikszentmihalyi, Mihaly, 195
Currier, James, 25, 149, 153
customização com *machine learning*, 231

daFlores, 269
*dark patterns*, como evitar, 172
*dashboards*, 109-13
DeMeo, Giovanni, 267
depoimentos, modelo CRAVENS para, 269
desaceleração do crescimento: causas da, 275; como evitar, 274-7; dobrar aposta para evitar, 280-1; na BitTorrent, 33-4; prevalência de, 17, 274-5; problemas que levam à, 17; superada na GrowthHackers, 278
desenvolvimento de produtos: abordagem movida a dados para o, 36-40; colaboração do marketing com, 37; *language/market fit* e, 154-5; prejudicado por silos, 21, 37
designers de produtos, 46
disrupção, 19-20, 276
distração/chamariz, 262
dobrar aposta, 280-1
documentação de testes, 138-9
Dorsey, Jack, 106
Dropbox: boca a boca forte para, 9; concorrência para, 3; custos de aquisição no, 147; fase inicial de adoção, 3; índice *must-have* do, 8; momento aha para, 68; programa de indicação do, 9-10, 169, 174
Duhigg, Charles, 252

eBay, 7, 68, 79, 98, 101
efeitos de rede, 173-4
Egan, John, 53
Eisenberg, Bryan, 191

Elman, Josh, 80, 90, 100, 113-5, 197
e-mail comportamental, 229
engenheiros de software, 44
entrevistas *Ver* pesquisas e entrevistas
equação de crescimento, 98-9, 102
equipe de crescimento: analistas de dados, 45-6; atividades, 48-51; designers de produtos, 46; distribuição de tarefas na, 51; do Facebook, 11; dobrar aposta por, 280-1; engenheiros de software, 44; equipe focada no produto, 53-4; escopo da, 27, 46-7; especialistas em marketing, 44-5; estruturas de subordinação para, 53-7; evolução da, 60-1; fim dos silos por, 13, 15, 40, 43; fontes de atrito para, 57-60; gerente de produtos, 43-4; implementação do growth hacking, 61-2; líder (líder de crescimento), 41-3; modelo autônomo, 55-7; modelo liderado por produto, 53-4; multifuncional, 13, 15, 21, 136; na Tesla Motors, 20; patrocíno por executivo, 51-2; processo em quatro etapas, 48; relação com departamentos tradicionais, 18; reuniões semanais, 49-50; tamanho necessário para, 18, 46; timing para utilização da, 62, 64; trabalho contínuo da, 273-4, 277
equipes multifuncionais, 13, 15, 21, 136; *Ver também* equipes de crescimento
estruturas de subordinação: equipes focadas no produto, 53-4; equipes independentes ou autônomas, 55-7
Etsy, 77-8
*event tracking*, 86
Everpix, fracasso do, 93-5
evolução de equipes de crescimento, 60-1
exemplo do aplicativo do supermercado: análise de coorte, 222-3; *channel/product fit*, 162-6; *ICE score*, 130-1, 134-5; incentivos e taxa de

crescimento, 143-4; personalização por, 232; pesquisa com pop-up, 186; relatório do funil, 182; retenção, 211-2, 236; teste de customização do, 253; triggers, 205

experiência do novo usuário (NUX): atrito positivo na, 195-202; como produto independente, 191; compromisso por ter realizado uma ação, 195-6; criação de fluxo de aprendizado, 197-8; importância de criar a NUX certa, 91; inversão do funil para, 192-3; otimização para a ativação, 191-4; regras gerais para, 191; tática de *single sign-on* para, 192; testes com, 193-4; trabalho do Facebook na, 90; trindade da conversão na, 191

experimentação: alto volume ideal para, 118; aprender com testes que dão errado, 144; com loops virais, 177; com preços, 257-9, 262-4; com triggers, 208; frequência de, 118; no ciclo de growth hacking, 48-9, 119; para ajustar marketing ou produto, 81; para *channel/product fit*, 155, 160-7; para evitar ser invasivo, 252-3; para melhorar ativação, 187-9; para otimizar NUX, 193-4; priorização de testes, 48, 118; testes de alto impacto, 96-7; *Ver também* testes

Eyal, Nir, 202, 224

Facebook: ajuste do algoritmo do feed de notícias do, 276; atrito positivo para novos usuários do, 196; ciclo de crescimento virtuoso do, 273-4; coleta de dados no, 107-8; compra da Octazen pelo, 55; compra da Oculus pelo, 273; criação do mecanismo de tradução no, 11; disseminação do growth hacking e, 11; e-mails comportamentais do, 229; foco no crescimento do, 51-2; fracasso do aplicativo BranchOut, 65-7; Growth Circle do, 10-1; métrica crucial para, 106; momento aha, 68, 90; NUX no, 90; recompensas sociais no, 227

faísca [spark], 206
fase de retenção intermediária, 217
Fator K da viralidade, 170-1
Febreze, 154
Fogg, B. J., 202, 206
fontes de atrito para time de crescimento, 57-60
formação de hábitos, 224-6
formato de relatórios, 109-13
funil para monetização, 242-4

gamificação, 200, 202
Gebbia, Joe, 105
gerente de marketing do produto (PMM), 35
gerente de produto, 43-4, 55
Gleit, Naomi, 10, 107
Google Analytics, 100, 107
Google Play, hack da loja, 36
Gordon, Bing, 233
gráfico de retenção do Evernote, 214-5
Graham, Paul, 105
grau de confiança para testes, 137
Groupon, 88
growth hacking, em geral: abordagem iterativa do, 14; acúmulo de pequenas vitórias, 117; benefícios do, 19-25; criação do termo, 7-8; disseminação do, 11; dobrar aposta, 280-1; implementação, 61-2; principais elementos do, 15; quem pode se beneficiar do, 13; significado do termo, 26
*growth stall Ver* desaceleração do crescimento.
GrowthHackers.com: base de conhecimento do, 139; geração de ideias no, 109, 125, 127, 129, 136, 283; newsletter por e-mail do, 133,

281; protocolo da reunião de crescimento do, 140-1; sistema ICE criado por, 130; software Projects do, 124; superação da desaceleração do crescimento no, 278; uso de dashboards por, 109
grupos de clientes *Ver* customização da análise de coorte; personalização ou customização
Gulati, Ranjay, 40

hack do "em breve" da HBO, 232, 234
hacking na aquisição *Ver* aquisição
hacking na ativação *Ver* ativação
hacking na monetização *Ver* monetização
hacking na retenção *Ver* retenção
Halim, Willix, 109
Hall, Stuart K., 265
Hamilton, Rebecca, 234
Harshman, Cara, 230
Heppelmann, James, 20
Her Majesty's Revenue & Customs (HMRC), 268-9
*high-tempo testing Ver* testes
Homejoy, 209-10
*Hooked* (Eyal), 202, 224
Horowitz, Ben, 43
HotelTonight, aplicativo, 245
Hotmail, 7, 169
Houston, Drew, 3, 8-9
HubSpot, 216, 238, 257, 267

ICE score, sistema, 130-5
ideação, 124-9; abertura do processo, 128-9, 283; coordenação, 124; dar nome a ideias, 125; descrição da ideia, 125; hipótese para ideia, 126-7; métricas a monitorar para ideia, 127; no ciclo do growth hacking, 48, 119; no GrowthHackers. com, 109, 125, 127, 129, 136, 283; pipeline e formato de apresentação de ideias, 125-7, 143; pontuação de ideias, 129-34; priorização do teste de ideias, 124; volume de ideias, 124
Immelt, Jeffrey, 19
incentivo duplo, 172
incentivos, 143, 172-5; *Ver também* recompensas
índice de Jaccard (coeficiente de similaridade), 250-1
*Influência* (Cialdini), 195, 206
Inman News: abandono do *single sign-on* por, 192; aumento da retenção na, 83; customização na, 231; e-mail anunciando testes que deram certo na, 139; equação de crescimento para, 98; equipe de crescimento da, 45, 47; estratégia de descontos na, 263; grupos de clientes na, 247-8; recuperação de clientes na, 238; usuários mais beneficiados por, 72
Instagram, 87, 229
internet das coisas, 19
invasivo, evitar ser, 252-3
inversão do funil para novos usuários, 192-3
iPod, lançamento do, 150

Jobs, Steve, 150
Johns, Andrew, 11, 96-8

Kagan, Noah, 52
Kahneman, Daniel, 266
Karim, Jawed, 88
Kaya Skin Clinic, 270
Kopelman, Josh, 264
Krieger, Mike, 87

Laja, Peep, 117
*language/market fit*, 149-55
LevelUp para Photoshop, 200
Levi Strauss, 274
líder de crescimento, 41-3, 121, 124, 136
LinkedIn, 7, 101, 201, 229

login social, 192
LogMeIn, 4, 6, 81
loop do engajamento, 224-5
loops virais, 169-77; efeitos de rede para, 173; evitar *dark patterns*, 172; incentivos para, 174; integrar convite para compartilhar, 175; momento aha exigido para, 169; otimizar experiências, 176; sucesso rápido com, 169; testes com, 177

marketing: apenas um aspecto do crescimento, 27; canais digitais, 24-5; *channel/product fit*, 149, 155-69; colaboração da equipe de produto com, 37; especialistas na equipe de crescimento, 44-5; experiências *one-to-one*, 230; feedback dos primeiros usuários para, 78; *language/market fit*, 149-55; modalidades de marketing de conteúdo, 158; teste A/B para, 82-3; testes para ajustar, 81; tradicional, 23-4
Martin, Steve, 269
Mason, Andrew, 88
Maveal, Danielle, 77
máximo local, superar o, 284
McInnes, Andrew, 53
mecanismos de recomendação, 250-1
medo de ficar de fora [*fear of missing out*, FOMO], 271
metodologias da lean startup, 14
métricas: a monitorar, 113; essenciais, como determinar, 98-101; identificação juntamente com ideias, 127; métricas de valor, 258; North Star, 102-6; para retenção, 217-8; receita média por usuário (ARPU), 244
mito da ideia única brilhante, 14, 26
mitos sobre o crescimento, 9, 14, 25-7
Miyoshi, Daisuke, 53
Moch, Nate, 52
ModCloth, 270
modelo CRAVENS, 269

modelo de negócios tradicional, 18, 21-4
Modelo Fogg de Comportamento, 202-3
Modelo Hook, 224
modelos: ideação, 124-8; reunião de crescimento, 140-3
momento aha: como segredo para ativação, 179; descrição, 67-8; exemplos de produtos, 68; exigida para viralidade, 169; identificar, 69; identificar passos para, 180-1; levar usuários a, 90-1; requisitos para chegar a, 68-9; *Ver também* produto *must-have*
Monahan, Brian, 23
monetização, 241-71; add-ons e atualizações para, 265; análise de coorte para, 244-7; evitar ser invasivo, 252-3; identificar grupos de clientes para, 247; mapear funil para, 242-4; perguntar o que o cliente quer, 248-9; personalização para, 250-1; *pinch points* para, 242; receita média por usuário (ARPU), 244; *Ver também* precificação; receita
Mukherjee, Shouvick, 230
MVT (teste mínimo viável), 81

Nasty Gal, 154-5, 271
notificações, autorização, 204-6

Octazen, compra pelo Facebook, 55
Oculus, 273
Olivan, Javier, 11
Olson, Matthew, 274
*onboarding*, 18, 53, 60, 103, 199, 216, 237
Optimizely, 230
Orbitz, 260

Palihapitiya, Chamath, 10, 59
Patel, Neil, 199
patrocínio de executivos, necessidade

de, 51
Patton, George, 106
Pauling, Linus, 124
PayPal, 7, 9, 79, 169
*penny gap*, 264-6
período inicial de retenção, 215-6
*persona/pricing fit*, 256
personalização ou customização: como recompensa, 230-1; dados e algoritmos para, 250-1; de itens oferecidos a clientes, 250-3; e-mails comportamentais para, 229; evitar ser invasivo, 252-3; exemplo do aplicativo do supermercado, 253; experiências *one-to-one* para, 230; *machine learning* para, 231; mecanismos de recomendação para, 250-1; variações de componentes, 232
pesquisa de ativação do Sidekick, 187-8
Pesquisa Must-Have, 8, 70-2
pesquisa na vida real: análise de coorte, 115-6; continuação depois de desenvolvimento, 108; na fase de desenvolvimento, 76-9; *Ver também* pesquisas e entrevistas
pesquisas com pop-up, 184-6
pesquisas e entrevistas: em comunidades que já existem, 80; no ciclo de growth hacking, 122; para saber o que o cliente quer, 248-9; Pesquisa Must-Have, 8, 70-2; pistas dadas por usuários, 80-1; pop-up, o certo e o errado, 184-6; questionários, 199; sobre ativação, 180, 184-8; sobre novos recursos, 248-9
PIE, sistema de pontuação, 134
*pinch points*, 242
Pinterest: criação de fluxo de aprendizado no, 198; customização com *machine learning* no, 231; foco do time de crescimento do, 53, 55; gráficos de dados, 110-2; retenção inicial do, 216; subequipes no, 60

Pogue, David, 234
Porter, Michael, 19
Poundstone, William, 253
precificação: chamariz em, 262; cuidados antes de testes, 263-4; de produtos no modelo SaaS, 254-5, 259; dinâmica, 259; exemplo do streaming de vídeo, 256-7; menor nem sempre melhor, 262-3; métricas de valor para, 258; opções de produto e, 260, 262; otimização, 253-60; *penny gap*, 264-6; *persona/pricing fit*, 256; preço psicológico *(charm price)*, 253; proporcionalmente ao benefício, 257-8; psicologia do consumidor e, 266-71; sondar clientes sobre, 254-6; testes com, 257-9, 262-4
*Preço* (Poundstone), 253
preço psicológico *(charm price)*, 253
*Previsivelmente irracional* (Ariely), 260-1, 267
princípio da afinidade, 207, 270-1
princípio da autoridade, 207, 270
princípio da escassez, 207-8, 271
princípio da prova social, 206, 268-70
princípio da reciprocidade, 206-7, 267-8
princípio do compromisso e da coerência, 206, 268
princípios da persuasão: afinidade, 207, 270-1; autoridade, 206, 270; compromisso e coerência, 206, 268; escassez, 207-8, 271; monetização com o uso de, 266-71; prova social, 206, 268-70; reciprocidade, 206-7, 267-8; triggers com o uso de, 206-8
priorização de testes, 130-6: abordagem colaborativa a, 135-6; exemplo do aplicativo do supermercado, 130-1, 134-5; no ciclo de growth hacking, 48, 119; seleção de próximos testes, 142-3; sistema de *ICE score* para, 130-5; sistema PIE para,

*Índice remissivo*

134; sistema TIR para, 134
*product/market fit*, 27, 148, 213; *Ver também* produto *must-have*
produto *must-have*: analisar maneiras de chegar a ser, 75-6; descobertas inesperadas e, 87-9; *event tracking* e, 86; exigido para growth hacking, 64; exigido para viralidade, 169; identificar o valor central, 65; índice must-have do Dropbox, 8; levar usuários a momento aha, 90-1; momento aha para, 68; pesquisa na vida real, 76-9; pesquisa para determinar, 8, 70-2; produtos inovadores que ninguém quer, 63-4; requisitos para momento aha, 68-9; sondar comunidades sobre, 79, 81; taxa de retenção para, 73, 75; teste de protótipos, 83-4; testes para ajustar, 81
programa Skimm'basador, 229
programa Starbucks Rewards, 201
programas de embaixador da marca, 227-8
programas de indicação, 9-10, 169, 174
psicologia do consumidor, 266-7; *Ver também* princípios da persuasão

Qualaroo, 69, 184, 262
questionários, 199; *Ver também* pesquisas e entrevistas

Rad, Sean, 79
*Rápido e devagar* (Kahneman), 267
Rascoff, Spencer, 52
receita, 241, 2447; *Ver também* monetização; precificação
receita média por usuário (ARPU), 244
recompensas, 227-32; customização do relacionamento, 230-1; dinheiro e economia, 227; programa Starbucks Rewards, 201; programas de embaixador da marca, 227-8; reconhecimento de conquistas, 229; retenção e valor percebido de, 226; sociais, 227; variações de componentes, 232; vinculação a valor do produto, 227
recuperação de clientes perdidos, 237, 239
recursos: excesso derrubando retenção, 234; perguntar o que o cliente quer, 248-9; retenção melhor pela promessa de, 232-3; timing do lançamento de, 234
rejeição/*bounce*, 27, 84, 182, 185
relatividade de preços, 260, 262
relatório do funil de conversão, 181-4, 190
retenção, 209-39; acúmulo de pequenas vitórias, 117; análise de coorte para, 219-3, 226; benchmarks do setor para, 74; criação de métricas para, 217-8; definir ideias a testar, 211-2; drivers da, 212-5; exemplo do aplicativo do supermercado, 211-2; exemplos de boa e ruim, 209-10; fase de longo prazo da, 217, 234-7; fase inicial da, 215-6; fase intermediária da, 217; formação de hábitos para, 224-6; inicial, hacking para, 223; mensuração, 73; onboarding contínuo para, 236-7; *product/market fit* e, 213; promessa de novos recursos para, 232-3; recompensas que promovem a, 227-32; recuperação de clientes perdidos, 237, 239; taxa como inverso do *churn*, 218; valor acumulado da, 210-1; valor investido e, 215; *Ver também bounce; churn*
retenção a longo prazo, 217, 234, 236
reuniões de crescimento, 49-50, 123
RJMetrics, 86
Rust, Roland, 234

Satterfield, Annabell, 35-9
Savings Catcher, aplicativo, 22
Sawyer, Keith, 87

Schaefer, Lauren, 62
Schottmuller, Angie, 269
Schroepfer, Mike, 52
Schultz, Alex, 106
Schwarzapel, Josh, 58
serviços do iPhone, retenção e, 217-8
Shah, Dharmesh, 216
Silbermann, Ben, 88
silos entre departamentos: abordagem colaborativa vs., 39-40; ao lado de times de crescimento, 18; crescimento desacelerado por, 21, 40; derrubar, 13, 15, 40, 43; desenvolvimento prejudicado por, 21, 33, 37; interação seriamente reduzida por, 40; na BitTorrent, 33-4, 36-40, 57; resistência a times de crescimento e, 57-8
*single sign-on*, 192
Skype, 274
SmartShoot, 262
Smile Graph, 214
Sokke, Pramod, 33-4, 36, 38
*span* de atenção, 150
Stoppelman, Jeremy, 67
Stripe, 193
Systrom, Kevin, 87

taxa de conversão, 117, 179, 181-4, 190
taxa de recompra, 218
Tesla Motors, equipe de crescimento da, 20
teste A/B, 82-3
teste de protótipos, 83-4
teste mínimo viável (MVT), 81
testes: alto impacto, 96-7; análise em reuniões de crescimento, 142; banco de conhecimento para súmulas, 138; comunicação de resultados, 138-9; de alta velocidade, 139; do programa de indicação do Dropbox, 9-10; documentar testes, 138-9; empate favorece versão de controle, 137-8; equipes multifuncionais para, 136; fila "Up Next" para, 136; frequência de, 118; grau de confiança para, 137; metas de, 117; no ciclo de growth hacking, 48, 119; precificação, 263; precificação, cuidados para, 264; protótipos, 83-4; regras gerais para, 137-8; seleção de próximos testes, 142-3; teste A/B, 82-3; teste mínimo viável (MVT), 81; *Ver também* experimentação
Thompson, Debora Viana, 234
Tickle, 153
*timing*: aquisição de clientes, 148-9; lançamento de recursos, 234; utilização da viralidade, 64-7; utilização do time de crescimento, 62, 64
Tinder, aplicativo de namoro, 78
TIR, sistema de pontuação, 134
Tote, aplicativo, 88
trigger sinalizador, 206
*triggers*, 202-8; exemplo do aplicativo de supermercado, 205; fatores no poder de, 203; internos, 208; norma geral para, 205; normas de plataformas para, 203; notificações autorizadas, 204-6; princípios da persuasão para, 206-7; testes com, 208; tipos de, 205; tipos de notificação, 205; vantagens e desvantagens de, 202
trindade da conversão, 191
Twitter, 68-9, 80, 90, 113-6, 197-8

Uber, momento aha do, 98
upgrades, receita com, 265-6
Uproar, 4-5
Upworthy, 151, 276

valor investido, 215
valor vitalício (LTV), 241
van Bever, Derek, 274
Venmo, aplicativo, 169
Verry, Seth, 274

Viddy, aplicativo, 276
viralidade, 64-7, 169-72
viralidade boca a boca, 170
viralidade integrada, 170

Walmart, 22-3, 57
Warby Parker, 268
WhatsApp, métrica North Star para, 103
Wolchonok, Dan, 110, 238
Wolfe, Whitney, 79
Wong, Brian, 200

Yelp, 67-8, 87, 227-8
Young, Steve, 262
YouTube, pivotada do, 88

Zappos, programa VIP da, 200
Zichermann, Gabe, 201
*Zig Zag (*Sawyer), 87
Zillow, 52
Zima, Colin, 250
Zuckerberg, Mark, 10, 51, 106
Zune, 63-4